JN044170

吉村武彦
吉川真司 〔編〕
川尻秋生

シリーズ 古代史をひらくⅡ

古代王権

王はどうして生まれたか

岩波書店

刊行にあたって

もう一度、歴史を知ること、古代史を知ることの「面白さ」を皆さんに伝えたい。シリーズ「古代史をひらくⅡ」は、私たち編集委員の熱い思いから始まりました。

本シリーズの第Ⅰ期では、「前方後円墳」「古代の都」「古代寺院」「渡来系移住民」「文字とことば」「国風文化」の六冊を刊行し、幸いにも古代史に関心を持つ読者に温かく迎えられました。専門の研究者が日々追い求めている「本物の歴史」に触れてみたいという思いがあったからでしょう。

先にあげた六つのほかにも、古代史には重要なテーマ＝問題群がたくさんあります。それぞれの分野で研究が進み、新しい歴史像が見えてきています。「やさしく、深く、面白く」歴史を語るという、第Ⅰ期以来の目標をふたたび掲げて、このたび第Ⅱ期として「古代人の一生」「天変地異と病」「古代荘園」「古代王権」「列島の東西・南北」「摂関政治」の六冊を企画しました。

各冊では、まず「温故知新」のスピリットで古代の事柄を知ることをめざすとともに、これまでの古代史の枠内に閉じこもることなく、現代へと「ひらく」ことを心がけています。ジェンダーの問題や災害・環境の問題は、まさに現代の課題でもあります。荘園のあり方や地域どうしのつながりについては、新しい事実がさまざまに見えてきています。王権や摂関政治といった古くからあるテーマについても、研究の進展により、これまでとは異なる視角からわかってきたことがあります。

いずれのテーマにおいても、ますます精緻化する最近の研究を、図版や脚注も活用してなるべくわかりやすく説明し、考えるための道筋をお伝えしています。今回も、考古学・文学・歴史地理学・古気候学・建築史学・朝鮮史など、隣接分野との緊密な連携をはかり、それぞれの最前線で活躍している執筆陣の参加を得ることができました。また、各テーマの核心となる論点や今後の研究方向などを話しあう「座談会」を収録しています。

「学際」「国際」「歴史の流れ」という広がりを意識しながら、私たち研究者が日々味わっている、歴史を知る「面白さ」をお伝えしたい。この列島にかつて生きた人々が歩んできた道を読者の皆さんと共有するとともに、古代史から未来への眼差しを「ひらく」ことをめざします。

二〇二三年一〇月

編集委員
吉村武彦・吉川真司・川尻秋生

目次

＊　引用文・引用挿図の出典や本文記述の典拠などを示す際には、［吉村、二〇二四］のように略記し、その文献名・出版社・出版年などは各章末の文献一覧に示した。

〈古代王権〉を考える

吉村武彦

日本列島において最初に「王」と呼ばれた人物は、誰であろうか。はやる心を抑え、まずは称号としての「王」の文字から考えていこう。

「王」という漢字は、「大きな戉（鉞）の刃部を下にしておく形。王位を示す儀器として玉座の前においた儀礼用の鉞」の象形といわれる（白川静『新訂 字統』）。つまり王の地位を示す儀器が存在し、その象形で「王」を示していた。中国を核とする東アジアの漢字文化圏(1)では、この「王」字をもって、国の首長の政治的地位を表していた。

中国周辺の漢字文化圏で用いられた「王」字の使用は、中国の史書に記載されている。古い時代の史料は中国の史・資料に限られ、しかもきわめて少ない。こうした事情で、中国の政治文化を通じて「王」の誕生を考えていくことになる(2)。

ところが、漢字文化の伝播には列島各地で時間的な地域差があり、漢字文化を受

(1) 中国・朝鮮・日本・ベトナムの四地域。漢字・漢語・漢文を使用することによって、各国間の意思疎通が可能である。漢字文化圏は「東アジア世界」とも呼ばれるが、必ずしも実際の東アジア地域とは同一ではない。なお、西嶋定生の「東アジア世界論」における四指標を参考にして、日本にあてはめて考えれば、①中国で発明された漢字、②政治制度の基礎となった律令法、③律令制度と関連する儒教と礼制、④中国で翻訳された漢訳仏典に基づく仏教の普及、を受け入れたことになる［吉村、二〇二二］。

(2) なお、中国から「王」と呼称されていても、その地域に王の再生産を含め、システム化し

容しない地域も存在した。こうした地域における首長の問題は、もっぱら考古学の研究を通じて考察しなければならない。文字を主たる研究対象とする歴史学と、「もの」を研究対象とする考古学との共同研究がないと、「王」の研究は十分にできないのである。中国正史および金印などの文字史料だけではなく、青銅・鉄製品や鏡などの威信財（いしんざい）(3)の出土遺物・遺構・遺跡から、列島における「王」の誕生を語っていくことになる。

さて、各地で「王」にあたる首長が、どのような倭語（日本語）で呼ばれていたのか、これは難しい問題である。『古事記』(4)の神話では、オオクニヌシ（大国主神）が国づくりの神である。しかし、『日本書紀』(5)の本文には登場していない。『古事記』と『書紀』とでは、神話の内容が異なるが、その神の名称の違いに注目したい。

オオクニヌシの名は「偉大な国の神」の意味であるが、多くの別名をもつ。『古事記』では「大穴牟遅神（おおあなむちのかみ）・葦原色許男神（あしはらしこおのかみ）・八千矛神（やちほこのかみ）・宇都志国玉神（うつしくにたまのかみ）」であるが、『書紀』の異伝(6)では「大物主神（おおものぬしのかみ）・国作大己貴命（くにつくりのおおあなむちのみこと）・葦原醜男（あしはらしこお）・八千戈神（やちほこのかみ）・大国玉神（おおくにたまのかみ）・顕国玉神（うつしくにたまのかみ）」（第八段一書第六）である。名前の多様さは、地域ごとに首長の呼び方が違っていたからであろう。まだ列島には、統一した首長の名称は存在していなかったのである。

「王」はふつう「古代君主の称号」といわれるが、それでは「君主」とは何か、

た王の制度（王制）が存在したかどうかは別の問題である。「王」と「王制」とは、その成立に時間的段階差があり、必ずしも一直線に発展するものではなかろう。

（3） 人・社会に対して示される権威・威厳に対応し、また人・社会から寄せられ、共有される信望・信頼を表す器財。希少価値があることが必要である。威信財は、政治的秩序・社会編成等を維持する上で、重要な役割を果たす。時代によって異なるが、たとえば弥生時代では鏡、銅鐸（どうたく）・銅矛（どうほこ）、刀剣などが該当しよう。

（4） 和銅五年（七一二）に撰上された、全三巻の歴史書。稗田阿礼（ひえだのあれ）が誦習し、太安万侶（おおのやすまろ）が撰録した。

と問わざるをえなくなる。王の定義としては、「国内の共同体や政治社会に対しては、神もしくは最高の祭司、呪術者として宗教的権威をとなえ、他方、対外的には共同体の軍事的統率者として現れる」(『平凡社 世界大百科事典』)が一般的な説明だろう。この定義の是非については、本書で具体的に論じていくことになる。

考察において難しいのは、「王権とは何か」ということである。これまでの研究では、「王権」の語には多様な意味があり、しかも便宜的に使われてきたきらいがある。こうしたなかで荒木敏夫は、王権の定義として(1)王の権力、(2)王を王たらしめている構造・制度、(3)時代を支配する者・集団の権力、という三方向で考察することを提言している[荒木、二〇〇六]。この説に対して、池享は王権の意味を(1)に限定し、(2)は王権存立のための装置/システム(イデオロギー・儀礼・象徴物など)であり、(3)に対しては王権以外の権力を論ずる場合は「政権」などの言葉を使用すべきだと指摘する[池、二〇〇六]。妥当な見解ということができる。

こうした研究史を踏まえていえば、王権とは一定の地域あるいは集団・社会において、政治的権力・権威をもつ王としての権力システムで、権力を維持する軍事・儀礼・レガリア・イデオロギー・神話などの制度・文化を内包して、継続的に支配体制を維持する政治権力であり、その政治体制もあらわす、ということになろうか。

また、王権と同じような意味で「政権」が使用される場合がある。政権は「政治

(5) 養老四年(七二〇)に、舎人(とねり)親王らによって撰上された勅撰の歴史書。六国史の最初で、全三〇巻。本書では『書紀』と略すことがある。なお、『古事記』と『書紀』とを、『記・紀』と略す。

(6) 『書紀』の神代では、本文(正文)のほか、異伝を「一書」で引用する。ただし、本文があくまで基軸であり、一書は注記の類である。

権力の略称とされるが、政治権力一般ではなく、むしろ政府権力という意味」とされる。そして、「政治的諸勢力の対抗関係における優越によって公権力として象徴化され、（国家）機構を実質的・象徴的に支配するに至っている権力」とされている（『現代政治学小辞典 新版』）。このように政権は必ずしも王制と関連づけて使われるわけではないので、王が存在した政治社会や国家では王権の使用の方が妥当だろう。

『日本書紀』の天皇史(7)では、継体天皇以降がほぼ実在が確かめられる天皇である。継体から推古天皇の時代には、「治天下の王」(8)（後の天皇）を中核として、大兄(9)（あるいは太子）とキサキ（后妃）が権力核を構成する。そして大臣・大連・大夫などの群臣が権力核を包摂し、官人が結集して王権を構成することになる。なお、女帝の時代には、太子の役割が重要である。王権のイメージをこのように捉えておきたい。

列島における「王」の誕生と卑弥呼

列島において確実に「王」と呼ばれたのは、九州北部の奴国の王である。福岡市の志賀島から出土した金印に「漢委奴国王」とある。この金印は『後漢書』(10)東夷伝において、「光武、賜うに印綬を以てす」と記された「印」である可能性が高い。奴国王は、建武中元二年（五七）には実在していただろう。

ところが、『前漢書』には「それ楽浪海中倭人有り、分かれて百余国となす。歳

(7) 天皇号（「天皇」という呼称）が成立するのは、後述するように天武朝説が有力である。ただし本章では、それ以前でも便宜的に天皇号の名称を使用する場合がある。

(8) 「治天下」（あめのしたしらす）とは、倭国内の夷狄と外国の蕃国をも含めて支配するという政治思想のこと。天皇号が成立すると、「御宇」（宇内を御す）の語句を用いて「御宇天皇」と記す。読みは「あめのしたしらしすめらみこと」である。なお、「大王」ではなく、「王」号を用いるのは、大王が尊称であって正式な称号ではないからである。

(9) 天皇ないし天皇たりし人の長子をいう「井

時を以て来り献見すと云う」とある。前漢が「国」として認識したのは「百余国」とあるが、(朝鮮半島の楽浪郡に)朝貢してきた使者からの情報であろう。『後漢書』には、「凡そ百余国あり。武帝、朝鮮を滅ぼしてより、使駅漢に通ずる者、三十許の国あり」とあり、続いて「国、皆王を称し、世世統を伝う」とある。最初の記事が、武帝(在位、前一四一—前八七)の時代であることはまちがいない。それに続く「国、皆王を称し」の記事は、必ずしも武帝の時代とは限らない。さらに「その大倭王は、邪馬台国[11]に居す」と続くからである。武帝以降の時代のことと思われる。[12]

『後漢書』の文は、『前漢書』と「百余国」の部分は共通しており、奴国王の存在からみて、「王」と呼称されていた首長がいたのであろう。安帝の永初元年(一〇七)には、「倭国王帥升」が生口一六〇人を献上している。『後漢書』独自の史料に基づく記事であり、二世紀初頭には、倭国全体の「王」が存在していたと思われる。しかも「帥升(師升とも)」は、国王の名前の可能性が高い。漢字一字の音を利用した仮借である。

『魏志』倭人伝[13]になれば、「倭王」「倭の女王」「女王国」の記載があり、倭国を統合する「王」がいたことは明白である。しかも、卑弥呼は魏から「親魏倭王」の称号を授与されていた。この称号は、魏の西方の大月氏国(クシャーナ王朝)に与えられた「親魏大月氏王」と同格であり、魏は東方の倭国をたいへん重視していたこと

上、二〇〇〇」。

(10)『後漢書』は四三二年の成立といわれており、西晋時代(二六五—三一六)に著された『三国志魏書』を参照している。つまり、『後漢書』と『三国志』とは成立の時期が逆になっている。

(11)通称は「やまたいこく」であるが、本来は一字一音の仮借(日本の音仮名)であり、「やまと」ないし「やまど」と読む(『岩波古語辞典 補訂版』)。

(12)『三国志』には「大倭王」の記載はないので、独自の史料に基づいていたかもしれない。

(13)正式には、『三国志魏書』烏丸鮮卑東夷伝の

がわかる。

この時期には、倭国の王をめぐる争いとして、

- 「その国、もとまた男子を以て王となし、住まること七・八十年。倭国乱れ、相攻伐すること歴年。すなわち共に一女子を立てて王となす。名づけて卑弥呼という」
- 「(卑弥呼の没後)更に男王を立てしも、国中服せず。こもごも相誅殺し、当時千余人を殺す。また卑弥呼の宗女壱与年十三なるを立てて王となし、国中遂に定まる」

と記されている(14)。

記事によれば、三世紀の倭国は、元々の王は男子であったが、その途次に大乱となり、女王の卑弥呼を共立したという(15)。また、卑弥呼の没後にも、男王を立てようとしたが争いとなり、そこで宗女(一族の女性)の壱与(台与とも)を立てたので安定化したという。倭国として列島を統合するプロセスにおいて、女王が二代続いたことになる。「夫婿なし」といわれる卑弥呼には、子どもがいない。次の幼い壱与も結婚したかどうか不明である。王位の継承をめぐる争いのなか、男王では倭国が治まらなかったのである。

卑弥呼と壱与のことは『古事記』や『日本書紀』に、直接、記述されていない。

倭人条。

(14) 両記事には、「相攻伐」「相誅殺」という戦闘を表す語句がみえる。しかし、倭人条には武器(兵)の記述はあるが、「王の軍隊」の記事はない。武器とは、「矛・楯・木弓」である。また、「(卑弥呼の)居処・宮室・楼観・城柵」では、兵(武器)を持って守衛すると記されているが、兵士の記載はない。ところが、同じ烏丸鮮卑東夷伝には、夫余条において諸加(貴族)が戦いの戦士になること、高句麗条には「国人(国の人々)が戦闘に従事する」という記事があり、兵士についての関心は存在していたことがわかる。

(15)『後漢書』東夷伝に

『書紀』では「倭女王(卑弥呼)」は神功皇后に比定されているが、地位(王と皇后)や配偶者の有無(未婚と既婚)、子どもの有無などの境遇があまりにも違っており、比定は不自然である。むしろヤマト王権の歴史には、卑弥呼・壱与は無関係と考えた方が適切である。

ところで、卑弥呼は倭国の女王として、邪馬台国に居住していた。卑弥呼は、ふつう邪馬台国女王といわれるが、そのような明確な記述はなく、『魏志』倭人伝によると倭国の女王とされる[西嶋、一九九四]。後半には邪馬台国の女王とも読める箇所があるが、基本的には倭国の女王として考えた方がいい。卑弥呼の時代、倭国を構成する伊都国にも「王」が存在したほか、倭国と対立する狗奴国にも男王がいたと記されている。三世紀の列島では、倭国として統合される過程で、卑弥呼が中国から「倭国王」として扱われたが、その内外にも「王」が存在していた。この時期の「王」は、まだ唯一無二の「王」ではない。

なお、卑弥呼には、魏の皇帝から「金八両・五尺刀二口・銅鏡百枚・真珠」等が与えられ、「汝の国中の人に示す」ように指示されている。これらは威信財の役割を果たすだろうが、「王の標章」となるのは五尺刀ぐらいであろう。

は、「桓・霊の間、倭国大いに乱れ、こもごも相攻伐し、歴年主なし。一女子有り、名を卑弥呼という。(略)ここにおいて共に立てて王となす」とある。桓帝(在位一四六―一六七)と霊帝(在位一六七―一八九)の時期に「大乱」があったことを記している。

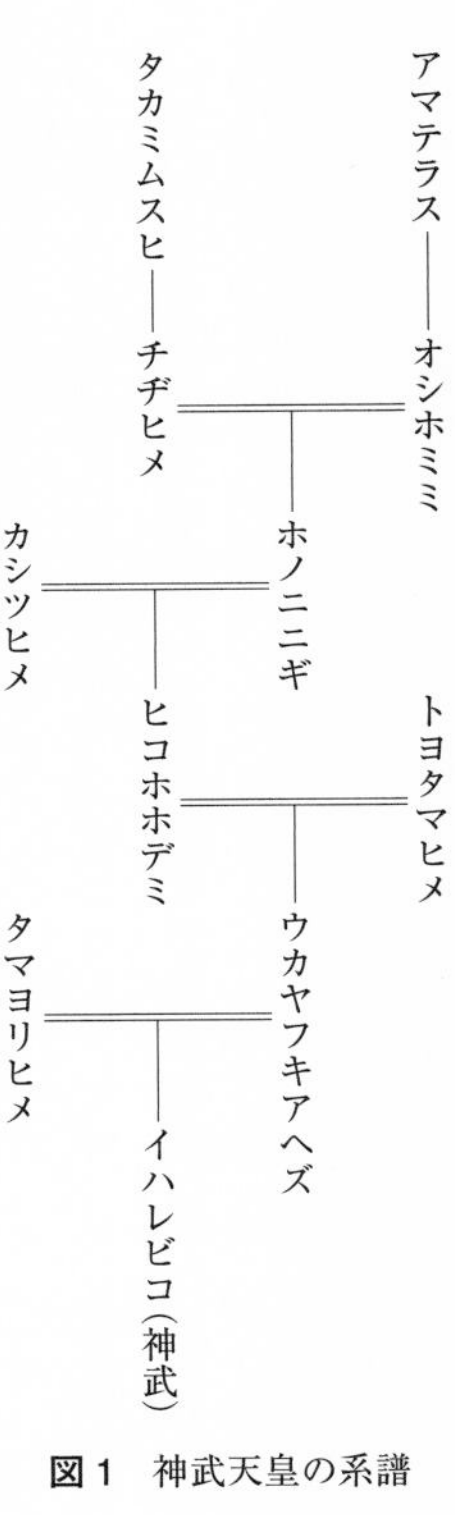

図1　神武天皇の系譜

『日本書紀』における「王」の誕生

『日本書紀』は神代と天皇史の記述から構成されている。したがって、「王」は天皇として現れるはずである。ところが、興味深いことに葦原中国（高天原と対比される国であるが、現実世界では大八洲国に相当する）には、「主」ないし「王」とされる神ないし人物が登場する。まさしく「王」の誕生とも呼べる物語である。いったい、どのように描かれるのであろうか。

「王」の誕生譚は、「神代」の話[16]として語られている。その「王」は、いうまでもなく天地開闢以来の、アマテラス（天照大神）との系譜的な繋がりをもっている。最初に『書紀』の系譜を図示すれば、**図1**のようになる。[17]

『書紀』本文（正文）においては、タカミムスヒ（高皇産霊）が皇孫にあたるホノニニギ（天津彦彦火瓊瓊杵）を、「葦原中国の主」にしようとして、最終的に日向の襲高千

（16）『古事記』と『日本書紀』の神話が異なっていることは、神野志隆光が強調するところである［神野志、一九九五］。そのため、「記紀神話」というような両書を合わせたような神話の捉え方はまちがいであり、『古事記』と『書紀』の神話はそれぞれ別個の作品とみなければならない。両書を合わせた「記紀神話」は、現代の神話というべきであろう。

（17）わかりやすいように片かな表記としたが、オシホミミは「正哉吾勝勝速日天忍穂耳」、チヂヒメは「栲幡千千姫」、ホノニニギは「天津彦彦火瓊瓊杵」、カシツヒメは「鹿葦津姫」、ヒコホホデミは「彦火火出見」、ウカヤフキアヘズは「彦

穂嶺に降臨させる。指揮しているのは、アマテラスではなくタカミムスヒである。(18)「天孫降臨」という言葉があるように、葦原中国を統治するために降臨するのは皇孫である。

本文には葦原中国の「主」とあって、(19)「王」ではない。ところが、神代における異伝の「一書」には、「王」の文字が用いられている。

- 「豊葦原中国は、これ吾が児の王たるべき地なり。然れども慮るに、残賊強暴横悪しき神者有り。故、汝先づ往きて平けよ」*1（第九段一書第一）
- 「葦原の千五百秋の瑞穂の国は、これ吾が子孫の王たるべき地なり。いまし皇孫、就でまして治せ。さきくませ。宝祚の隆えまさむこと、当に天壌と窮り無けむ」*2（同）

「一書」の記事によれば、アマテラスの子孫が、葦原中国の「王」たることが宣言されている。つまり葦原中国の統治者は、アマテラスの系譜を引くだけではなく、「王」であるともされる。

ところで、『古事記』『書紀』には、どちらも国譲り神話が存在していると思われがちである。実際は、オオクニヌシの国譲り神話があるのは『古事記』だけであり、『書紀』本文には存在しない。

『古事記』では、「此の葦原中国は、我が御子の知らす国と言依さし賜へる国な

波瀲武鸕鷀草葺不合」、トヨタマヒメは「豊玉姫」、タマヨリヒメは「玉依姫」、イハレビコは「神日本磐余彦」である。

(18)『古事記』では、当初はアマテラスが子のオシホミミに、葦原中国を統治させようとする。しかし、葦原中国は騒がしく、諸神を遣わして平定させようとする。最終的にはオホクニヌシが国譲りして平定されるが、その間にオシホミミにホノニニギが誕生したので、降臨させることになる。これらはタカミムスヒ（別名に高木神）とアマテラスとが指揮する。このように『書紀』と『古事記』では、構成が異なっている。

(19) 世界全体の「主」

り」として、アマテラスの子孫に統治させようとしたと記す。ところが、「道速振る荒振る国つ神等」が多くいるので、「言趣け」(服従させること)が必要であった。すでにオホクニヌシが、スクナビコナ(少名毘古那神)とともに国作りした地であった。しかし最終的には、オホクニヌシの子タケミナカタ(建御名方神)から「此の葦原中国は、天つ神の御子の命の随に献らむ」と国譲りさせる。

一方の『書紀』では、「遂に皇孫天津彦彦火瓊瓊杵尊を立てて、葦原中国の主とせむと欲す」と主張する。その地には「多に蛍火の光く神、及び蠅声す邪しき神有り」という状況で、『古事記』と同じである。しかしながら、タカミムスヒ(高皇産霊尊)が「吾、葦原中国の邪しき鬼を撥ひ平けしめむと欲ふ」というように、平定の対象になっている。そのため、「経津主神に(武甕槌神を)配へて、葦原中国を平けしむ」と意気込み、この二神はオホアナムチ(大己貴神)に対し、

高皇産霊尊、皇孫を降しまつりて、此の地に君臨はむとす。故、先づ我二の神を遣して、駈除ひ平定めしむ。汝が意何如。避りまつらむや不や。*3

と問いただす。オホアナムチは、子のコトシロヌシ(事代主神)の意向を尋ねるが、「我が父(オホアナムチ)、避り奉るべし。吾また、違ひまつらじ」と述べ、「海中に、八重蒼柴籬を造りて、船枻を踏みて避りぬ」のであった。そこでオホアナムチは、「国平けし時に杖けりし広矛」を二神に差しだし、「遂に隠りましぬ」ことになった。(20)

を意味するのは「天下の主者」で、神代第五段本文に記述されている。

*1 **(大意)** 葦原中国は、我が子が王となる地である。しかし、邪悪な神がいるので、お前が行って平定せよ。

*2 **(大意)** 葦原瑞穂国は、我が子孫が王となる地である。皇孫よ、行って治めなさい。永遠に栄えなさい。

*3 **(大意)** タカミムスヒが皇孫を降らせ、君臨させようとしている。我ら二神を遣わして、平定させようとしている。お前は隠れ去るのかどうか。

(20) 「避りぬ」の言葉を、「譲る」と解釈する説がある(新編日本古典文学

このようにコトシロヌシは「避りぬ」、オホアナムチは「隠りましぬ」という行動であり、経津主神ら二神や皇孫に葦原中国を献げるということではなかった。『書紀』では、葦原中国はあくまで平定の対象でしかなかったのである。しかも、葦原中国に降臨する段階で「主」(異伝に「王」も)と定まっていた。

ヤマト王権の成立と「天皇」

さて、ヤマト王権とは『古事記』『日本書紀』における神代からの伝承をアイデンティティ(同一性があると認識される歴史観)とし、「大八洲国」と呼ばれる日本列島の大部分(東北北部と北海道を除く)を統治する王権である。つまりヤマト王権とは、『記・紀』にその由来と正統性を求める古代の王権ということになり、『書紀』に記されている天皇の歴史は、ヤマト王権の歴史である。

その『書紀』には、「はつくにしらすスメラミコト」(この国を初めて統治した天皇)とされる天皇が二人もいる。第一代の神武天皇と、第一〇代の崇神天皇である。本来なら第一代が「初代」であり、第一〇代などは問題になりえない。しかし、第一〇代も「初代の天皇」とされ、二人の天皇が「初代」となるのは矛盾である。神武は「始馭天下之天皇」(訓読すれば、「始天下馭しし天皇」か)と表記され、崇神は「御肇国天皇」(肇国御しし天皇)である。

全集『日本書紀』)。しかし、コトシロヌシの返事「我が父、避り奉るべし。吾また、違ひまつらじ」の結果は、「八重蒼柴籬を造りて、船枻を蹈みて避りぬ」という次第である。また、オホアナムチへの問い「避りまつらむや不や」に対する最終的な行動は、「八十隈に、隠去れなむ」と述べて、「遂に隠りましむ」となる。これらの「避りぬ」の言葉は、「譲る」と解釈すれば意味が通らない。「隠りましぬ」という意味であろう。

ところが、『古事記』では崇神だけが「初国知らしし御真木(みまき)天皇」と記され、神武にはこのような記載がない。つまり『記・紀』ともに、第一〇代の崇神を「初めて国をしらす天皇」とする。その崇神に対して、『記・紀』の表記ではともに「国」の字が使われている。「初めて国を統治した」という意味あいが込められており、国を統治する初代の天皇にふさわしい。[21] しかし、神武に対する『書紀』の表記は「天下」であり、この語句を「くに」と読ませているようだ。最初から「天下をしらす」という表現になっており、むしろ律令的な「御宇(あめのしたしらしし)天皇」と関連する表記法である。おそらく律令制の天皇観から観念的に創られたからであろう。以上の考察から、ヤマト王権における「初代の天皇」は、崇神とするのが妥当となるだろう。

ところで、崇神を「初代の天皇」としても、当時、天皇号はまだ存在していない。『記・紀』では、最初から天皇の表記で通しているが、それは後の知識によって書き加えられたもの。これは歴史書としての『記・紀』の編纂方針であって、実際の歴史ではない。

天皇号の成立時期に関する有力な説は、天武朝である。天武朝の遺物と思われる飛鳥池遺跡(あすかいけ)(飛鳥藤原第八四次調査)出土の木簡に、「天皇聚□(露カ)弘□(寅カ)□」とあり、天武朝に「天皇」の名称があったことが判明する。この木簡の「天皇」の語を君主号と

(21)『書紀』大化三年四月壬午(じんご)条では、「是を以て、天地の初(はじめ)より、君臨(きみとしらす)国なり。始治国皇祖(はつくにしらししすめみおや)の時より、天下大同(あめのしたおな)じくして、都(かつ)て彼といひ此(これ)といふこと無し」とあり、初代天皇の統治範囲を「国」と表記している。国の文字がふさわしいからであろう。

は断定できないにしても、いちばん信憑性のある同時代史料である。天武朝には、天皇号は成立していた。

「天皇」と記した史料は天武朝以前から存在するが、それらは後世の製作か修飾と考えられてきた。ところが、大阪府羽曳野市に所在する野中寺の弥勒菩薩像台座銘には「中宮天皇」の銘文がみられ、注目されている。[22] 藤岡穣による、蛍光X線分析調査を踏まえた弥勒菩薩像の研究によって、仏像が飛鳥時代に制作された可能性が高くなってきたからである。銘文には「丙寅年」(天智五年〈六六六〉)の干支があり、制作ないし銘記した時期として、天智朝が妥当だという[藤岡、二〇一四]。

藤岡説が正しければ、天智朝には天皇号が存在していたことになる。[23] 天智朝には、百済の要請によって、人質であった余豊璋を百済国王に即位させて帰国させている。百済王を冊封するという、小帝国主義がまかり通る時期であった[石母田、一九七一]。天皇号が使用されていたと考えても差し支えないだろう。

『古事記』『日本書紀』における天皇の象徴

『記・紀』における天皇の記述には、天皇固有の所有物や振る舞いが登場し、また居住する建物には象徴物が描かれている。いわば天皇を象徴する「もの」と「行為」である。その特徴を考えてみたい。

(22) 銘文の全文は、「丙寅年四月大旧八日癸卯開記栢寺智識之等詣中宮天皇大御身労坐之時誓願之奉弥勒御像也友等人数一百十八是依六道四生人等此教可相之也」である。

(23) 藤岡説に対する批判として、東野治之「野中寺弥勒菩薩半跏像銘文論」(『橿原考古学研究所論集』一八、八木書店、二〇二三年)がある。

a　倭の屯田（『書紀』仁徳即位前紀）

伝に聞る、纏向玉城宮御宇天皇（垂仁天皇）の世に、（略）倭の屯田を定めしむ。是の時に、勅旨は、「凡そ倭の屯田は、毎に御宇す帝皇の屯田なり。其れ帝皇の子と雖も、御宇すに非ずは、掌ること得じ」とのたまひき。[*4]

応神天皇の没後、額田大中彦が倭（大和）の屯田を領有しようとして、管理者の淤宇宿祢の仕事を妨げた。そこで、大和の屯田の事情をよく知る吾子籠を呼び寄せたところ、大和の屯田は天下を治める天皇（御宇す帝皇）の屯田であり、たとえ皇子であっても天下を治めない場合は（御宇すに非ずは）、管掌できないとされた。

屯田とは、大宝令でも屯田と呼ばれた田地で[24]、天皇のための食料を供給する田地である。つまり天皇固有の所有地であり、天皇関係者しか管掌できない性格のものであった。このように特別な天皇所有地として屯田が存在していた。

b　御舎の堅魚木（『古事記』雄略段）

山の上に登りて国内を望けたまへば、堅魚を上げて舎屋作れる家有り。天皇、其の家を問はしめて云らさく、「其の堅魚を上げて舎作れるは誰が家ぞ」とのらす。答へて白さく、「志幾の大県主が家なり」とまをす。尓して天皇詔者らさく、「奴や、己が家を天皇の御舎に似て造れること」とのらして、（以下、略）[*5]

天皇が居住する御舎には、堅魚木[25]が設けられていた。天皇の地位を象徴する装飾

＊4 **（大意）** 大和の屯田は、天皇の供御の田地なので、天皇ないし後継者しか領有できない、と話した。

（24）『令集解』田令置官田条によれば、養老令は「官田」であるが、大宝令の注釈書「古記」から、「屯田」であることがわかる。

＊5 **（大意）** 堅魚木を設けて建てた志幾大県主の家を、天皇の御舎を真似たということで、焼き払おうとする話。大県主は御幣として白犬を献上して処罰を免れた。

（25）堅魚木は、図のように棟の上に並べられた円筒状の装飾品。

品で、堅魚木を載せて御舎を真似ることは、地域豪族の大県主といえども認められなかった。伝承では、雄略は家ごと焼き払おうとしたが、大県主が御幣として鈴をつけた白犬を献上したので、火をつけることは止めた。堅魚木は、他の建造物と差別化する天皇の装飾品だった。

c　鹵簿（『古事記』雄略段）

天皇葛城山に登り幸しし時、百官の人等、悉に紅の紐著けたる青摺の衣給りて服り。彼の時、其の所向へる山の尾より、山の上に登る人有り。既に天皇の鹵簿に等しく、また其の束装の状と人衆と、相似て傾かず。尒して天皇望けたまひて、問はしめて曰らさく、「この倭国に、吾れを除きてまた王は無きを、今誰人か如此て行く」とのらす。即ち答へ曰せる状も天皇の命の如し。（以下、[*6]略）

天皇が葛城山に登山する際、参加する官人には紅紐の青摺の衣服が与えられた。向かいの山から登る人々がいたが、天皇の鹵簿（行幸の隊列）と同じ様相で、装束なども似ていた。そのため天皇は「倭国には私以外に王はいないのに、誰なのか」といぶかったが、相手も同じような仕草であった。相手が葛城の一言主大神と名のったので、天皇は畏敬して、大御刀・弓矢や衣服を大神に献上する。大神は受け取って、山の出入口まで送ったという。

＊6 **（大意）** 天皇が葛城山に行幸した際、同じように登山する葛城の一言主大神に出会い、畏敬して刀・弓矢や衣服を大神に献上する話。

堅魚木

鹵簿の隊列の仕方は天皇固有のものであり、真似することは許されなかった。しかし、葛城山への行幸時の相手は、葛城の一言主大神と名のったので、天皇は畏れて、刀などを大神に差しだした。bの堅魚木を真似たのは大県主であったが、相手が神の場合は天皇も畏敬の念をもつ。神と人では、まったく対応の仕方が違ったのである。

以上のように天皇位を象徴する、天皇固有の屯田、建物の堅魚木、鹵簿などが存在していた。その侵害に際しては、大神以外には厳罰が下されるものとされた。天皇を象徴する動産・不動産には、厳しい差別化がはかられていたのである。

中国との冊封関係と倭の五王

卑弥呼は、魏から「親魏倭王」の称号を授与されたが、定期的に朝貢するような君臣関係ではなかった。いわば「不臣の朝貢国」という関係であった。

ところが、五世紀になると、倭国王は即位すると「倭国王」の称号授与を求めて、中国・宋に使者を派遣した。「讃(さん)・珍(ちん)・済(せい)・興(こう)・武(ぶ)」という五人の「倭の五王」である(『宋書』倭国伝)。その際、**表1**にあるように、倭国王は自称称号を名のり、宋から除正(任命)されることを要請する。しかし、除正された称号は、必ずしも要望どおりではない。王位の任命をめぐる外交関係を、冊封関係[26]というが、倭の五王の

(26) 冊封とは、中国皇帝が周辺国の王を任命すること。中国皇帝が、外国の国王を、冊書(天子の命令書)を用いて封ずるという意味である。倭国王は代替わりごとに、冊封を求めていた。

冊封は**表1**のとおりである。

この表1で明らかなように、倭国王は東アジア世界のなかで、宋から倭国王・倭王として承認されることにより、自らの王位を確認していた。そして自称称号にあるように、半島に所在する百済・新羅・任那・秦韓（辰韓）・慕韓（馬韓）への軍事的支配権を主張していた。これが認められたのは、済と武である。しかし、百済は宋と冊封関係を結んでおり、済と武においても宋が倭国の要請をすべて承認することはなく、百済は除外されていた。

こうした半島諸国への軍事的支配権の主張は、広開土王（好太王）碑文からその理

表1　倭国王の自称称号と除正称号

王	自称称号	除正称号
讃		安東将軍倭国王か
珍	使持節都督倭百済新羅任那秦韓慕韓六国諸軍事安東大将軍倭国王	安東将軍倭国王
済		（四四三年）安東将軍倭国王 （四五一年）使持節都督倭新羅任那加羅秦韓慕韓六国諸軍事安東大将軍倭国王
興		安東将軍倭国王
武	使持節都督倭百済新羅任那加羅秦韓慕韓七国諸軍事安東大将軍倭国王	使持節都督倭新羅任那加羅秦韓慕韓六国諸軍事安東大将軍倭王

由がわかる。高句麗の広開土王は、碑文に「百残（百済の蔑称）と新羅は、旧是れ（高句麗の）属民にして、由来朝貢せり」とあるように、かつて百済・新羅は高句麗の属民であると認識していた。それが崩れたので、国王自ら征服活動を行なうことになるが、その理由としてあげたのが、「倭以辛卯年来渡□破百残□□新羅以為臣民」と記す前置き文である。倭が辛卯年（三九一）に渡海して、百済と新羅の民を「臣民」にしたという理由である。つまり倭国が半島に進出して来たので、広開土王は百済・新羅を取りもどすために征討を行なったのである。

　また倭国王は、高句麗王・百済王が冊封された大将軍と同じ地位につくため、大将軍号を自称していた。しかし、安東大将軍に任じられたのは、済(27)と武だけである。このうち武は、稲荷山古墳出土の金錯銘鉄剣に名を刻む「獲加多支鹵」、すなわち雄略天皇である。

　ここで注意したいのは、珍と済が、宋に対して王の自称称号の承認だけではなく、王権構成員への称号授与を要請していたことである。倭国を統治するには、協議・執行部隊が必要で、大化前代においては王族や大臣・大連らの群臣が重要な構成要員である。

　具体的には、元嘉一五年(28)（四三八）に、珍は倭隋ら(29)一三人に「平西・征虜・冠軍・輔国将軍号」を要請し、宋から認められた。倭隋らを中国の官位秩序に組み込む必

(27) 済が大将軍であることは、『宋書』文帝紀に基づく。「使持節都督倭新羅任那加羅秦韓慕韓六国諸軍事安東大将軍倭国王」の名称は、『宋書』倭国伝は「安東将軍」であるが、坂元義種の研究によって改めた［坂元、一九七八］。

(28) 元嘉一五年の年号は、『宋書』倭国伝ではなく、文帝紀による。

(29) 「倭隋」は、国名の倭を姓名とする王族であろう。「平西将軍」を名のるとすれば、王族将軍となる。『書紀』崇神紀

要性があったことは、ヤマト王権の権力構造がまだ脆弱だったことを示唆している。少なくとも倭国王自身の冊封のみでは、政権の安定化がはかれるような状況ではなかったことになる。(30)

また、元嘉二八年(四五一)には、済が要請した二三人が「軍郡」に任命されている。文字どおりであれば、「軍」は平西将軍のような将軍号を意味する。「郡」の字が帯方郡のような行政地域名を意味するかどうかは疑問であるが、列島内でも地域的支配が行なわれていた可能性がある。

王位の継承とレガリア献上

譲位制度がなかった大化改新以前では、天皇が没すると群臣によって新しい天皇が推挙されていた。即位に際して、群臣の政治的動きがある場合、その様子は『書紀』に記載されている。(31) 大化改新からは、次期の後継者は天皇家が自律的に決めるようになった。

ところで、群臣が新帝に即位を要請する場合、王位の標章となる宝器(神器)、すなわちレガリアが献上された。『書紀』の記事を表にすれば、次の**表2**になる。

九例のうち、『書紀』で「皇太子」とされているのは22清寧天皇だけである。『書紀』の記載によれば、どちらかといえば皇嗣が定まっていない場合に、レガリアの

における四道将軍の一人である大彦は孝元天皇の子、ヤマトタケル伝承のヤマトタケルは景行天皇の子で、王族将軍である。

(30) 中国からの官位授与が単なる権威づけだけであれば、元嘉二八年の除正も代替わりで同じような官位が要請されたのであろう。それぞれ必要な官位の任命が求められたのではなかろうか。

(31) 10崇神から12景行までと14仲哀は、元年条に「皇太子(太子)、即天皇位」、13成務と15応神は「皇太子即位」、16仁徳は「大鷦鷯尊即天皇位」、17履中は「皇太子即位於磐余稚桜宮」と記される。19允恭からは、レガリアや群臣の動向の記載が多くなる。

表2　即位時におけるレガリアの献上(『書紀』記載の語句による)

	レガリア	前任の身位	備　考
19　允恭	天皇の璽符		
22　清寧	璽	皇太子	壇場の設置
23　顕宗	天子の璽		皇太子は顕宗の兄(仁賢)
26　継体	天子鏡剣の璽符		応神5世孫
28　宣化	剣鏡		
33　推古	天皇の璽印	元皇后	
34　舒明	天皇の璽印		
36　孝徳	璽綬		壇の設置，群臣が金靫を帯す
40　持統	神璽の剣鏡	前皇后	

献上が行なわれる傾向があるともいえよう。

レガリアのうち剣鏡については、神祇令践祚条に「凡そ践祚の日には、中臣、天神の寿詞奏せよ、忌部、神璽の鏡剣上れ」(32)とある。したがって、持統即位時の「神璽の剣鏡」は、浄御原令(六八九年施行)を運用したか、後の大宝令による修飾のどちらかであろう。それ以前のレガリアは、神祇令に規定された鏡剣とは必ずしも限らない。

こうした「剣鏡」の語句は、即位儀のレガリアのほか、神功皇后の所作についての記述にしか使われていない。その所作とは、皇后が武内宿祢(33)に剣鏡を与えて神祇に祈禱させ、溝を開通させるというものである(『書紀』神功摂政前紀)。このように剣鏡の語が、限定した用語として使われていることが注目される。(34)

ところで、レガリアとは別の標章物も存在す

(32) 践祚は即位のこと。この儀式で中臣氏が寿詞、忌部氏が鏡剣をたてまつる。興味深いことに、「鏡剣」は本条にしか存在しない。

(33) 武内(『古事記』では建内)宿祢は、景行天皇から始まり、成務・仲哀・応神・仁徳天皇にいたる五代にわたり、大臣として仕奉したという伝承上の人物。

(34) 『延喜式』の祝詞によれば、大殿祭条において「天つ璽の剣・鏡」とされ、剣鏡が皇位のレガリアとされている。

る。天皇は、夷狄(いてき)に対する征討活動や外交使節の派遣には、天皇の代理人として働く征討大将や大使に必要な権限を委譲する。その証となる可視的標章が、「節刀(せっとう)」(35)である。(36)大将に対しては、軍防令節刀条に、「節刀」の授与が規定されている。(37)おもしろいことに日本の軍防令は、唐令(とうれい)の「斧鉞(ふえつ)」を「節刀」に代えている。「鏡剣」と区別される「刀」の字を、意識して使用していると思われる。

表2における「剣鏡」以外の語句は、「璽符(じふ)・璽印(じいん)」などである。本来の「璽印」の意味は「天子の印」のことであるが、印が存在していたかどうか疑問である。実際のレガリアは、王位を象徴する「剣鏡」の類の品であろうか。具体的な物品名は不明である。

七世紀の王権

七世紀以降の王・王権に関しては、本書で歴史学の立場から詳しく論じられるので、これまでの行論との関わりで、二、三の論点について述べておきたい。

推古女帝(在位五九二―六二八)の時代になると、五世紀における「倭の五王」とは異なり、中国への外交政策は転換する。その象徴的な出来事が、大業三年(推古一五年〈六〇七〉)の遣隋使による「日出(い)ずる処の天子、書を日没する処の天子に致す。恙(つつが)なきや、云々」(『隋書』倭国伝)という国書の上表である。国書は、隋と対等の文書

(35) 軍防令節刀条の「義解」によれば、「節」とは本来、旄牛(ぼうぎゅう)(長い毛のあるウシ科のヤク)の尾などを編んで作った旗のことである。それを日本では刀に代えたので、「節刀」と呼ぶ(日本思想大系『律令』補注)。

(36) 征討大将や外交使節以外に、清寧が顕宗(けんぞう)と仁賢(にんけん)を迎えるための使者に「節」を持たせた例(清寧二年一一月条等)、大伴金村が継体を迎える際に「節」を持たせた例(継体元年正月条)などがある。

(37) 全文は、「凡そ大将征に出でば、皆節刀授(たま)へ」である。

形式で発せられ、同じ称号である「天子」号を名のった。これは東アジア世界における、二人の天子を主張したことでもあった〔河内、二〇一二〕。「蛮夷の書、無礼なる者あり。復た以て聞するなかれ」と、隋の皇帝煬帝の怒りをかったのは当然であった。倭国は、中国の冊封体制から離脱し、東アジア世界において独立した国家であることを主張した[38]。

推古朝では、厩戸皇子に関する伝記である『上宮聖徳法王帝説[39]』に、

少治田宮に御宇しし天皇の世、上宮厩戸豊聡耳命、島大臣と共に天下の政を輔けて、三宝を興隆し、元興・四天皇(四天王)等の寺を起つ。爵十二級を制す。

と記されている。厩戸皇子と島大臣(蘇我馬子)が、推古の政治を共同で補佐して仏教を興隆し、冠位十二階(爵十二級)を制定したという。『書紀』でも「皇太子及び大臣に詔して、三宝を興し隆えしむ」(推古二年二月丙寅条)と記されている。推古女帝のもとで「皇太子[40]」の地位は重要であり、厩戸は「大臣」の馬子とともに推古を補佐していたのである。ただし、皇太子の制度は浄御原令で定まったので、この時は『隋書』にあるとおり「太子」である。

このように推古朝の記述では、王権の権力構造として、天皇のほか太子や大臣の政務のあり方が示されている。王位後継者については、すでに継体朝に大兄の制度

(38)『隋書』倭国伝において、使者の発言として「聞く、海西の菩薩天子、重ねて仏法を興すと。故に遣わして朝拝せしめ、兼ねて沙門数十人来りて仏法を学ばしむ」と、隋を崇め、倭をへり下った表現にしている。

(39) 東野治之校注『上宮聖徳法王帝説』(岩波文庫)がある。

(40)『日本書紀』では、推古元年に「厩戸豊聡耳皇子を立てて、皇太子とす。よりて録摂政(まつりごとふさねつかさど)らしむ」(同年四月己卯条)と記されている。

が設けられ（後の安閑天皇にあたる勾大兄）、推古朝前後に太子の制度が始まった(41)［井上、二〇〇〇／直木、一九七五］。厩戸は、その太子であった。ただし、『隋書』倭国伝には「太子を名づけて利（和か）歌弥多弗利」とあり、倭語としてはワカミタフリと呼称していたことがわかる。

ワカミタフリとは、長屋王家木簡にみられる「若翁」のことである。木簡のなかに「円方若翁・膳若翁・忍海部若翁」など、若翁と表記される皇子女の名前がある。しかし渡辺三男は、本来はワカ（若）ミ（御）トホリ（通り、血系）のワカミトホリで、「若き、御血統にある方」を意味するとした［渡辺、一九六六］。このように推古朝の太子は、後の皇太子とは必ずしも同じではなく、過渡的な制度であった［吉村、二〇一九］。

皇極四年（六四五）、中大兄らは蘇我蝦夷・入鹿の蘇我本宗家を倒した（乙巳の変）。皇極天皇が譲位し、孝徳天皇が即位した。ここにヤマト王権の終身王位制が崩壊し、天皇家の自律的意思によって皇位が定まることになった。

王権の問題では、皇太子のほか皇后の地位も重要である。病を得た天武天皇は、「天下の事、大小を問はず、悉に皇后及び皇太子に啓せ」という詔を出した（朱鳥元年〈六八六〉七月癸丑条）。時に皇后にも政治的役割が求められた。ヤマト王権の最初の確実な女性天皇は推古であるが、次の皇極（重祚して斉明）・持統女帝も皇后経験

（41）皇位継承制度については、井上光貞が兄弟継承と大兄の制度を提唱した［井上、二〇〇〇］。しかし、最初に大兄の名をあげた「大兄去来穂別」（『書紀』）、「大江之伊耶本和気」（『古事記』）の「大兄（大江）」は地名であり、除外する必要がある。したがって、大兄制は、勾大兄（安閑）から始まることになる。一夫多妻制（学術用語）のもとでは、大兄が複数存在し、皇位継承の争いの余地がある。そのため、直木孝次郎は太子制が生まれたと主張した［直木、一九七五］。

者である。七世紀の女帝は皇后経験者であって、八世紀の女帝とは異なっていた。(42)

律令法における天皇

日本の律令法は、持統三年(六八九)に浄御原令が施行され(43)、大宝元年(七〇一)に大宝律令(44)が定まった(翌年施行)。律令法は、天皇の諸権能や皇位継承を拘束するような法令ではなく、天皇は律令法を超越して存在した。かつて石母田正は、天皇固有の大権事項として、①官制大権、②官吏任命権、③軍事大権、④臣下に対する刑罰権、⑤外交と王位継承に関する大権、の五項目にまとめた[石母田、一九七一]。これらをさらに整理すれば、第一に律令制国家の機構的支配に対する大権(①②④)、第二に外交と戦争に対する大権(③⑤)、そして第三に王位継承に関する大権(⑤)、とすることができる[吉村、一九九六]。これらの事項が、王権の権力構造の核となる天皇が持つ大権ということになる。

ところで、最初の太上天皇は、文武天皇に譲位した持統天皇からで、法的には大宝令からであろう。(45)太上天皇の制度は唐令にはなく、日本独自の制度であるが、天皇・太上天皇両者の政治的関係が問題となる。たとえば孝謙太上天皇の時期に、淳仁天皇に対し「ただし政事は、常の祀り小事は今の帝(淳仁)行ひ給へ。国家の大事賞罰二つの柄は朕(孝謙)行はむ。かくの状聞きたまへ悟れ」(『続日本紀』天平宝

(42) 七・八世紀の女性天皇は次のとおり。

女　帝	即位前の地位	在　位	備　考
(1)推古	敏達皇后	592—628	
(2)皇極	舒明皇后	642—645	
(3)斉明	(皇極重祚)	655—661	
(4)持統	天武皇后	690—697	称制 686—689
(5)元明	草壁皇太子妃	707—715	文武天皇の母
(6)元正	元明の娘	715—724	独身
(7)孝謙	皇太子	749—758	聖武天皇の娘．独身
(8)称徳	(孝謙重祚)	764—770	

(43) 浄御原令は一条も残っていないが、『書紀』には「考仕令」(持統四年四月条。養老令から考課令と改称)と「戸令」(持統四年九月条)の名称が

字六年〈七六二〉六月庚戌条〉という宣命が出されている。つまり国家小事は淳仁天皇、国家大事は孝謙太上天皇という役割分担の宣言である。(46)

本書の構成と意図

本書、『古代王権――王はどうして生まれたか』は弥生時代における首長の問題から始めて、時系列に王権を論じていく。岩永省三は中国史料の「王・国」の語と、学術用語の「王・国」とを峻別し、議論を展開する。最初に、中国史料の「王・国」から弥生時代の倭国の展開が述べられる。そして青銅器祭祀や威信財の流通を論じながら、墳丘墓の形態から王の出現に迫っていく。

古墳時代(47)に関しては、辻田淳一郎の論考では王権を象徴する威信財とレガリアに絞って論が立てられる。考古学として当然のアプローチであるが、古墳時代の副葬品の変遷を前提にして威信財からレガリアへ、そして即位儀礼の整備のなかでレガリアの意味が問われることになる。

歴史学（文字史料を中心とする「文献史学」）の藤森健太郎は、王位・皇位継承のあり方が、実力重視の時代から、五世紀後半には血縁関係が重要視されるようになり、六世紀以降に世襲王権が成立するという。そして、律令制国家までの皇位継承の実相を考古学研究を交えながら明らかにする。

みえる。

(44) 大宝令は、『令集解』における大宝令注釈書の「古記」や『続日本紀』『類聚三代格』の大宝令施行期の法令から復元される。

(45) 現在のところ、大宝令に太上天皇の語句が存在するという明確な史料はない。

(46) 天皇と太上天皇の関係は、法制度と個々の政治状況（力関係）とに影響されて変動するが、こうした問題に関しては中野渡俊治の研究『古代太上天皇の研究』がある［中野渡、二〇一七］。

(47) 前方後円墳の規模・形態・構造などが王権問題と密接な関係をも

ているが、これらの問題は本シリーズ第Ⅰ期の『前方後円墳』(二〇一九年)を参照してほしい。

一方、仁藤智子は六世紀末(推古朝)から九世紀の王権儀礼と祭祀に関して、中国の歴代王朝と統一新羅の国家祭祀とを比較しながら検討し、日本列島における古代王権の特質を考察する。宗廟制などによる祖先祭祀を受け入れなかったが、「天孫降臨神話」や日本的「昊天祭祀」を通じて、どのようにして天皇(王権)の由緒と正統性を確立していったかを解いていく。

そして、ジェイスン・P・ウェッブは、『懐風藻』と『万葉集』の歌詞という文学作品を通じて、古代貴族がどのような天皇像を描いていたのか、アメリカの日本文学研究者の眼から論じている。日本の王権・天皇像を世界的視点から俯瞰するために、必要な研究の営みである。

最後に、日本側の執筆者である岩永・辻田・藤森・仁藤の四人と編集委員の吉村と川尻秋生による座談会「古代日本における〈王権〉とは」を収めた。

付記　『日本書紀』は日本古典文学大系、『古事記』は日本思想大系を利用したが、一部表記を改めた箇所がある。

引用・参考文献

荒木敏夫、二〇〇六年『日本古代王権の研究』吉川弘文館
池　享、二〇〇六年「中世後期の王権をめぐって」大津透編『王権を考える』山川出版社
石母田正、一九七一年『日本の古代国家』岩波書店(岩波文庫、二〇一七年)

井上光貞、二〇〇〇年「古代の皇太子」『天皇と古代王権』岩波現代文庫（『井上光貞著作集』一、一九八五年）
河内春人、二〇一二年「遣隋使の「致書」国書と仏教」氣賀澤保規編『遣隋使がみた風景』八木書店
神野志隆光、一九九五年『古事記』ＮＨＫブックス
坂元義種、一九七八年『古代東アジアの日本と朝鮮』吉川弘文館
直木孝次郎、一九七五年「厩戸皇子の立太子について」『飛鳥奈良時代の研究』塙書房
中野渡俊治、二〇一七年『古代太上天皇の研究』思文閣
西嶋定生、一九九四年『邪馬台国と倭国』吉川弘文館
藤岡　穣、二〇一四年「野中寺弥勒菩薩像について」『ＭＵＳＥＵＭ』649
吉村武彦、一九九六年『日本古代の社会と国家』岩波書店
吉村武彦、二〇一九年『新版　古代天皇の誕生』角川ソフィア文庫
吉村武彦、二〇二二年「東アジアにおける倭国・日本」『東アジアと日本』角川選書
渡辺三男、一九六六年「隋書倭国伝の日本語比定」『駒沢国文』5

「王」になった大首長——弥生社会の変貌

岩永省三

はじめに

弥生時代(1)の間に、日本列島の大部分で農耕が定着し、小平野ほどの範囲を単位に政治的統合が進み、首長が登場した。弥生終末期の倭の様子を叙述する『魏書』東夷伝倭人条(以下、『魏志倭人伝』と記す)に登場する倭の諸国のうち、「末盧国」「伊都国」「奴国」は、それぞれ古代の松浦郡・怡土郡・那珂郡に名称が継承されている。もちろん各「国」の規模が後の「郡」と一致するわけではないが、遺跡の分布から唐津平野、糸島平野、福岡平野程度の規模をもった政治的まとまりについて、中国側が「国」名を記したと見られ、それは倭人からの伝聞に基づくものが多いのだろう(**図1**)。

それぞれの地域での首長の登場過程を明らかにするには、墓や集落の構造変化を考古学的に追跡し、一般民衆より上位の身分と認められる存在が現れて有力化していった事情を明らかにする必要がある。もっとも、結論を先取りすれば、弥生時代の間には、特定地域で長期にわたり首長が出続け、覇権を維持することの方が少ない。したがって、首長の登場のみならず、その力を維持しにくい事情にも目配りしなければならない。つまり有力首長の登場とその衰退を統一的に説明する必要があ

(1) 本章では弥生時代の時期区分と実年代を以下のように考える。
早期:前七—前六世紀、
前期:前五—前四世紀、
中期:前三—前一世紀、
後期:後一—二世紀、
終末期:後二世紀末—後三世紀前半。
本文中で断りなく「前期」「後期」などという場合は、すべて弥生時代のことを指す。この年代観は北部九州の資料に基づく。近年、国立歴史民俗博物館がAMS年代測定法を用いてこれより一〇〇—五〇〇年古くなる年代論を提唱しているが、この年代論の問題点については、[高倉・田中編、二〇一一]参照。

る。

ただしここで注意すべきことがある。一般に有力首長を「王」と呼び、中国側から「奴国王」などとして「王」と見なされたこと、また「王」がいた「国」の成立を重視するのだが、現代日本語の学術用語の「王」「国」と、中国古代史料での「王」「国」は意味が違う点である。

したがって、中国史料に出る「王」「国」の弥生時代における存在状況を論じる議論Aと、現代日本語の学術用語での「王」「国」の登場を論じるという議論Bとを分けないと、なまじ「王」「国」という同じ語を用いるがために、議論が混乱する(2)。

本章では、議論Aについて第1節で、議論Bについて第2節で述べることとする。

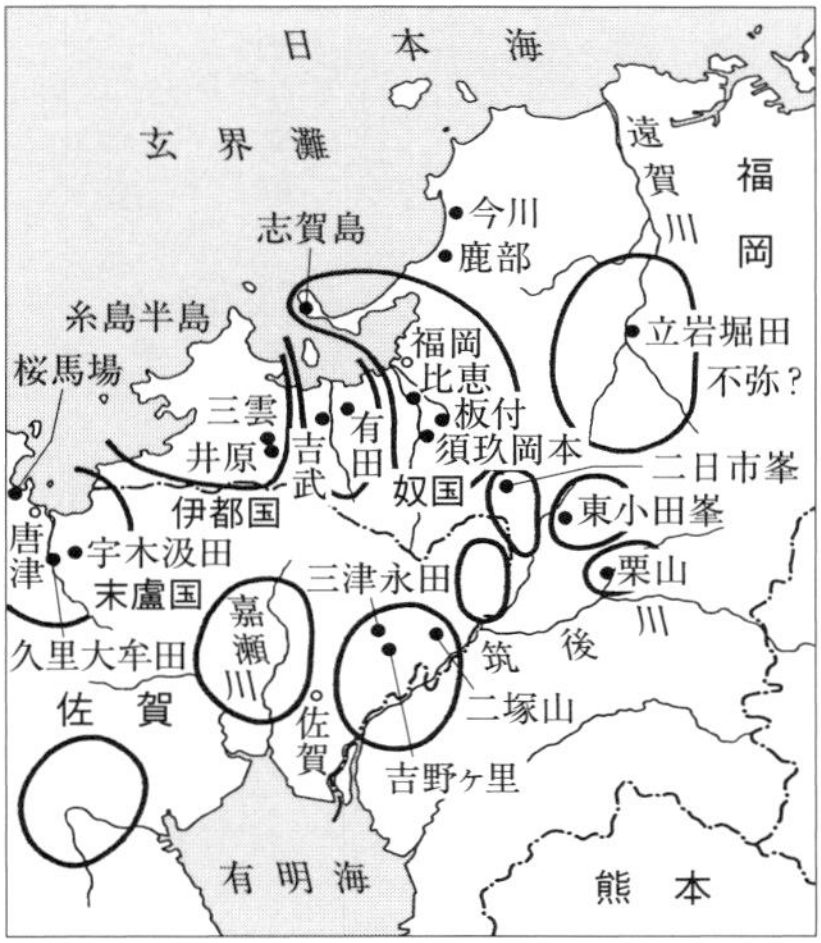

図1　弥生時代中期の北部九州(●は主要遺跡，○は現在の都市，丸囲いは遺跡の多い範囲．[小田，1993]を一部改変)

(2) 同様な問題は中世・近世の研究でも起こる。[堀、二〇〇六]では、織豊期国内史料の「王」は基本的に天皇だが、内政・外交などの諸権限を保持していない天皇を、近代政治学上の王・国王の概念にあてはめることには慎重を要し、史料用語の「王」「国王」と、研究概念である王・国王とは区別する必要がある、とする。時代は違えど、事情は同じである。

1　中国から見た弥生時代の倭――「国」と「王」

中国文献における「国」と「王」

弥生時代の「国」「王」について考える場合、弥生時代と同時期のことを叙述した中国文献に用いられた「国」「王」の意味を踏まえなければならない〔西嶋(3)、一九九九〕。

中国文献における「国」の意味について、秦・漢以降は、城壁で囲んだ集落、皇帝が支配する王朝国家自体、諸王ないし諸侯の封邑地、という三者が併存していた。漢代には郡県制に編成されていない領域のうち、諸王・諸侯の封地が「国」であった。この場合「王」は皇帝の臣下であり、独立した君主権を示す称号ではなくなり、冊封された外夷の君長にも「王」号が与えられるようになると、その領有地も「国」と呼ばれるようになった〔西嶋、一九九四〕。前漢期には「朝鮮王」「南越王」がおり、後漢期には王号が賜与される外夷の君長が増えた。

「王」は正式には皇帝からの印綬の賜与によって許される爵号であるが、実際には印綬の賜与を伴わずに外夷の首長が「王」と呼ばれることがある。「王」と「国王」の違いについては、『冊府元亀(4)』外臣部の諸例では、前者が「某王」、後者が

(3) 西嶋定生(一九一九―一九九八)。中国古代・中世史学者。前近代東アジアの国際関係は中国王朝を中心とした冊封という形式で秩序付けられていたとする「冊封体制」の概念を提唱した。

(4) 北宋代に編集された史料事典。中国の古代―五代の君臣の事跡を分類・列挙したもの。

「某国王」と記されることが多いが、倭に関する『前漢書』『宋書』『隋書』の記述では必ずしもその通りではない〔西嶋、一九九九〕。

つまり、皇帝がある人物を「王」と認めるのは、彼を通交の相手に選択したこと、つまり「指定代理店」に指名したことを意味するが、彼がその地方のローカルな事情の中で支配の根拠を持つことを意味しはしない〔新田、二〇〇二〕。漢帝国が周囲の蛮族の首長を「王」とみなした（例えば、朝鮮王・南越王・奴国王）からといって、王がいる社会の統治の規模や質が同じとは限らない。また「王」を戴く政体が国家とは限らない。

前漢との交渉――同時期の列島に「王」はいたのか？

『前漢書』地理志には「それ楽浪海中倭人有り、分かれて百余国となす。歳時(さいじ)を以て来り献見(けんけん)すと云ふ」とあり、楽浪郡(らくろうぐん)[5]に定期的に通貢した倭人の小国群があったと記す。楽浪郡に、倭国内の小国が個別に赴いたのか、小国群を代表する単数ないし少数の「国」が赴いたのかは不明であり、『前漢書』には国名も記されていない。

前漢の存続期（前二〇六―後八）は、ほぼ弥生時代中期に当たるが、倭に漢の文物が到来するようになるのは弥生時代中期後葉であり、前一〇八年の楽浪郡の設置よりさらに下り、大楽浪郡[6]の成立以降に相当する〔岡崎、一九七七〕。これら前漢の文

（5）前漢・武帝が朝鮮半島西北部に置いた直轄地である四郡（玄菟郡・臨屯郡・真番郡・楽浪郡）の一つで、前一〇八年から後四世紀初めまで存続した。

（6）昭帝の始元五年（前八二）に臨屯・真番郡を廃止し、元鳳六年（前七五）に楽浪・玄菟郡を整理併合し、楽浪郡は朝鮮半島内の韓人住地を除いた一大部分を管理するものとなった。これを大楽浪郡と呼ぶ。

物が倭に登場するようになることが、倭と前漢との交渉（歳時を以て来りて献見す）が事実であった証拠とされている。

中期後葉―末にかけて北部九州では、鏡などの前漢の文物を副葬された集団の首長とみなせる人物が登場してくる。彼らの墓は、玄界灘に面した小平野や、佐賀平野・筑後平野などに少数みられ、副葬品の質や量でいくつかのランクが認められる［岡村、一九九九／辻田、二〇一九］。最上位ランクの福岡県糸島市三雲南小路一号甕棺墓（前一世紀後半、伊都国首長墓）、福岡県春日市須玖岡本D地点甕棺墓（前一世紀後半、奴国首長墓）では三〇面前後の前漢鏡が副葬されているが、中型鏡ないし小型鏡が一面だけ副葬されている例が大半である。

このうち唐津平野を中心とする地域、糸島平野を中心とする地域、福岡平野を中心とする地域は、それぞれ『魏志倭人伝』に登場する末盧国・伊都国・奴国に相当するので、中期に遡って末盧国・伊都国・奴国と呼んでおくが、上述したような中国製品は、奴国・伊都国の大首長が入手し、周辺の諸首長に配布したとし、奴国・伊都国が中心となり周辺の小国を従えるような確固たる階層的政治組織の成立を認める説［下條、一九九一／岡村、一九九九］が主流である。

しかし、いちがいにそう断じて良いかは問題である。北部九州の有力諸集団がすべて伊都国・奴国を通じて漢の文物を入手したと言えるのだろうか。

倭人は楽浪郡のみならず、朝鮮半島南部の三韓(7)の小国群とも交渉をもっていた。その場合、倭人が、漢の文物を楽浪郡から直接入手したのか、三韓諸国を介しての入手が可能だったのかが問題となる。楽浪郡・三韓と倭の交易状況の変化をみよう。

楽浪郡設置後で、嶺南地域に漢式遺物が本格的に増加するのは、郡県が再編成され大楽浪郡が成立した前一世紀中葉以降で、京畿・嶺西地域や嶺東地域よりも多くの漢式遺物が副葬されており、楽浪郡から特定の漢式遺物が集中的にもたらされていたことがわかる。北部九州の甕棺墓に副葬された前漢鏡の中には、楽浪郡→弁・辰韓→倭という長距離交易の交易品が含まれている可能性が高いという[高久、二〇一二]。そうであれば、北部九州の集団は、伊都国・奴国の首長からではなく弁・辰韓との交易で前漢鏡を入手できたことになる。前漢鏡でも、大型鏡と中・小型鏡を同列に扱うことはできず、後者を有する首長が伊都国・奴国を介さずに漢鏡を入手し、伊都国・奴国の支配下にも入っていなかった可能性は排除できない。

もっとも、三雲南小路一号甕棺墓(**図2**左)出土の重圏彩画鏡・四乳羽状地文鏡や、須玖岡本D地点甕棺墓(**図2**右)に副葬された大型の草葉文鏡は、楽浪郡が辺境交易のために設置した互市で商業的に購入できるようなものではなく、本来、官営工房で特別に製作され王侯クラスに贈与されたものが、特別な事情で漢王朝から政治的・儀礼的に贈与されたものである可能性が高いという[岡村、一九九九]。

(7) 前一世紀—後三世紀に、朝鮮半島南部の韓族の居住地が馬韓・弁韓・辰韓の三地域に分かれており、その総称。それぞれがさらに小国に分かれていた。

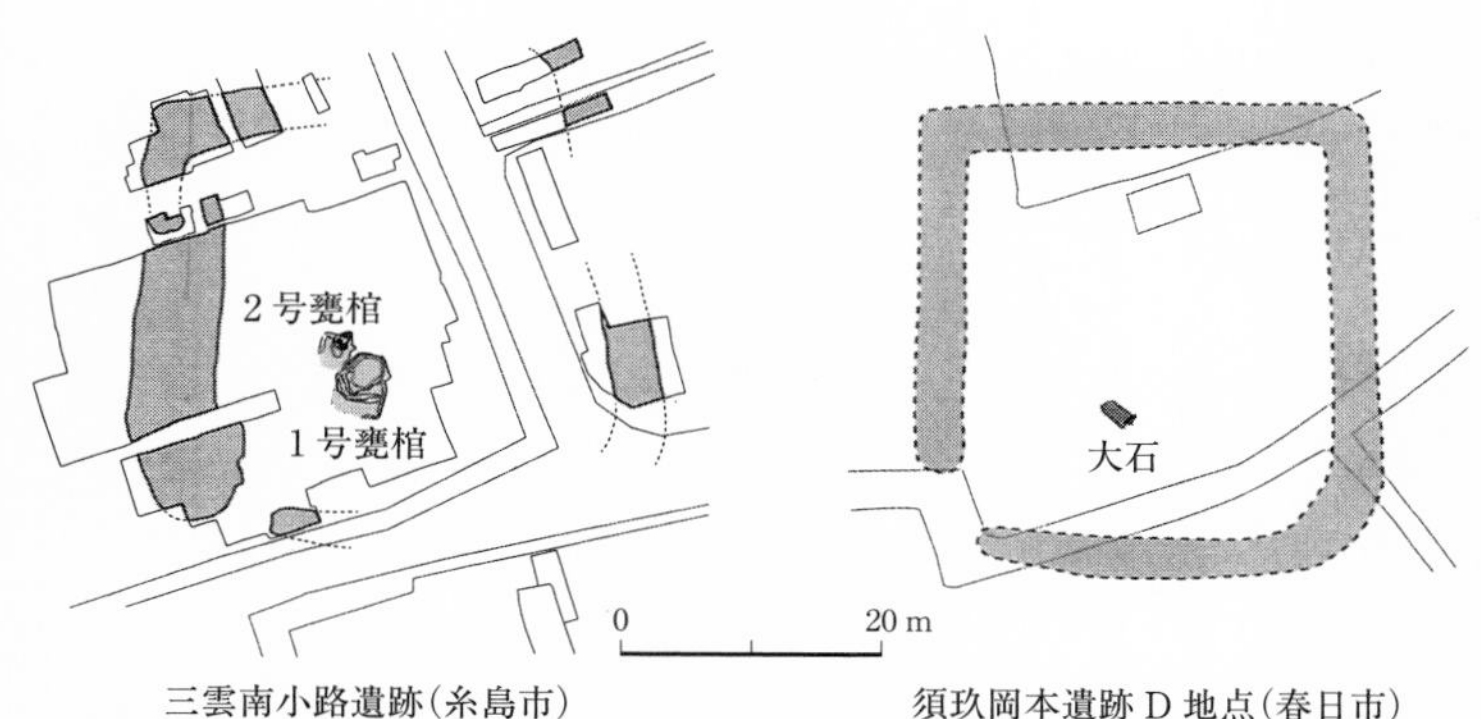

図 2 三雲南小路遺跡と須玖岡本遺跡 D 地点の墳丘墓復元図([福岡市博物館, 2015]を一部改変). 須玖岡本遺跡 D 地点(右)では, 大石の下で甕棺が発見された.

では、伊都国・奴国の首長は漢に通貢したのみならず「王」と認められたのであろうか。

伊都国首長墓から漢鏡・ガラス璧(へき)とともに出土した金銅四葉座金具(こんどうしようざかなぐ)について町田章は、棺の飾り金具で、皇帝が王侯などの喪儀の際の葬具として与えたものであり、葬られた「王」の死去時に漢から与えられたと推測されるから、後五七年の「倭奴国王」(次項参照)より一世紀も早く漢王朝が三雲南小路一号墓の首長を「伊都国王」として冊封したと解した[町田、一九八八]。この場合は、皇帝の臣下としての「王」とみなされたとの判断であろう。さらに、三雲南小路の被葬者が金銅四葉座金具を与えられたことを重視し、漢から「東夷の王」として認められたとする説すらある［武末、二〇〇二］。この場合は、独立君主としての王という意味であろう。

しかし、須玖岡本D地点・三雲南小路の首長にガラス璧が与えられたことから、両者に対する漢王朝の政治的評価が必ずしも高くなかったとみる説があり［藤田、一九九四］、岡村秀典も三雲南小路で出土したガラス璧や金銅四葉座金具は、中・下級官人クラスの副葬品であるから、漢王朝から政治的・儀礼的に贈与されたものではあるものの「伊都国王」の表象ではなく、「王」としての処遇ではなかったと断じている［岡村、一九九九］。岡村は須玖や三雲の大型鏡が、そもそもは外臣たる朝鮮王の衛氏(8)に特別に贈与されたものが、その滅亡によって楽浪郡、北部九州に流転したとみており、これも須玖岡本・三雲南小路の首長の漢の官位体系における格を、副葬鏡の格と直結させることの危険性を示している。

さらに、受領者側の認識はどうだったのかをみると、三雲南小路の被葬者は与えられた木棺から取り外した金具を甕棺に副葬されており、ガラス璧の分割・再加工もしているようであるから［岡村、一九九九］、物の意味を理解しておらず、珍奇な宝物としてしか扱っていないといえよう。

（8）前一九〇—前一〇八年に衛氏が朝鮮半島に建てた王国を衛氏朝鮮と呼ぶ。前漢の武帝に亡ぼされた。

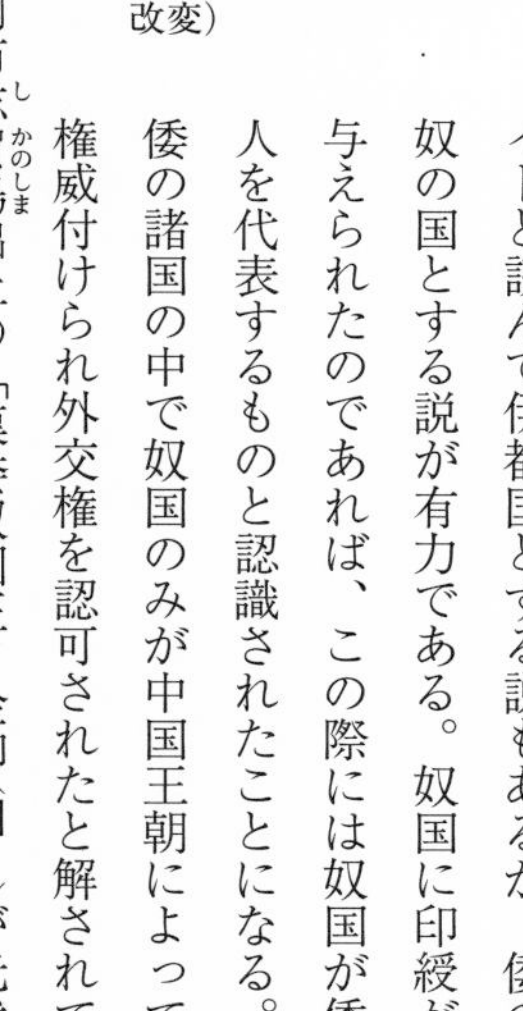

図3 「漢委奴国王」金印（［大塚，2008］を一部改変）

建武中元二年に「倭奴国」が奉貢朝賀

『後漢書』東夷伝には、光武帝の建武中元二年（五七）に「倭奴国」が奉貢朝賀し、光武帝から印綬を与えられたとある。「倭奴」をイトと読んで伊都国とする説もあるが、倭の奴の国とする説が有力である。奴国に印綬が与えられたのであれば、この際には奴国が倭人を代表するものと認識されたことになる。倭の諸国の中で奴国のみが中国王朝によって権威付けられ外交権を認可されたと解されている［西嶋、二〇〇二］。福岡県福岡市志賀島出土の「漢委奴国王」金印（**図3**）が光武帝から与えられた金印とされるが、その金印を与えられた王（須玖岡本D地点甕棺墓より三世代ほど後の首長）の墓は未発見である。

なぜ奴国が漢に遣使したのか。なぜ光武帝は印綬を与え、奴国王を皇帝の臣下に組み入れたのか。後漢側では、王朝の権威が確立し、王莽(9)時代に悪化した周辺諸族との関係が回復し、ふたたび周辺諸族が漢に内属を求めるようになったという事情があり、奴国側は、近隣諸国よりも少しでも高い地位につきたい、お互い勢力争い

（9）前漢・元帝の皇后王氏の一族だったが、前八年に実権を握り、新を建国した。しかし新は一五年で滅亡し後漢が興った。

をする小国どうしの対抗関係の中で自分の地位を強固にするために強いところと関係を作りたいという事情があった、といった説が出されている[西嶋、二〇〇二]。須玖岡本D地点甕棺墓と三雲南小路一号甕棺墓は内容的にほとんど優劣の差が無いことから見れば、奴国首長が伊都国首長との差別化をはかった可能性もある。また、前漢末—後漢初の混乱期に漢鏡の流入・流通量が大幅に減少し、首長の権威維持が困難になったことから、権威を再確立した光武帝に朝貢し、後ろ盾を得ようとした可能性もある。

問題は、金印が奴国王の墓や奴国の中心部(春日市須玖岡本遺跡付近)からではなく、博多湾内と玄界灘に接する志賀島から出土した点である。出土地点が厳密に確定されてはいないが、付近の調査成果[九州大学考古学研究室、一九七五]などから、奴国からの外海への出航、楽浪航路の就航にのぞんで呪術的な祭祀儀礼が行われた場所における埋納遺構(10)であった可能性が高い[森、一九七六]。金印が奴国王個人に帰属するものではなく、集団祭祀の具とみなされた可能性、および、この時期(後期前葉)は北部九州で矛形(ほこがた)祭器(11)を用いる集団祭祀が盛んとなることを勘案すれば、奴国王の権力の伸長が抑制されていたと見ることもできよう(七三頁以下参照)。そもそも印を埋納してしまえば、印で封印した上表文を携帯する使者を派遣して文書外交を行い、中国との国交を継続させることができない。せっかく中国を後ろ盾に獲得

(10) 器物を何らかの意図で土中に埋めること。墓への副葬とは異なる。

(11) 弥生時代の青銅製武器形祭器のうち、矛形のもの。ほかに剣形祭器・戈(か)形祭器がある。

した権威を持続させることができない。先に述べた三雲南小路の伊都国首長のガラス璧・金銅四葉座金具の扱い方、「奴国王」の金印の扱い方、いずれも与えた側からすれば理解不能であっただろう。

永初元年に「倭国王帥升等」が遣使

『後漢書』東夷伝には、安帝の永初元年（一〇七）に「倭国王帥升等」が生口（奴隷）一六〇人を献じ請見を願ったとある。この「倭国」については、北宋刊本『通典』に「倭面土国」、『翰苑』に「倭面上国」とあることから、『後漢書』の古本には「倭面土国」とあったとする説がかつては有力で、「面土国」が指すものに関してはヤマト説〔内藤、一九七〇〕・伊都説〔白鳥、一九六九〕・末盧説〔橋本、一九八二〕があった。しかし、ここでは「倭面土国」出典の史料批判によって、現行本『後漢書』倭伝にある「倭国王」が『後漢書』撰述当初からの表記であったとする説〔西嶋、一九九九〕に従う。

この永初元年の記述について、五七年の奴国の遣使以降に、倭の諸国間に勢力の変動（奴国の没落とか倭国の形成とか）があり奴国ではなく他国が台頭した、倭の諸国を統合して「倭国」と称し「倭国王」を名乗る者が出現したことを示すなどの説がある〔西嶋、二〇〇二〕。わざわざ「倭国」と記してあることから、西嶋定生は倭人諸国の中の一国でなく、それらを包含する広域的政治組織の名称とし、一〇七年の遣使奉遣が「倭国」の誕生を中国王朝に知らせ承認を得るための儀礼行為だったとみているが、この時点で倭国王が冊封され印綬が与えられたという記録はない。五七年の奴国王の遣使の際と後漢側の扱いに差があったのであろうか。

西嶋は、この「倭国」の形成に際して、後漢後半並行期の「倭国大乱」(次項参照)と共通する争乱を経過し、「倭国王帥升」のもとに統合された諸国の首長が新しい「倭国」に服属したとし、統合された諸国が、以前のように独立した諸国ではなく、新しい「倭国」に服属して「倭国」連合内の存在となったとみている。ただし、この時に首長間の連合関係ができたとしても、どの程度広域の組織であったのか、その政治組織が強力な秩序体であったかどうかは検討を要す。

この時点で倭国王が朝貢した理由は、倭人の諸国を統合する「倭国」の成立を中国に知らせ、その認証を得るためとする説があるが[西嶋、一九九九]、前述の通り代表者は「倭国王帥升等」とあり連名であったようだ。「倭国王帥升等」を、帥升を代表者とする国王連合の集団と解し、それぞれが奴婢を出したとする説は森貞次郎が唱え[森、一九七六]、西嶋も「倭国王」の許に参集した「倭国」内の諸国が服属のあかしとして「生口」を拠出し、「倭国王」が自己の権威・誠意を示すために奉献したとし、帥升を筆頭とする倭国連合の首長たちが遣使奉遣に際して帥升の次に連名したとする[西嶋、一九九九]。このとき帥升の代表性・卓越性が顕著でなかったために印綬を与えられなかった可能性があり、後の「倭国王」卑弥呼の場合とは異なる。

帥升がどの国の王であったのかについて、西嶋は、奴国以外と曖昧に述べたこともあるが、伊都国王と特定する場合もあり[西嶋、二〇〇二]、それは、糸島市三雲南小路遺跡・平原(ひらばる)遺跡の存在や『魏志倭人伝』中での伊都国の特別な扱いを根拠に想定している。

一〇七年は弥生時代後期中葉に近く、伊都国には後漢鏡二〇面ほどを副葬された首長の墓(糸島市井原鑓溝(いはらやりみぞ)遺跡)があるから、この頃には伊都国が奴国よりも優勢になっていた可能性はある。諸国の連合に奴国が入っていたにしても、その代表者は奴国王でなくなっていたのであろう。

後漢後半並行期(弥生後期後半―終末期)の倭

『魏志倭人伝』には、「その国、もとまた男子を以て王となし、住(とど)まること七、八十年。倭国乱れ、相攻伐すること歴年。すなはち共に一女子を立てて王となす。名づけて卑弥呼といふ」と記す。この文の前段は、倭国が乱れ卑弥呼が王に立てられる前に、男王の時代が七〇―八〇年続いたと解せる[西嶋、一九九四/川口、一九九八七」。この後の倭国大乱の時期を『後漢書』東夷伝には後漢の桓帝・霊帝の間(一四六―一八九)とし、『梁書』倭伝などには、霊帝の光和年間(一七八―一八四)とする。続いて『三国志』韓伝に、一九〇年頃に成立した公孫氏政権(12)が二〇四年に帯方郡を設置すると、倭と韓が帯方郡に内属することになったと記し、『魏志倭人伝』には、公孫氏政権の滅亡後に卑弥呼が魏に遣使朝貢し、景初三年(二三九)に「親魏倭王」の称号を与えられたと記す。

つまり、一〇七年の帥升等の遣使から七〇―八〇年後までに倭国大乱があり、共立された卑弥呼が帯方郡を介して公孫氏政権、続いて魏に服属したことになる。この時期は弥生時代後期後半から終末期に当たるが、この間の後漢と倭の交渉記録は知られていない。この間の倭国内の動向はいかなるものであろうか。

文物の流入・流通動向から見た状況

この時期の舶載文物の流入・流通の動向を見ておく。後期後半から終末期には、後期前半までと異なって、瀬戸内海以東まで漢鏡の分布が大きく拡大し、日本海沿岸地域や北近畿周辺に鉄製刀剣類が舶載されたが、舶載の刀剣類と鏡の分布域はずれている(**図4**)。

後漢鏡の流入・流通は、北部九州を結節点とする列島への流入、北部九州起点の

(12) 公孫度は遼東郡太守だったが、一九〇年頃に独立政権を作った。度の子の公孫康が楽浪郡の南部に帯方郡を作り、倭と韓は帯方郡に服属した。

東方への流通が基本であり、楽浪郡・帯方郡から北部九州、北部九州から瀬戸内海以東といった地域同士の広域交流が基本であったという[辻田、二〇一九]。朝鮮半島系土器から想定される倭の諸集団と半島との交渉も、後期から終末期前半段階までは朝鮮半島から壱岐・糸島地域をつなぐ交流ルート(「原の辻=三雲」交易)[13]が主体であったから[久住、二〇〇七]、北部九州の中でも糸島地域が物流の拠点であり、伊都国が重要な役割を果たしていたことは言えよう。

図 4　船載の鏡と刀剣類の分布図
(上)近畿周辺における漢鏡の分布(弥生時代後期後半.［辻田，2019］を一部改変)，(下)素環頭鉄刀○，鉄刀●の分布(弥生時代後期中葉—終末期.［野島，2009］).

(13) 壱岐島の原の辻遺跡と糸島市の三雲遺跡を拠点とする、朝鮮半島—日本列島間の交易。

「伊都国」域では、「奴国」域とは異なり、青銅器生産は少なく、奴国製青銅器の受け入れは僅かに行われてはいるものの（井原鑓溝遺跡の巴形銅器（ともえがたどうき）など[14]）、奴国を中心とする青銅器埋納祭祀は伊都国にはほとんど及んでおらず、伊都国側での主体性・取捨選択が強く出ている。もっとも、これが伊都国の政治的な精強を示すかというと、即断はできない。

後述するように、後期後半から終末期にかけて、西日本各地で大規模な墳丘墓が発達しており、後漢鏡や舶載鉄製武器類を副葬された有力な首長が各所に見出される。

さらに、後期中葉以降には北部九州の在来の価値観に揺らぎが生じ、甕棺墓の衰退など墓制上の変化があり、土器製作者が依拠する製作技術の体系の中に外来の要素が入り始める［岩永、一九八九］。また、大陸系文物（鏡・鉄製武器など）の北部九州での独占は崩れ、中国・四国や近畿北部にも流入するようになる。この時期の舶載品の入手や流通の窓口が、政治的中核となった特定の地域によって独占的に差配され、各地に政治的に分配・贈与されたような動きは読み取れない［辻田、二〇一九］。したがって、仮に広域に連合が成立し、その代表とみなされる首長が出現していたとしても、いちがいにその中心を決め難い。

その点から、弥生時代の終末期前半頃に造営され、この時代の一遺構では最多と

（14）弥生・古墳時代の青銅製飾金具の一種。中空の半球形・截頭（せっとう）円錐形または円板形の体部の周囲に四―八本の扁平で鉤形の脚が放射状に突出する。**図9**参照。

なる四〇面の鏡が副葬され、この時期のもっとも傑出した鏡の副葬事例である糸島市平原一号墓(二世紀末—三世紀初頭)の被葬者の評価が鍵となる。

その被葬者の、この時期に成立していた広域的地域間関係の中での位置づけ、政治的立場については、弥生中期と異なり、副葬される鏡の面数や面径による鏡保有者の数段階への格付けが認められず、北部九州各地の首長達への同型鏡の贈与もなされていないことから、平原一号墓被葬者や伊都国は、各地の上位層や国と並列的状況にあり、「同列的な地域間関係の中での窓口役あるいは水先案内の調整役」と評価できるという[辻田、二〇一九]。この被葬者は後漢王朝から極大の同型鏡を五面も与えられ破格の厚遇をされたものの、列島内部での評価との間にずれがある。この時期に倭が後漢に遣使・朝貢・通貢し印綬を与えられた(王に冊封された)という記録はないが、平原一号墓に副葬された鏡群の製作技術の共通性や同型鏡の多さから、楽浪郡を介した入手の可能性が高い[辻田、二〇一九]。

古墳時代前期後半の奈良県天理市東大寺山古墳から出土し、霊帝期の「中平」(一八四—一八九)の年号が象嵌された大刀は、この時期に倭の某「王」に下賜された可能性があり、この大刀については、桓帝・霊帝期の後漢の混乱期に、後漢が周辺諸国の秩序回復を自己の権威の回復に連なると考えて卑弥呼に下賜したとする説がある[西嶋、一九九四]。平原一号墓の極大鏡も同様な背景(後漢からの高評価)で下賜されたものかも知れないが、受け手側の事情はどうであったか。

文物の受け手側の状況

そもそも、いかに多量の舶載品であっても、墓に入れた瞬間に地上からは無くなる。そうでなくする方策は、次々と政治的目的に用いる財を新規に確保（舶載の継続あるいは国産化）するか、墓に入れずに地上に留めて伝世させるかである。しかし、平原一号墓に後続する多量の舶載品が副葬された墓は無いようであり、政治的立場の継承者はいなかったようである。

平原一号墓の年代が弥生時代終末期前半とすると、卑弥呼の治世の前半、つまり卑弥呼が公孫氏政権に服属し、帯方郡からの使者が伊都国に駐在し、卑弥呼が「一大率[15]」を伊都国に送り込んで強力に監察し始める時期に当たるのではないか。常駐するようになった「一大率」による厳しい監察、大陸との交渉にまつわる伝送文書や賜遺の物の点検に対抗するための「財の隠匿・消去」といった性格が、平原一号墓の副葬品にあるのではなかろうか。

また、朝鮮半島系土器から想定される倭の諸集団と半島との交渉も、弥生時代後期から終末期前半段階までは朝鮮半島から壱岐・糸島地域をつなぐ交流ルート（「原の辻＝三雲」交易）が主体であったが、終末期後半から古墳時代前期前葉にかけて北

（15）『魏志倭人伝』にみえる、邪馬台国が派遣し諸国を検察させた役人。伊都国に常駐し、諸国が畏れ憚った。中国で郡国を検察し政績を皇帝に報告する刺史のようであったという。

部九州の交流窓口が博多湾岸に変わるという(博多湾貿易)[久住、二〇〇七]。この切り替わりの時期は、先に述べた通り卑弥呼が伊都国に送り込んだ一大率が伊都国を強力に監察し、大陸との交渉による伝送文書や賜遺の物の点検を行った時期であるから、それに続く交流窓口・拠点の変更は、大陸との交渉からの伊都国の排除が図られた結果であろう。

弥生終末期における大陸からの物資・情報の東方への流入・流通拠点の変遷を推定しておく。伊都国への強力な監察に続いて、奴国に拠点を移動させ「指定代理店」ともいえる窓口(出先機関)が設けられた。それに関わる人物の墓と思われるのが福岡市那珂八幡古墳であろう。この古墳は墳形が纒向型(16)に近く、発掘調査された第二主体(17)(古墳時代初頭)からは三角縁神獣鏡が出土している[福岡市教育委員会、一九八六]。未調査の第一主体(第二主体より古い)の被葬者が終末期後半に上るとみる説[久住、一九九九]があるが、その当否に関わらず、被葬者が窓口としての役割を果たした可能性がある。

北部九州にはすでに後期中頃から瀬戸内系の土器の影響が出始めていたが[岩永、一九八九]、終末期から奴国域中枢部で近畿中部直系の土師器(庄内系・布留系)が出現し、土器の中で主体を占めるようになっていくとともに、在地化した近畿系土器が奴国域から北部九州各地へ浸透していった[久住、一九九九・二〇〇五]。また、後

(16) 奈良県桜井市にある纒向古墳群の古墳を標識に寺沢薫が設定した[寺沢、一九八八]。定型化した前方後円墳の成立以前及び成立期に「初期ヤマト政権の中枢たる纒向遺跡との政治的、祭祀的関係の下に成立したもの」とされ、後円丘が正円形でないものが多い、前方部が小さく低平で、後円部との間に連結部を形成することが多い、などの特徴を持つ。弥生終末期のものを前方後円墳でなく「墳丘墓」に含める説がある。

(17) 後円部に二基の埋葬があり、中央を第一主体、その脇を第二主体と呼んでいる。

期—古墳時代初頭の奴国に先進的鉄器生産拠点があり、鉄器はそこから瀬戸内海以東に流通していた［村上、一九九八］。中国鏡の流通については、古墳時代初頭前後に流入の窓口と流通の中心が近畿地域に転換し、近畿地域の中心性が高まったと考えられているが、このように奴国が物資・情報の東方への拡散の中継拠点となった。

しかしその活動の主体性が奴国側にあったとは言えない。福岡平野を中心とする旧奴国域には古墳時代前期の三角縁神獣鏡の出土量が多いが［辻田、二〇一九］、那珂八幡古墳に後続する有力古墳は、付近には今のところ発見されておらず、福岡平野周辺部の小古墳の被葬者が三角縁神獣鏡を持つ。これは、中継拠点・窓口たる在地勢力の強力化や、それによる独自運動の開始を忌避し、近畿地域の勢力が鏡を下賜して服属させるといった福岡平野周辺部の小首長達との関係構築が図られた結果と解することも可能であろう。

倭国大乱と卑弥呼共立

『魏志倭人伝』では、倭の女王卑弥呼が共立される以前に、倭国では七〇—八〇年間男王が続いた後に大乱が発生したと記すが、この間、後漢側に倭に関する記事はない。この時期の後漢では、安帝（在位一〇六—一二五）以降、外民族の侵攻が激化して動乱状態となり、後漢王朝の権威が失墜した。桓帝（在位一四六—一六七）期には鮮卑（せんぴ）（東部モンゴルを本拠とした遊牧民族）が遼東（りょうとう）に、高句麗（こうくり）が楽浪郡に入寇（にゅうこう）し、後漢の郡支配が衰退すると、周辺諸民族の国内秩序が揺らぎ動乱が発生した。

中国王朝の荒廃と倭国の国内情勢との間に相関関係を見出し［西嶋、二〇〇二］、倭国の秩序に対する漢帝国の規制力が弛緩し［西嶋、一九六四］、倭の国々のうち楽浪郡と関係を持ち、後漢の権威を後ろ盾としていた国々が権威を失い、国内秩序が失われ互いに攻めあう事態になり、(18)「倭国大乱」の原因の一つとなったとする説［西嶋、二〇〇二／川口、一九八七］がある。後漢に中心的に通貢していたのは奴国・伊都国であろうが、後漢の荒廃と連動して両者がはたして衰弱したのか、いかなる集団が有力になったのか、どの範囲で軋轢が生じたのかなど、二世紀後葉の「大乱」の実相を考古学的に鮮明化するのは容易ではない。

かつては「高地性集落(19)」の出現が倭国大乱の騒乱状態の結果と見られ、「高地性集落」の盛行時期（当時、中期末と考えられていた）と二世紀後葉の倭国大乱を結びつける議論もあった(20)［田辺・佐原、一九六六］。しかし近年では、近畿地方の研究者の弥生時代の実年代観が改訂されるとともに、遺構に基づく村落構造や出土遺物から見た遺跡の性格から「高地性集落」の軍事的施設性を否定する論が有力となっている。また、高地性集落の存在時期は、中期後半、中期末―後期初頭、後期後半、終末期に分かれると判明している［井上・塚本、二〇一九］。二世紀後葉の「倭国大乱」は後

(18)「倭国大乱」後に倭国の王として卑弥呼が共立されるが、それ以前に中国王朝との関係によって他国から優越した権威を保持していた奴国王や倭国王は権威を失っていて、卑弥呼を共立する小国連合の一員となっていたとする説［西嶋、二〇〇二］もある。この点を考古学的にどう考えるかについては、七六頁以下参照。

(19)水田を営む低地より高い場所にある集落に注目した命名。学史上は軍事施設との評価が先行したが、近年は高地居住の原因を戦いや社会的緊張の増大以外に求める説が増えている。

(20)近畿地方では、かつて、中・後期の境を後

期後半に当たる。後期後半以降に目立ちだす環濠（かんごう）の内土手（防禦（ぼうぎょ）の機能をもつ）は戦乱への対応策で、この時期に小規模な高地性集落が西日本各地に見られるのを「列島規模の弥生戦争に対応する」ためとみる説もあるが［武末、二〇〇二］、争乱の範囲や様相は判然としない。

『魏志倭人伝』には倭国大乱後に卑弥呼を共立して「王」となしたと記す。「王」は、本来は皇帝から賜与される称号だが、ここでは共立当初、つまり「親魏倭王」に冊封される前から「王」と記されている。これについては、外夷の地域的首長が印綬の賜与を伴わずに「王」と呼ばれた例はあり、卑弥呼の場合は後に正式に「倭王」になったので、『魏志倭人伝』がそれを踏まえて即位当初から「王」と呼んだとする説［西嶋、一九九九］に従う。共立されて倭の王になったのであれば、この時点で学術用語での王（大首長）にもなったと言えるだろうか。それには「共立」の様相についての検討が必要なので、第2節で詳述する。

なお先にも触れたが、この後漢の混乱、倭国大乱期にあたる、霊帝代の「中平」の年号が象嵌された大刀が古墳時代前期後半の奈良県東大寺山古墳から出土している。これは前述のように、①後漢が周辺諸国の秩序回復を自己の権威の回復に連なると考えて卑弥呼を是認しようと下賜したもの［西嶋、一九九四］、そのほかに②周辺諸国の秩序回復を望み国内秩序を再建しようとした後漢王朝の悲願を示すもの

二〇〇年頃とする説が有力だったが、年輪年代法の普及で中・後期の境を後一世紀初頭に遡らせる説が有力になっている（秋山浩三「B.C.五二年の弥生土器」『大阪文化財研究』11、一九九六年）。

［西嶋、二〇〇二］、③倭国大乱を中国皇帝の権威によって鎮圧しようとする象徴として下賜されたもの［西嶋、一九六四］との評価があるが、他方で、④卑弥呼が公孫氏に朝貢して下賜されたもの［仁藤、二〇〇九］、⑤卑弥呼あるいはその新政権が政権の後ろ盾になってもらうことを願って後漢に遣使したが、公孫度（こうそんたく）が阻止し、独立に備えて使者に武器を与えて盟約を結んだ［金関、二〇一〇］とする説もある。卑弥呼政権が初期に入手したとみる点では諸説一致しているが、出土古墳は四世紀後半の築造であり、その間の事情については知るすべがない。

2　首長層の成長と墳丘墓の発達

冒頭に設定した二つの議論のうちの後者、つまり、「現代日本語の学術用語での「王」「国」の登場を論じるという議論」を進めるにあたり、国家以前の集団、あるいは国家と並存する国家未形成の集団の長のうち、小規模な地域単位・集団の指導者を「首長」、複数の地域単位群・集団群の統合体の長を「大首長」(paramount chief)とする。「大首長」が「王」に当たると言えようが、第1節の「王」との混同を避けるべく、本節では「王」の語は使用しない。そのうえで、集落や墓の様相から、社会が階層化され、首長と言えるような特別扱いされる人物が登場してくる様

(21)　弥生時代の墳丘を有する墓を、古墳時代の墳丘を有する墓(古墳)と区別して墳丘墓と呼ぶ。墳丘墓の形には、円形・楕円形・方形・突出部付き円形・突出部付き方形・前方後円形・前方後

相を明らかにする必要がある。ここでは紙幅の関係で、後期・終末期を中心に、首長をめぐる墳丘墓(21)と青銅器祭祀(22)との関係を中心に論を進める。

社会発展と墳丘墓形成

まず、前方後円墳の出現に先立つ弥生後期・終末期における、首長層の形成と大型墳丘墓の出現の様相を明らかにし、その歴史的意義の解明を試みたい。後期・終末期を中心に見ていくが、必要に応じて中期以前にも言及する。

弥生時代における階層化の進展と古墳の発生に関する一九八〇年代前半までの代表的論法は、主として北部九州の集落・墳墓資料を用いて階層化の進展と政治的統合体の形成を語りつつ、古墳時代に入って巨大な前方後円墳が出現する畿内地域が、銅鐸祭祀(23)・方形周溝墓（ほうけいしゅうこうぼ）(24)・土器製作技法（回転台を用い櫛描文・凹線文を施す）の発信地となった点などを根拠に、畿内での政治的統合体の早期形成を推測し古墳時代につながるとするものであった［北條、二〇〇〇］。

ところがここで問題が生じる。北部九州の中期までの墳墓資料では、集団間・成員間の格差が顕著であり、階層差とその拡大が明瞭であるから、理論的には高位の者を葬る墳丘墓の発達が予想されるが、現実には後期以降はそうはならない。他方で、近畿の後期までの資料では、階層差が顕著ではなく、理論的には墳丘墓は発達

方形などがある。

(22) 青銅製の剣形・矛形・戈形祭器や銅鐸を用いて行われた集団祭祀。北部九州から四国西南部に矛形、中国・四国を中心に剣形、近畿を中心に中国・四国から東海にかけて銅鐸が分布する。

(23) 銅鐸を用いる祭祀。銅鐸は青銅製の鳴りもの形の祭器。土中に埋納された状態で発見されるものが多い。近畿地方を中心に、西は島根・広島・愛媛・高知、東は福井・長野・静岡に分布するが、九州でも少数用いられた。

(24) 弥生時代―古墳時代初期の墓で、方形の墳丘と周溝をもつ。盛土が失われ周溝だけが残るものが多い。

しないと予想されるが、終末期以降、突如大型墳丘墓が発達する。したがって先の論法は、弥生時代中期以前における北部九州の状況と終末期以降の畿内の状況を無理に連結し、北部九州と同様な社会発展のプロセスが後期以前においても実質的には畿内で進展していたと推定することによってようやく可能となるもので、この不整合を処理するために、弥生時代における「大和の先進性」「大和社会における強大部族連合の成立」など実証的裏付けの乏しい仮説が、銅鐸祭祀や方形周溝墓の発達などから語られてきた。

一九八〇年代以降、瀬戸内海沿岸地域、山陰地域、近畿北部地域、東海地域など、各地で後期・終末期における大型墳丘墓の発達が続々と明らかとなり、それぞれの地域における階層化の進展や集団どうしの上下関係や連合関係の再編が辿れるようになったが、畿内では相変わらず、いわゆる「纒向型前方後円墳」の登場に至るまでの物証に乏しかった。

そこで、大和で前方後円墳が成立して以降に確定的となる畿内地域の政治的・文化的優勢が弥生時代に遡って始まっていたと主張したい論者は、前期古墳出土後漢鏡の分布形成を後漢と同じ時期、つまり弥生時代からとする、いわゆる伝世鏡論[25]などを根拠に、鏡を伝世する首長の存在、近畿弥生社会から古墳時代へと続く優位性を想定した[小林、一九五九/松木、一九九七]。また彼らは、後期以降、畿内地域が

(25) 前期古墳から出土する後漢鏡がすでに弥生時代に各地に流入し、司祭的首長の地位を保証するものとして伝世されてきたが、古墳時代に首長権の世襲制が発生し、首長の地位の恒常的世襲が外的に承認されるようになると、伝世が断たれ古墳に副葬されるようになるとする論[小林、一九六一]。

鉄器・青銅器など物資の広域流通の結節点として富を集約し、他地域より卓越していったと主張する［松木、一九九六・一九九七］。さらに、かつて共同体祭祀と考えられてきた銅鐸祭祀の発達は、首長層の戦略であり、大型墳丘墓が発達しなくても首長層が階級的に成長していた証左とみなした［桑原、一九九五／松木、一九九六・一九九七／福永、一九九八］。

そこでここでは、大型墳丘墓の性格の解明のために、青銅器祭祀および大型墳丘墓を盛行させた社会的要因と、それぞれの中での首長のあり方を比較検討して、首長の出現と権限の強化、首長どうしの連合体ができていく背景・基盤を考える。

有力集団・首長層の出現――墳丘墓

弥生時代には集落の住民を葬る集団墓地が設けられた。住民の中に身分や貧富の差が生じると、墓の構造や副葬品に格差が見られるようになり、有力者は集団墓地の中の特定の範囲、あるいは一般民衆と異なる場所に墓地を作るようになる。格差がさらに拡大すると、有力者集団の人数が絞り込まれていく。その絞り込み過程で、墳丘を持つ墓（墳丘墓）が現れ、墳丘墓被葬者も、次第に絞り込まれていく。

集団の中で、身分や階層によって特別扱いされる人が次第に絞り込まれていく過程に関して、一九八〇年代前半までは、弥生時代の終末をもって「共同体[26]」の一体

(26) 人間が結びついて形成する社会集団で、その紐帯には血縁や地縁によるもの、何らかの意思に基づくものなどがある。第二次大戦後の考古学では一九八〇年代まで「共同体」の語が多用されたが、集団としての実態が曖昧にされる傾向があった。弥生時代研究に関しては、血縁や地縁で結合し階層差が見られない集団から、階層差の進展によって一体性が破れて首長が飛び出していく動きが弥生時代で完了するとみる説が有力だった。

性の解体は終了し、首長の単体埋葬が一般化して古墳時代にいたる、という図式が有力であった。

また、一九九〇年代までの諸説は、集団墓地内に線引きして墓群をまとめたうえで、その墓群の被葬者集団の実体を「共同体」「世帯共同体」「特定集団」あるいは「家族」などの人間集団として評価し、それが次第に絞り込まれていく過程を追跡している。しかし、墓群の線引きはえてして恣意的で、研究者によって異なるうえ、いかなる人間集団とみるかの評価も、そのままでは未検証のただの仮説に留まる。しかし検証はされず、実質的にはブラックボックスに入れるのと同じことであった。

これに対して、骨考古学者の田中良之は、古人骨の歯冠計測値による親族関係分析(27)に基づいて集団構造の変化を追究し、弥生時代の集団墓地の被葬者集団が、次第に絞り込まれていく実態を解明した[田中、二〇〇〇・二〇〇四・二〇〇八]。田中説では、墓地内の人骨間の血縁関係の有無と遠近を推定し、それによって血縁関係にある者の性構成・世代構成・分布から、婚後居住規程(28)・親族関係(29)とその時期的変化を推定した。

田中説の北部九州地方に関する成果(30)を用いつつ、集団墓の変遷を概観しておこう。

前期―中期前半における稲作農耕の定着に伴う人口増が、母村からの「氏族(31)」の分節を実態とする集団の拡散を引き起こし、領域内での人口増・人口密度上昇から

(27) 歯の形態や各部分の計測値のプロポーションに高い遺伝性があることに注目し、人骨で最も保存状態が良い部位である歯の幅と厚みの統計的処理を行い、親族関係を推定する方法。

(28) 夫婦が結婚後、どこに居住するかに関する規則。夫方居住・妻方居住・オジ方居住・新居居住・分処居住・両処居住などがある。現在の日本に規則はないが、新居居住や夫方居住が多いと思われる。

(29) ある個人と、親子・キョウダイ関係および婚姻に基づく系譜的繋がり、ないし養子縁組などの社会的繋がりで結ばれた人々との関係。自己より発する親族関係には

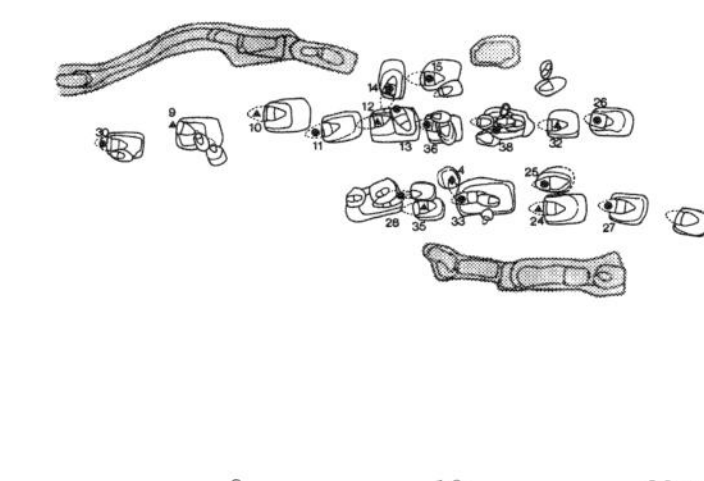

図5　列状墓(福岡県永岡遺跡の二列墓地．［田中，2008］を一部改変)

領域内に部族㉜が増加した。この時期には多数の墓壙が整然と一から数条の列をなす列状墓が盛行する(**図5**)。列状墓を構成する列は、「氏族」や「半族㉝」などの親族集団であって、家族などの小単位の集合ではなく、小単位は全体の中に潜んでいる。大規模墓地の一部に墳丘墓・区画墓が出現する例もあり、佐賀県吉野ケ里遺跡(**図6**)や福岡県隈・西小田遺跡の墳丘墓が著名である。これら列状墓・墳丘墓・区画墓の中には、青銅武器形品・青銅鏡・玉などの副葬品を有し優位者と見られる人物が登場していることから、中期後半以降のものと混同されて「王墓」「王族墓」と評価されることも多い。しかし、この時期の墳丘墓の被葬者は、男性に大きく偏り小児墓をほとんど含まないことから、いくつかの周辺集落から選抜された人物(男性主体・指導層)であり、有力な「親族集団」や「家族」が上位階層として登場してきたの

「父方」「母方」があり、通常「双方的」親族関係が機能している。

(30) 骨考古学的研究は古人骨資料を用いるため、人骨が残っていない墓については実施できない。土壙墓や木棺墓では人骨が残りにくいが、弥生時代の北部九州地方では甕棺墓が主体で人骨が多く残ることから、田中の研究成果も北部九州地方を中心としている。

(31) 同じ系譜と祖先をもつ出自集団が複数まとまったもの。出自とは祖先から一定の規則によって辿られた血統で、それによって個人の集団への帰属が決まる。財産相続、地位や成員権の継承に用いられる。世代的連鎖が父系(男祖から男性の絆

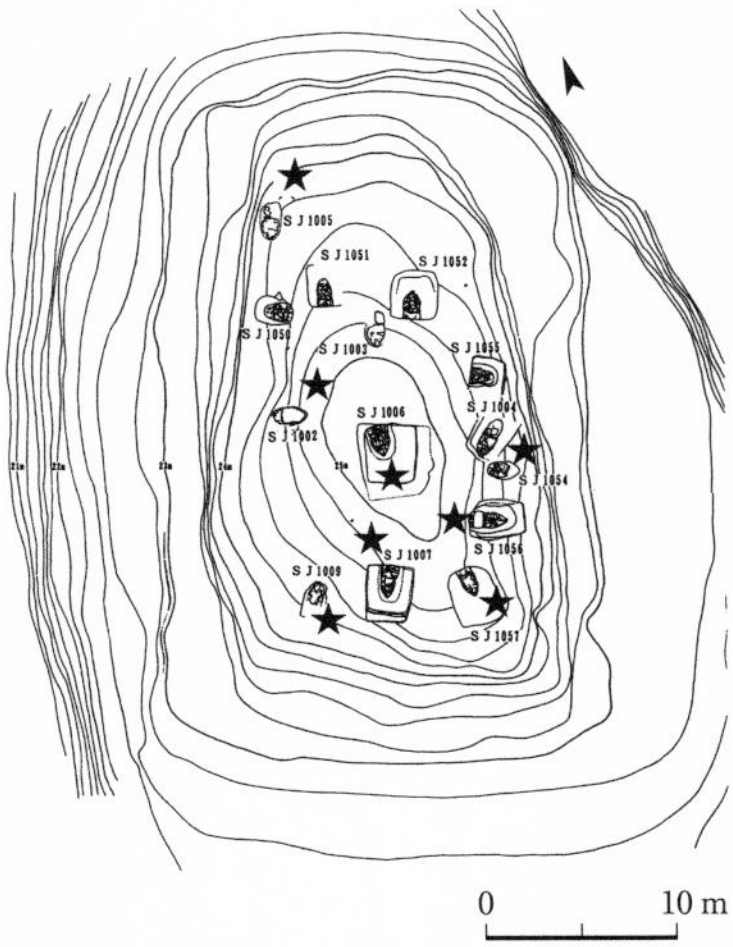

図 6　吉野ヶ里遺跡墳丘墓（★は青銅武器形品副葬墓．［田中，2008］を一部改変）

ではなく、部族を構成する各氏族のリーダーたちであったとみられる。したがってまだ「王墓」と言えるものではない。

中期後半には前漢鏡などの青銅器を多数副葬する厚葬墓（埋葬施設や副葬品で他と差別化された立派な墓）が出現する。先述の福岡県須玖岡本D地点甕棺（奴国首長墓）や福岡県三雲南小路一号甕棺（伊都国首長墓）が代表例である。両者は、被葬者が一—二人で墓域が周囲の墓群から独立しており、突出して階層が高いが、福岡県立岩遺跡、福岡県東小田峯遺跡、佐賀県二塚山遺跡、大分県吹上遺跡のように、副葬品がより少なく、墓が群れをなすものもある。これら厚葬墓を含む墓群の被葬者については、「氏族群全体の長と各氏族の有力層」とみれば、氏族間の格差がまだ小さいことになる。「有力氏族内の長と有力者」とみれば、氏族間の格差が大きくなっていることになる。田中は、後者の可能性を強く考え、「氏族」間の序列化や「氏族」内の階層化、および

だけを辿る）ないし母系（女祖から女性の絆だけを辿る）の一方のみを辿る場合は単系出自という。そうでない非単系出自では、血統は男祖か女祖から男性・女性の双方を通じて辿られる。

(32) 様々な定義があるが、ここでは、複数の氏族がまとまったもので、祭祀などを通して統合され、文化・伝統を共有する集団とする。

(33) 一つの社会が二つの相補的な集団からなる場合、それぞれを半族と呼ぶ。半族が外婚単位・出自集団である場合が多いが、必ずしもそうとは限らない。部族が二氏族からなる場合、遊動的で数家族からなる集団が二半族にまとまる場合など

がある。

「部族の族長」から「首長」への転化が進みつつあったことを示すが、「族長」や「首長」が統治する社会の統合範囲が部族の領域から広がってはいないため、本格的首長制社会に至る以前とみている。

後期に入ると、統合規模の拡大と並行して階層分化がさらに進展し、「有力氏族」から「有力家族集団」、さらにその中から同一世代の一―三人ほど（男女キョウダイのペアを含む）に絞り込む動きが生じ、前期古墳と同じ構成に落ち着いて行くが、これにも地域差がある。

弥生時代の区画墓・墳丘墓における被葬者絞り込みの到達点については、かつては、弥生時代末までに一人に絞り込まれると考えられていたが、田中は、前期古墳の被葬者が「家族」でなく、より広い範囲の「親族」であったり、一見単体埋葬の古墳でも、周囲に親族集団の墓域を伴ったりする事例があることから、弥生時代終了の時点では個人や家族が析出しきれてはおらず、絞り込みの動きは古墳時代前期まで継続するとみるようになった［田中、二〇〇四］。前方後円墳における墳丘併葬（墳丘に複数の埋葬施設を設ける）あるいは墳丘の周囲に多数の埋葬施設を伴う事例について、首長の親族・一族・同族説がすでにあるが［近藤、一九八三］、それを補強するものと言えよう。

田中説が画期的な点は、従来の諸説が、集団墓の中に数基のまとまり（方形周溝墓や区画墓ならば一基あたりの被葬者群)を見出すと、無条件に家族・世帯あるいは拡大家族・世帯共同体と断じて疑わず、そこに副葬品があれば有力家族の顕在化と意味づけ、それらの出現を少しでも古く遡上させようとしがちだった(弥生前期あるいは縄文時代からとする説も登場)のに対して、親族集団・出自集団やそれらを構成する内部の小集団の顕在化は後期に降ることを、人骨間の血縁関係という物証をもとに明らかにした点である。さらに、従来漠然と「階層分化の進行」と言われていた事象の実態が、出自集団間あるいは内で進行し、しだいに有力出自集団内の有力な内部集団、さらにはその中での選択という形で進行したとの指摘も重要である。

以下では、田中モデルを継承しつつ弥生後期—終末期における墳丘墓の出現を跡付ける。

墳丘墓・区画墓の分類

弥生時代の墳丘あるいは溝による区画を有す墳墓の名称は、「墳丘墓」「区画墓」「台状墓」「方形周溝墓」などがあるが、いずれも外部の形態的要素の表現であって、内的構成を示すような名称ではない。被葬者の数と構成が重要なので、そこに留意し田中説[田中、二〇〇〇・二〇〇四]に拠りつつ、これらの墓を以下の型に分類し、上記の形態名と併用する。

①複数氏族代表者選抜型：佐賀県吉野ヶ里墳丘墓や福岡県隈・西小田区画墓に代表され、北部九州では中期前—中葉に多い。

②特定氏族有力層抽出型：福岡県糸島市三雲南小路、春日市須玖岡本D地点、飯塚市立岩堀田、筑前町東小田峯、佐賀県吉野ヶ里町二塚山、大分県日田市吹上などの厚葬墓に代表され、北部九州では中期後半に出現する。

③絞り込み顕在型：「特定氏族有力層抽出型」からさらに絞り込みが進行した型で、その内部では有力な血縁者集団が顕在化している。後期に入って統合規模の拡大と並行して階層分化がさらに進展した結果であるが、「有力家族」や同一世代の一—三人ほどに絞り込む動きも始まっている。北部九州以外の地域では人骨が残らず、血縁関係が不明の場合が多いため、墓坑のあり方から以下のように分類する(**図7**)。

複数群在型：墓坑が一〇基前後以上と多く群在する。
複数同格型：墓坑が数基あり、互いの格差が明瞭でない。
複数格差型：墓坑が数基あり、中心主体と周辺主体の墓坑規模や副葬品での格差が顕在化している。
並　列　型：墓坑が二基並存する。
単　数　型：墓坑が一基のみ。

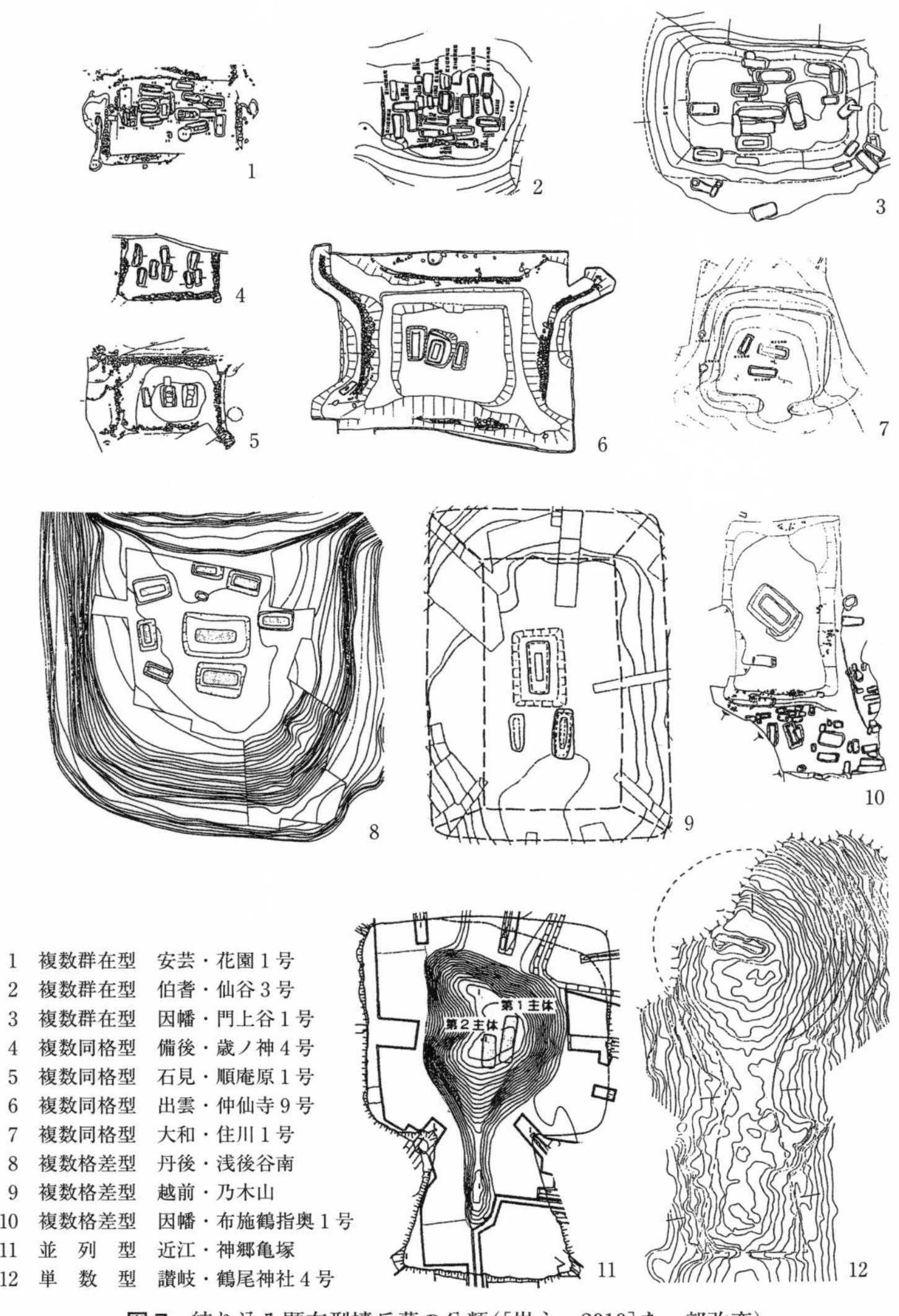

図7　絞り込み顕在型墳丘墓の分類([岩永，2010]を一部改変)

なお、単数型は墓の中央に一人が埋葬される型であるが、これと似て非なる型があり区別する必要がある。当該地域の墓の変遷史の中で、被葬者が次第に絞り込まれ最後に単数になった絞り込み単数型と、東日本の方形周溝墓のように当初から単数埋葬が一般的であった非絞り込み単数型である。墓を単独で見ると必ずしも区別できないが、両者は質が異なるので、概念上は区別しておく必要がある。

墳丘墓の展開

以上のうち、①複数氏族代表者選抜型墳丘墓は、すでに述べたように、かつては「王族墓」などとされることもあったが、そのような評価はできない。中期後半の②特定氏族有力層抽出型墳丘墓では、地域社会の統合領域内での墓の格差が拡大した結果、須玖岡本D地点・三雲南小路一号のように突出した墓が出現してくる。ただし、社会の統合範囲は部族領域以上には広がっていない。

そこで、弥生時代後期および終末期(庄内式期およびその並行期[34])における、③絞り込み顕在型墳丘墓の出現と展開の様相を地域別に**表**にまとめた。地域は便宜的に古代の「国」あるいは「国」をいくつかまとめた単位とするが、諸般の事情から、いくつかの「国」を扱えなかった[35]。

時期の細分は、各地域における墳丘墓の動向の大枠を把握する目的に合わせて、

(34) 庄内式期とは、庄内式土器が作製された時期を指す。庄内式土器とは、弥生後期土器と古墳時代初期の前方後円墳から出土する布留式土器の間の土器様式であり、かつては弥生時代の土器か古墳時代の土器か議論があったが、近年は弥生時代終末期と認識されている。

(35) 当然ながら弥生時代に古代の「国」に相当する範囲の統合体があったわけではない。あくまで便宜的に使用する。

時期		山陰		近畿北部								北陸			
		因幡		丹後		但馬		丹波				若狭・越前		加賀・能登	
		墳丘墓	青銅祭器	墳丘墓	青銅祭器	墳丘墓	青銅祭器	墳丘墓 ①	墳丘墓 ②	墳丘墓 ③	青銅祭器	墳丘墓	青銅祭器	墳丘墓	青銅祭器
後期	前半	□	T？	□					↑			□	T2		
		□		□	T3	□			○	□		□◇			
	後半	□		□	T5	□			□ ↓			□◇		□○	
終末期	前半	□		○ ↑ □				□				□◇		◇○	
												□		□	
	後半	□◇		↓				○ Ω 凸	□	■		□凸		凸	
古墳				□										凸■	

時期		北陸				東海							
		越中		越後		尾張		三河		美濃		伊勢	
		墳丘墓	青銅祭器	墳丘墓	青銅祭器	墳丘墓	青銅祭器	墳丘墓	青銅祭器	墳丘墓	青銅祭器	墳丘墓	青銅祭器
後期	前半			□			T2 T3	凸 凸	T1 T3 T4	■		□	T3 T4
	後半						T5 T？		T5	□			
終末期	前半	◇ ◇				凸■ ■						□	
	後半	◇■		凸						凸■			
古墳		◇■											

時期		中部高地		関東	
		信濃		相模・上総	
		墳丘墓	青銅祭器	墳丘墓	青銅祭器
後期	前半		T3		
	後半	○			
終末期	前半	凸			
	後半	凸■		凸■● Ω ●■	
古墳					

墳丘墓

- 墳丘形態：□は方形，◇は四隅突出型，凸は突出部付き方形，■は前方後方形，○は円形，Ωは突出部付き円形，§は中円(方)双方形，●は前方後円形．？は墳形不明．
- ↔は時期が絞り込めない墳墓の年代の可能性の幅を示す．この間ずっと存続することを意味するわけではない．
- 丹波については，①は由良川，②は兵庫丹波，③は東南部を指す．

青銅祭器

- Nは中広形銅矛，Hは広形銅矛，Kは平形銅剣．
- T1はIV-1式銅鐸，T2はIV-2式銅鐸，T3はIV-3式銅鐸，T4はIV-4式銅鐸，T5はIV-5式銅鐸．T？はIV式銅鐸だが，IV-1式〜IV-5式のどれか不明．
- →はその型式の存続年代幅を示す．

表　墳丘墓と青銅祭器の消長([岩永，2010]を一部改変)

時期		北部九州 肥前 墳丘墓	肥前 青銅祭器	筑前 墳丘墓	筑前 青銅祭器	東部九州 豊前 墳丘墓	豊前 青銅祭器	四国 伊予 墳丘墓	伊予 青銅祭器	讃岐 墳丘墓	讃岐 青銅祭器	阿波 墳丘墓	阿波 青銅祭器
後期	前半	?	N H ↓	?	N H ↓		N H ↓		K K	Ω ○ □	K K・T2		K・T1 K・T2
	後半	↑	↓	□ ?	↓	↑	↓			○ Ω		Ω	T4 T5 T?
終末期	前半	□		凸 ○ □ □		□ □ ?				↑		Ω	
	後半	●■ ↓		□ ↓		○ □ ↓				Ω ○ ● ● ■		↑	
古墳		■						●		● § ↓		○ ↓	

時期		山陽 備前・備中 墳丘墓	備前・備中 青銅祭器	美作 墳丘墓	美作 青銅祭器	播磨 墳丘墓	播磨 青銅祭器	摂津 墳丘墓	摂津 青銅祭器	近畿中部(畿内) 河内・和泉 墳丘墓	河内・和泉 青銅祭器	大和 墳丘墓	大和 青銅祭器
後期	前半	□ □	K K・T2	◇ □ ○		□ 凸 Ω	T1	↑	T2 T3	Ω 凸 ↑		↑	T1
	後半	□・§				↑ ○	T4 T?	○ Ω ○ ↓	T4 T5	○ ↓	T3 T4	凸 □ ↓	T3または4
終末期	前半	□				§ ○ Ω Ω ○		○ ↑ □		■ ↑ ○		□ ↑ □	
	後半	□				□ ○ Ω ↓		○ ↓		凸 ↓		□■ 凸 ○ ↓ ↑ □ 凸	
古墳		●								↑ ■ ↓		● ↓	

時期		近畿中部(畿内) 山城 墳丘墓	山城 青銅祭器	近畿東部 近江 墳丘墓	近江 青銅祭器	山陰 石見 墳丘墓	石見 青銅祭器	出雲 墳丘墓	出雲 青銅祭器	備後北部・安芸北部 墳丘墓	備後北部・安芸北部 青銅祭器	伯耆 墳丘墓	伯耆 青銅祭器
後期	前半	□	T3	↑ 凸	T1 T2 T3	□	T1	◇		□◇ ◇		□◇ □◇	
	後半			□ ↓	T4 T5	◇		□◇				□◇	
終末期	前半	↑		■ Ω ↑ ○				□ ↑				□○	
	後半	■ ○ ↓		凸 ■ Ω ■ ↓				◇ □◇ ↓		◇		□◇	
古墳										↑ 凸 ↓			

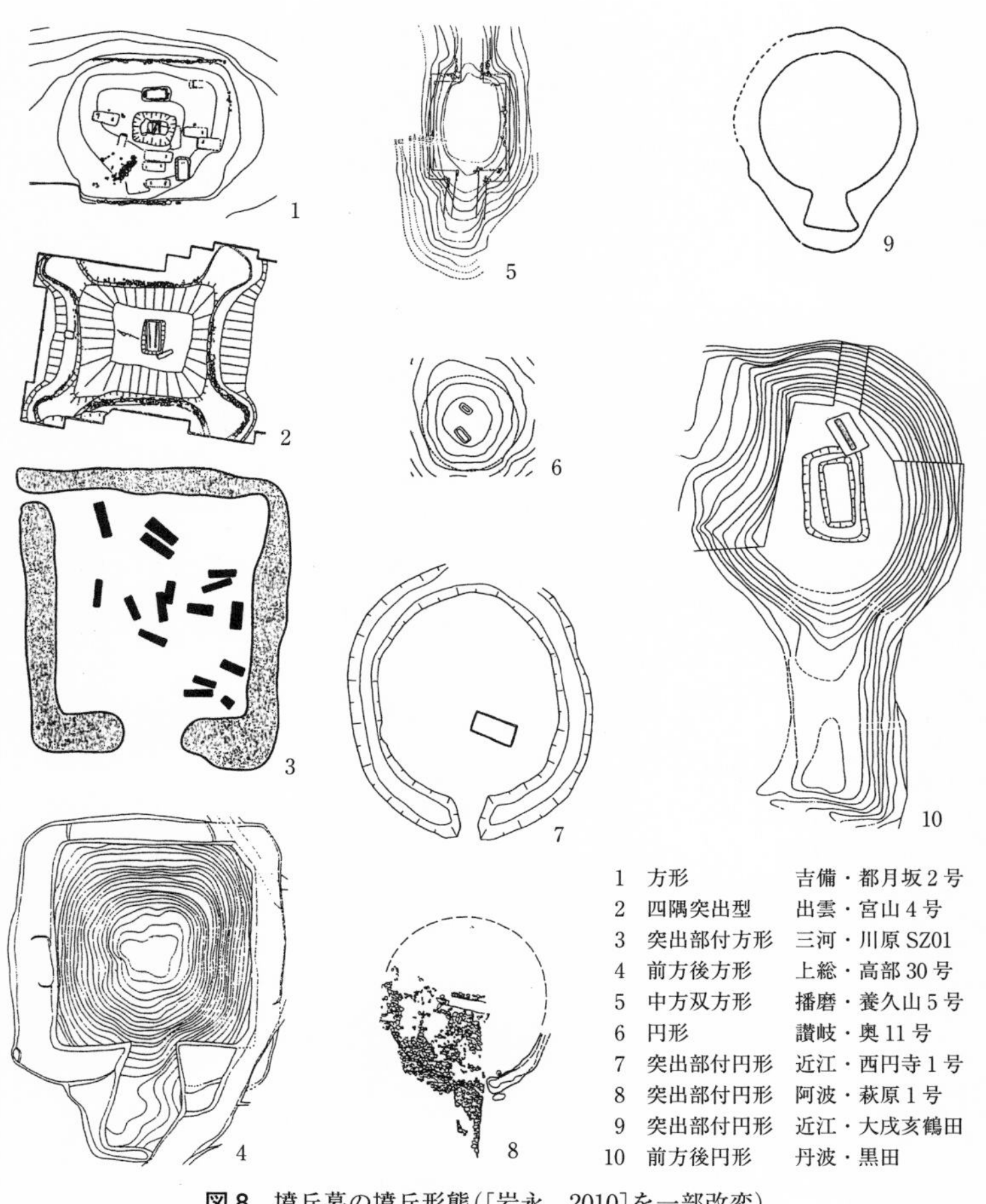

図 8　墳丘墓の墳丘形態([岩永，2010]を一部改変)

後期および終末期を二分ないし三分するに留めた。なお、弥生中期と後期の境界線が、土器編年の大別基準の相違から、九州と中国・四国以東とで一致していないが、本文中における「中期」「後期」は、九州と中国・四国以東それぞれでの用法を踏襲し、並行関係については、九州の後期前葉後半が中国・四国以東の後期初頭に当たると考えておく。

特定型式の墳丘墓（**図8**）の空間的広がりと、その時間的な変動の様相は**表**に示しておいた。紙幅の関係で詳細は省略するが、墳丘形態ごとに**表**を見ると、いつ・どこに出現したのか判るようになっている。

青銅器祭祀と墳丘墓

前項で述べた絞り込み顕在型墳丘墓の展開を意義付けるために、それと青銅器祭祀の盛衰との関係はどのようになっているのか調べた。

まず、青銅祭器の年代について、要点を述べておく。

北部九州では後期前葉には広形銅矛(36)（**図9**）が出現しており、その祭祀の存続年代の下限は明確ではないが、福岡県春日市辻田遺跡Ⅱ区大溝出土の広形銅矛片に伴って出土した土器の年代［岩永、一九八九］から見て、後期のうちに終了していたと見てよかろう。伊都国域では奴国域に比べて絞り込み顕在型墳丘墓の出現が明瞭で、

（36）広形銅矛は銅矛形祭器の最も新しいもので、長さ八〇―九〇cmほどと大型化している。銅矛形祭器は中細形→中広形→広形と変化する。

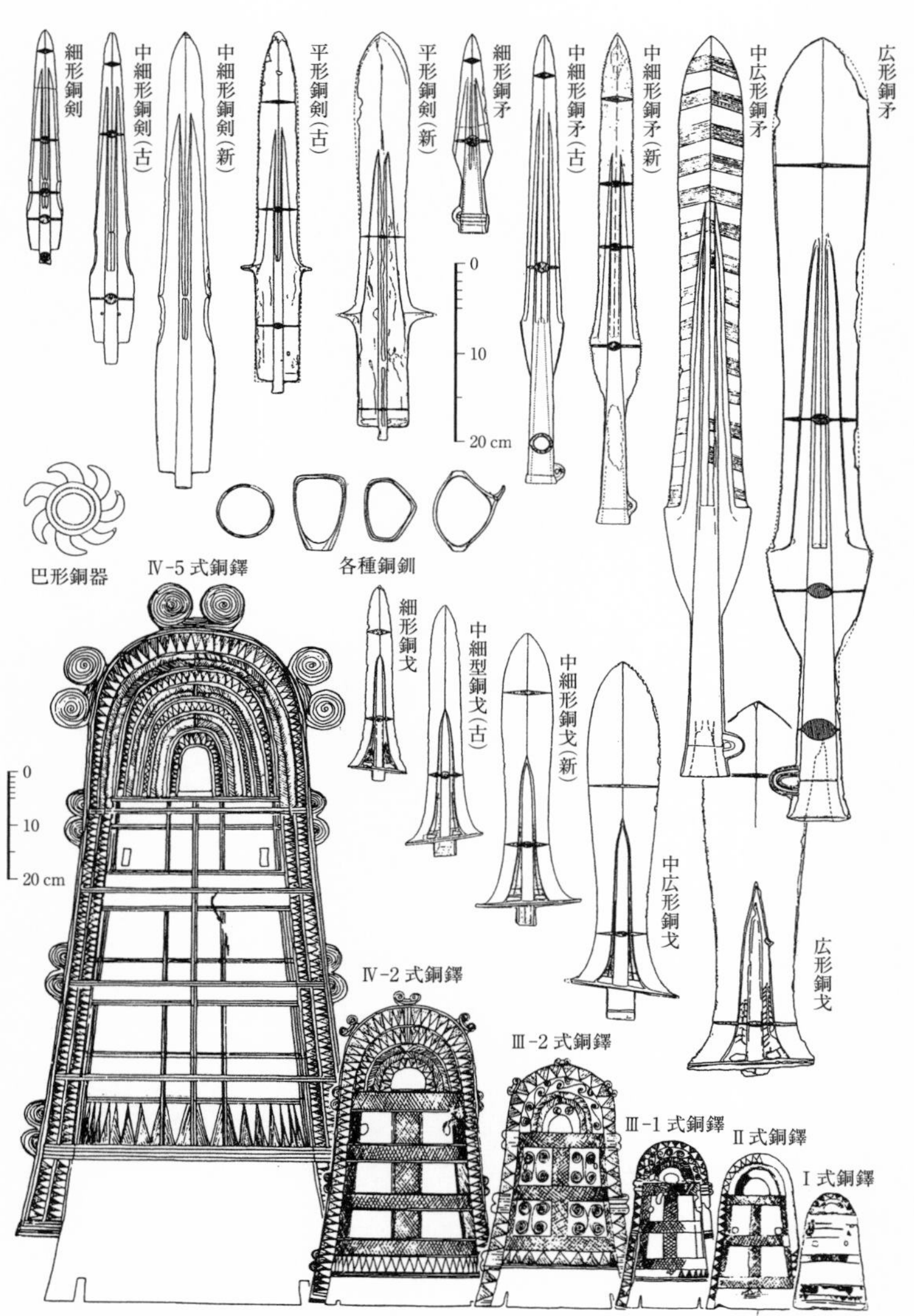

図 9　弥生時代青銅器器種一覧図(『岩波日本史辞典』1999 年を一部改変)

終末期には見られる。これは後に述べるように、伊都国域では広形銅矛の生産・埋納ともに皆無ではないものの、ほとんど無く、青銅器祭祀が盛んでなく、首長が成長できたことと関係するであろう。瀬戸内海側の豊前では、広形銅矛祭祀終了後の終末期に、絞り込み顕在型墳丘墓が急に多く出現し、終末期の墳丘墓数では筑前を凌駕する。瀬戸内海沿岸部の動向と連動するのであろう。

中国・四国地方以東については、弥生後期に存在する銅鐸[37]や剣形祭器の年代が問題となる。細かい根拠は省略するが、銅剣でもっとも後出する平形銅剣(新式)(**図9**)については、中国・四国以東編年での中期末—後期初頭(北部九州後期前葉並行)に置けるから、矛形祭器・戈形祭器・銅鐸より早く消滅していることになる。銅鐸は、後期いっぱい存続するが、終末期までは及ばないと考えておく。

表に、国別に後期における青銅祭器と墳丘墓の出現状況を示した。結論的には、後期以降の絞り込み顕在型墳丘墓の出現は、各地域における青銅器祭祀の終焉と一連の現象であることが明らかとなった[岩永、二〇二二]。青銅器祭祀と、墳丘墓で行われる祭祀の相違はどう説明できるのか。それぞれの意味を検討しておく。

青銅器祭祀の儀礼が青銅器の埋納地の近傍でなされたのか、集落内で挙行のあと、青銅器を埋納地に運んだのかは不明であるが、埋納地は、ほとんどの場合、特定の集落や集団との関係が窺いにくい場所にある。また青銅器祭祀は、人口増による分

(37) 銅鐸はⅠ式→Ⅱ式→Ⅲ式→Ⅳ式と変化する。Ⅳ式銅鐸は銅鐸の最も新しいもので1式—5式に細分されている。

村、あらたな開拓地への分岐集団の定着と組織化が活発化した中期前半に始まり、集落の断絶・移動が激化し集団の再編・再組織化（混合・再統合）が顕著になった中期末から後期初頭に一段と活発化することから、ある程度の広域をカバーする集団群（居住集団群[38]であり出自集団群[39]でもある。特定の出自集団や部族の範囲を超える）の再統合・統合化促進儀礼であった可能性が強い。

それに対して、墳丘墓造営者の出身母体は、青銅器祭祀の主体となった大きな集団群から生まれた特定有力親族集団（出自集団）ないしその内部の小集団であるが、これは固定的な集団とは考えられない。田中良之の研究によれば、古墳時代後半期には、親族関係が変化して、財や地位の継承が安定したために、「先代」やさらに遡った個別人称をもった「祖霊」との血縁関係の確認と維持が、後継者の正当性や優位性を保証するようになり、葬送行為や葬送儀礼も反復的に行われるようになった。これに対し、古墳時代前半期には死者は同世代にとって意味をもつ表徴であり、共同体全体にとっては無人称の「祖霊[40]」であったという［田中、一九九五］。

これを受ければ、弥生時代の首長はさらに継承が不安定であり、首長の出身親族集団が固定的ではないから、特定形式の首長墓の分布範囲の背後にある首長間の関係は、日常的交流から生まれる友好関係ではあっても、固定的な同祖同族観念の形成を伴わないと考えるべきであろう。したがってそこで執行される墳丘墓祭祀も、

(38) 比較的永続的、空間的にまとまって共住する集団を指す。非居住集団(sodality)は、クラン(氏族)や結社のように構成員が分散的に存在し、居住集団を横断して統合する場合がある。

(39) 祖先を共有する子孫の集団で、成員権の伝達がなされる集団。成員権の伝達が男祖から男性の絆だけでなされるものを父系、女祖から女性の絆だけでなされるものを母系、男祖か女祖から男性・女性の双方の絆を通じてなされるものを双系と呼ぶ。出自については、注31を参照。

(40) 財・地位の継承が双系の場合、祖先は世代を遡るほど範囲が曖昧になっていくので、個別人

集団の再生産を観念的に担った首長への祭祀ではあっても、特定親族集団の祖霊に対してではなかろう。だからこそ、弥生時代を通じて形成されてきた集団間の通交関係をベースにしつつ、墳丘墓と墳丘墓祭祀は短期間に広大に面的に拡大できたのである。(41)

絞り込み顕在型墳丘墓の発達と首長の在り方

前項を踏まえて、墳丘墓あるいは厚葬墓など、集団内の格差を示す墓の出現契機を検討する。先の**表**で示したように、後期後半―終末期に列島各所で絞り込み顕在型墳丘墓(以下「墳丘墓」と略す場合があるが、墳丘墓一般を意味するのではないので要注意)が発達した。多少の時間差はありながらも、あちこちで並行的に被葬者の絞り込みが進行し、首長を含む析出集団(後述)が成長したことは明らかだが、その背景は何か。

一般論として、絞り込み顕在型墳丘墓の成立にはいくつかの条件が必要である。必要条件は、部族内で氏族間の格差が生じるのみならず、有力氏族内でも階層的に他と区別された存在、すなわち有力出自集団(以下、析出集団と呼ぶ)が出現していること。その中には首長やその家族が含まれており、有力者がさらに絞り込まれる場合がある。析出集団墓が絞り込み顕在型墳丘墓の形をとるに当たっては、階層差

称をもたない祖霊に昇華する。それに対して父系の場合、祖先は父―祖父―曽祖父……と個人を辿る個別人称をもった祖霊へと昇華していく。

(41) しかし墳丘墓およびそこでの祭祀形式の分布範囲を一体的な支配機構を伴う強固な政治的統合体とみなすことはできない。

の墳丘による表現が求められた社会であることが十分条件となる。

ではなぜ、後期後半—終末期に析出集団の成長が可能になったのか。当該期に広域にわたって農業生産力が上昇し開発が進展し、富の蓄積とその保有の不均等による階層化が進んだ結果として首長層が現れたのか。おそらく否であろう。大型墳丘墓は、肥沃な平野を有す農業生産力の高そうな地域ばかりでなく、近畿北部のような狭隘な所でも大きな時間差なく出現している。

一—二世紀にかけての後期、特にその前半期には、気候変動(寒冷化)も原因の一つであろうが、日本列島の広い範囲にわたって、既存集落の放棄・断絶、特定集落への集住が生じたことが近年明らかにされつつある[小沢、二〇〇〇・二〇〇二/若林、二〇二〇]。集団の移動・離合集散・再編が進行したことに伴って、地縁的集団の再編成と、出自集団によるつながりの弛緩が同時進行したと考えられる。

そうした状況下で、再編された地縁的集団相互の軋轢が激化するとともに、地縁的集団の利害と、さらに弛緩しつつある出自集団の利害とが衝突しあうようになったであろう。また中期以来の階層分化が集団内に亀裂を発生させ、それら諸々の調停などが不可欠となったであろう。そうした社会的調整業務が、出現していた各居住集団内の特定の出自集団に担われるようになり(有力になれば析出集団となる)、統合規模が拡大した場合には析出集団が担う調整業務も広域に及ぶようになり、複雑性・重要性が増加し、多くの居住集団内の析出集団群(相互に同族とは限らない)を横断する連携が形成されたと推定できる。

そうした中で、調整業務の執行に成功した析出集団が、その過程で財(通常は食料、生活用具などの生存財、時として奢多品、宝器などの貴重財)の保有上、有利な立場に立つことによって、居住集団の中に財の不均等が生じ、緊張関係が生じるようになる。この時期には、階層分化の主体が首長個人や家族ではなく、それらを含んだ親族集団であったことに注意を要する。そうした状況下で、氏族長を含む析出集団は、自己の元への財の蓄積と地位の固定的継承を図ろうとし、対して居住集団あるいは他の出自集団はそれを抑制しようと対抗しているというのが基本的状況であったと推定できる。

後期後半の社会状況への対応——二つの方向性

そうした事態への各集団の対応は二つの方向に分かれた。①絞り込み顕在型墳丘墓を発達させない方向、それとは逆に、②発達させる方向である。

①は青銅製祭器を用いて居住集団およびその集合体(結果的に氏族の集合体になり、規模が拡大すれば部族に近づく)が実施する在来の(集団内・集団間)統合化儀礼をいっそう盛大化し、集団の共同性を強化する方向である。採用したのは銅矛・銅戈(どうか)を祭器

とする北部九州と、銅鐸を用いる中国・四国・近畿・北陸・東海の諸集団であった。そもそも青銅器祭祀が弥生社会に登場したのは中期前半であり、この時期は前期以来の人口増の結果として集団の拡散が生じ、母村からの分村が広範に生じた時期であり[田中、二〇〇〇]、青銅器祭祀の定着と盛行は、母村―分村の結束、あるいは開拓地での新たな地縁的集団の結成などに際しての統合化儀礼が切実に必要とされたのを背景とする。後期前半期にも、上述の事情によって再び統合化儀礼の強化が必要となったのである。

この青銅器祭祀の執行にあたっての析出集団の役割には見解の対立があり、青銅製祭器の埋納は、「エリート」の威信を示し青銅製祭器の希少性を維持するために消費する戦略であって、彼らの墓への副葬と同意義とみなす説がある[桑原、一九九五]。確かに青銅製祭器の生産や祭祀の執行には析出集団が大きな役割を果たしたであろうが、青銅器祭祀が盛んな間は、絞り込み顕在型墳丘墓が発達しないことから、祭器の生産や祭祀実施の目的は、析出集団の個別的利益の追求というより、祭祀に参加する居住集団あるいはその集合体(結果的に氏族の集合体ないし部族と一致)の全体的利益の増進であり、そのために参加集団が析出集団に負託した面を重視すべきであろう。

②は青銅器祭祀、すなわち集団祭祀を終息させるかわりに、地域色を帯びた絞り

込み顕在型墳丘墓およびそこでの被葬者に対する祭祀を発達させる方向性である。これにより各種の公共職務を執行する集団指導者層(析出集団)の権能・利害調整機能が強化され、結果的に彼らの権力の強化や私的利益の追求を可能にする。採用したのは、四国北部・山陽・山陰・近畿北部・北陸の諸集団であった。統合化儀礼としての青銅器祭祀の対象が地霊・穀霊あるいは自然現象をつかさどる神など特定集団の外部の神であったと推定できるのに対し、墳墓における祭祀の対象は、当該期には財や地位の継承はまだ父系ではないので無人称祖霊[田中、一九九五]であったのであろうが、直接の対象は墳丘墓被葬者となっている。

①の青銅器祭祀を盛行させた諸集団でも、終末期には青銅器祭祀を終焉させて墳丘墓造営に移行し、先に②の方向を採っていた諸集団と同一歩調をとることになった。後期後半から終末期という時期に、青銅器祭祀の終焉と、絞り込み顕在型墳丘墓の造営が一般化した事情は、この時期における社会情勢・政治情勢の複雑さが、析出集団とりわけその指導者への依存を加速度的に強めることになり、有力な指導者を戴く析出集団との連携が、既存の日常的コミュニケーションを超えて形成されるようになったことに求められよう。

威信財流通の掌握と首長の盛衰

後期後半—終末期に列島各所で並行的に大型墳丘墓が発達したのは、青銅器(鏡・鏃(やじり))・鉄器(武器・工具)・玉類など副葬品の出現や増加と相関した現象である。このことを重視すれば、当該時期に鏡・鉄製武器・玉類などを主体とする舶載品がそれ以前に少なかった諸地域に流入してきたのを契機として、各地でそれらの入手・分配・流通を掌握ないし関与できた集団、およびその指導者層が、政治的威信を獲得・増大し、舶載品を分配する見返りによって造られた厚葬墓に葬られるようになったと推定できる。

その意味では北部九州における前期末—後期前葉、とりわけ中期後葉における厚葬墓の出現と背景を等しくする、同類の現象の再現と評価して良い。特定墳丘墓型式の広がりは、威信財の入手と分配を掌握した有力首長と他の首長との連携関係を中核とする、首長群ネットワークの範囲を示すであろう。

その際重要なのは、鉄製武器類は日本海沿岸地域や北近畿周辺に多く、中国鏡は瀬戸内海沿岸地域に多い、というように分布にずれがあり、舶載品の入手や流通の窓口が、特定地域によって独占的に差配されていたとは言えず、舶載品の列島への流入、瀬戸内海沿岸地域以東への流通・拡散は、北部九州を「結節点」とした地域どうしの広域交流が基層となるということ[辻田、二〇一九]である。もっとも、中期まで舶載品がほとんど及ばなかった東部九州以東にも舶載品が及ぶようになったのを北部九州諸集団の政治的力量の拡大と評価するのは難しく、第1節で触れたように、舶載鏡四〇面を副葬した平原一号墓被葬者も広域的統合体の盟主とは言えないようである。当該期の北部九州には、特定型式の大型墳丘墓・厚葬墓の継続的造営と面的広がりが見られない。舶載品の東方拡散に当たって、「結節点」としての北部九州集団が仲介あるいは水先案内の役割を果たしたとみられるものの、むしろ、瀬戸内海沿岸部や山陰・近畿・東海系の土器の九州への波及からみて、それらの地域集団による舶載品を求めての活動の活発化と能動性が評価できる［辻田、二〇一九］。

威信財流通の掌握による首長の成長には弱点がある。中国鏡や鉄製武器などの舶載稀少品の獲得による威信の獲得・維持は、威信の基礎が脆弱であり、舶載品の入手・分配を継続しなければ維持できない。舶載品流入・流通の掌握者とルートが変わったり、アクセス権を失って入手が滞ったりすれば、威信がたちまち低下・喪失し、新たな掌握者への従属を余儀なくされる。後期後半から古墳時代初頭において、近畿北部（丹後・丹波・但馬）の優位が短期で終わり、瀬戸内海沿岸部の播磨・讃岐・阿波側に移り、さらに続いて近畿中部に移ったのが好例である。つまり「威信財システム」は歴史的偶然に左右されやすい。配布物が無くなれば最後なのであって、常に次の配布物の用意に追いまくられ不可避的に自転車操業に陥る。河野一隆は威信財の「飽和」を問題とするが［河野、一九九八］、問題なのはコントロール可能な「飽和」でなく「枯渇」の方である。特に配布物が自前製品でなく舶載品に頼る場合、他力本願の不安定さが増す。しかし逆に、首長群が渇望する威信財の入手と分配を掌握し継続できれば、短期間にきわめて広範あるいは遠隔地の首長群との連携関係を形成することも可能だった。それを示すのが前方後円墳の分布の拡張である。

こうしてみると、後期後半―終末期の大型墳丘墓の発達は、経済的下部構造の変動、つまり農業生産力の上昇による富の蓄積を背景とする階層分化を伴わずに起こり得た現象であり、「首長制社会」から「初期国家」への移行期の現象などではなく、同じ首長制の中での段階差と見なす理解［岩永、二〇〇二］と整合する。

重要な点は、このような首長どうしの人的結合を根幹とした政治的連携の場合、征服による土地全体の所有や住民全体の隷属化を前提とせずに、広範な政治的統合体の樹立が可能となった点である。また反面、統合がそのような広域支配を維持するための組織を介さぬものであったがゆえに、統合体の結束は脆いものであった。

こうしてみると、後期後半―終末期の間は、個別墳丘墓の分布域を超えた広域を統合する大首長（王）は登場していないと言えよう。ただし、『魏志倭人伝』には、倭国大乱後に卑弥呼を共立して「王」としたとあるから、共立の内実、「王」を共立した諸首長と「王」の関係が問題となる。

前方後円墳の出現――大首長（王）の登場へ

最古の大型前方後円墳たる箸墓古墳（奈良県桜井市）の主が誰であるかは、卑弥呼か後継の女王台与（とよ）か、その後の王かで説が割れており、前方後円墳の出現が三世紀中葉から後半のどこに当たるのかも説が割れている。しかし、箸墓などの初期の前方後円墳の諸要素を分解して起源を探ると、先学が唱えたように［近藤、一九八三／寺沢、二〇〇〇／北條、二〇〇〇］、各地の墳丘墓の要素の寄せ集めと見るほかなく、終末期から前方後円墳の成立に至る期間における諸首長間の情報のやり取り、共立された政権の内実が窺われる。

初期前方後円墳の諸要素は、後期後半―終末期における分布から、墳形のうち後円部は吉備・東瀬戸内・近江、前方部は吉備・東瀬戸内・大和・近江・東海、葺石（ふきいし）（墳丘斜面に石を敷いた施設、ないしその石）・大型墓坑・竪穴式石槨（せっかく）は吉備・東瀬戸内、円筒埴輪は吉備の墳丘墓に系譜が辿れる。近年ようやく、奈良県瀬田（せた）遺跡で終末期前半頃の突出部付き円形墳丘墓が発見されたものの、大和在来の要素は少ない。判断が分かれるのは、どこの影響をより強く見るかである。

前方後円形に拘らず、前方後方形墳丘墓をも前方後円墳の前方部の起源に加えれ

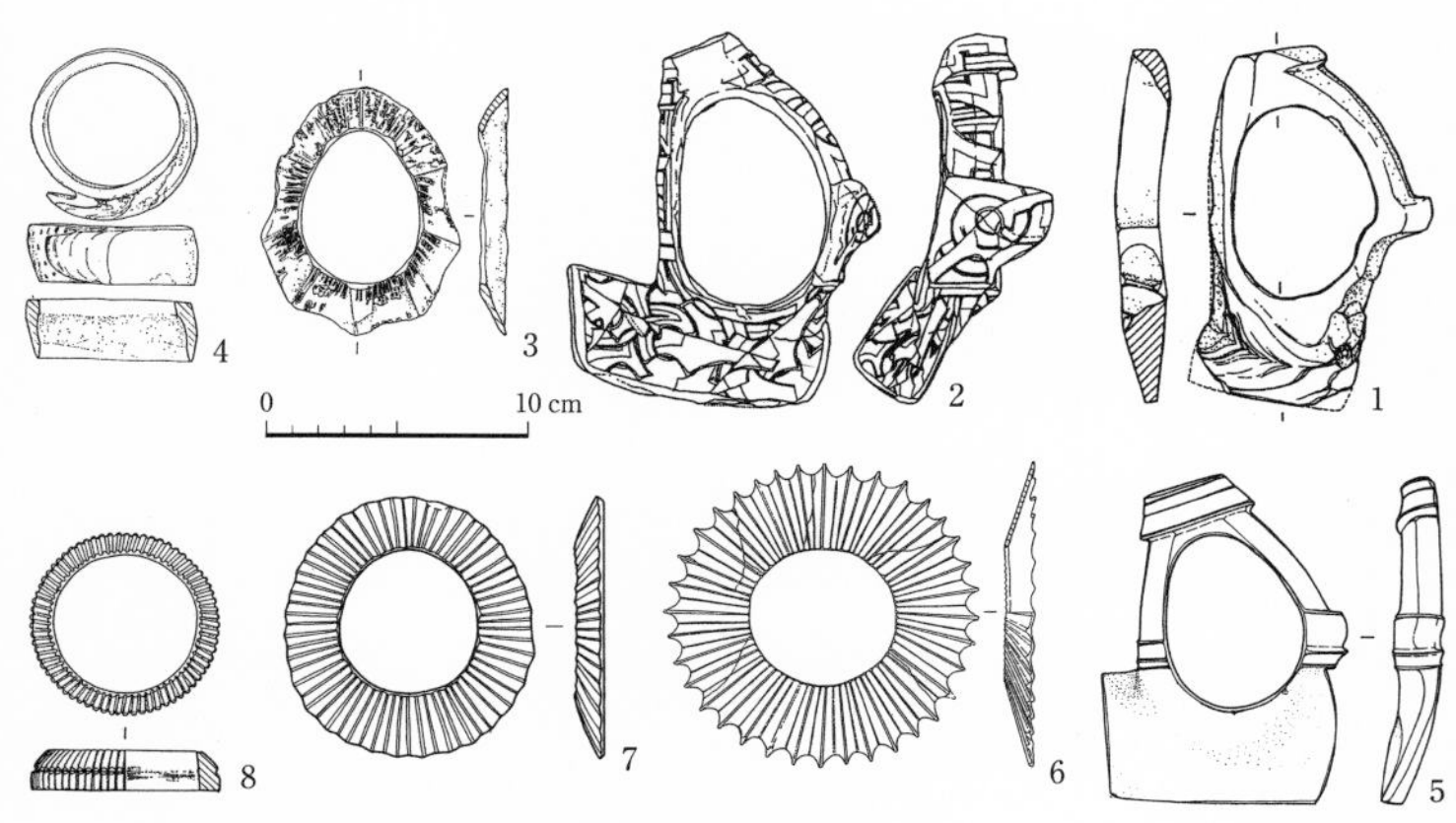

1　ゴホウラ製貝輪　福岡県竹並遺跡[川口，2006]
2　ゴホウラ製貝輪　大阪府紫金山古墳[川口，2006]
3　オオツタノハ製貝輪　鹿児島県広田遺跡[木下，1996]
4　イモガイ製貝輪　鹿児島県松ノ尾遺跡[木下，1996]
5　鍬形石　高松市茶臼山古墳[川口，2006]
6　銅釧　京都府芝ヶ原12号墳[木下，1996]
7　車輪石　熊本県向野田古墳[三浦，2005]
8　石釧　大分県免ヶ平古墳[木下，1996]

図10　南海産巻貝製腕輪(1-4)と銅釧(6)・石製腕飾(5・7・8)

ば、近江・美濃・尾張では箸墓に先行する例は確かにあるから、箸墓に先行する突出部付き円形ないし前方後円形墳丘墓(纏向型と呼ぶかどうかはともかく)があって不都合はない。纏向型自体の起源では、土器から見て終末期における大和と近江・東海との交流は密であるから[石野、二〇〇四]、前方後方形墳丘墓が、纏向型のなかで葺石を欠く石塚・勝山・矢塚の諸古墳への影響元である可能性は大きい。他方で木槨(もっかく)(木材で作った箱状の室。内部に木棺を納める)をもつホケノ山古墳への影響元については、吉備・阿波・讃岐などの突出部付き円形墳丘墓を外せない。

後期後半から終末期における鏡・鉄製武器・玉類などの入手元と、その副葬習俗の発信地を北部九州と見る説[寺沢、二〇〇〇]が根強いが、この時期の副葬実態から見れば、先に述べたように、北部九州の独占・一元性は崩れている。ほかにも、古墳時代における碧玉製腕飾(へきぎょくせいうでかざり)類、遡っては京都府城陽市芝ヶ原一二号墳の銅釧(どうくしろ)の祖形たる南海産巻貝製腕輪類(ゴホウラ・イモガイ・オオツタノハを使用)(**図10**)の系譜は、中期の北部九州製品でなく、この時期の南部九州→東部九州経由の製品に求めるべきであり、日向における終末期の円形墳丘墓の盛行は、東瀬戸内集団と日向灘沿岸部集団との密接な関係の物証である。

おわりに

北部九州における前期末―中期後葉と同様に、後期後半―終末期の船載品流通の東方拡大は、その掌握・管理・分配を通じた諸集団の組織化が進行する契機となり、結果として、中・東部瀬戸内、近畿中部、近畿北部・北陸、近江・東海どうしの複雑・密接な結び付きをもたらすこととなった。これが卑弥呼共立後に進展した事態の実態であって、邪馬台国が伊都国に一大率を派遣し対外交通を厳しく監督する必要があったのは、北部九州が当初コントロール下に十分入っていなかったからであるとみられる。

この終末期体制は、卑弥呼の魏への遣使と、魏からの新たな価値付け可能な威信財(三角縁神獣鏡説が根強いが、完形後漢鏡の優品・大型品主体説[辻田、二〇一九]もある)の多量かつ、ルートを一本に絞った集中的流入を契機に、二次的に編成替えされ、近畿中部を中心とした一元的な首長ネットワークの形成をもたらした。

ただし、三世紀後半に成立した首長ネットワークでは、威信財の贈与に対して何らかの奉仕をする首長間の関係は、田中良之の研究が明らかにしたように、首長の継承がまだ安定していないという状況が前提であったため、新首長の就任のたびに更新しなければならず、なかなか組織的・制度的なものにはならなかった。さらに船載威信財の品目の交替、自家製威信財の創出といったやり繰りを続け、ようやく五世紀後半に至って、首長の継承の安定化を前提にウヂないしそれに相当する地方の集団が形成されると、継承の承認と引き換えに地方豪族を王宮に奉仕させる体制ができる。六世紀に中央ではウヂごとに特定の職掌を与えて王権に奉仕させて部民の保有を認め、地方では在地首長層を国造(くにのみやつこ)(42)・伴造(とものみやつこ)(43)として組織し義務を与え、部民の管理・支配を承認する体制を作り、しだいに制度的・組織的な統治機構建設へと向かっていった。前国家段階への突入である。

本章では、首長の登場や成長について、青銅器祭祀と墳丘墓の盛衰の関係を探ることで、私見を示した。弥生後期から終末期にかけて、集団内・集団間での様々な軋轢・衝突が激化するなかで調停・調整など高度な集団統合能力を有す集団や、その長への求心化と崇敬が、旧来の集団性を背後に押しやることとなったことに基づき、青銅器祭祀と墳丘墓造営の社会的意義を異なるものとみている。他説との評価の相違は、弥生後期—終末期を、社会の複雑化や国家形成に向けた全体的過程の中で、いかなる階梯に位置付けるかに関わってくる。

(42) 倭王権の地方官。王権の支配下に入った地方豪族が任ぜられ、一定の領域の支配を認められつつ、王権への奉仕として部民・ミヤケを管理した。

(43) 国造の領域内に設定された部(べ)の管理者で、国造の同族などが任命された地方伴造と、彼らを王権の中央で管理する中央伴造がいた。

引用・参考文献

石野博信、二〇〇四年「箸中山古墳への道」『地域と古文化』地域と古文化刊行会

井上知花・塚本浩司、二〇一九年「大阪の高地性集落、その特徴と性質」『弥生時代の高地性集落とは——大阪における特徴と性質』大阪府立弥生文化博物館

岩永省三、一九八九年「土器から見た弥生時代社会の動態——北部九州地方の後期を中心として」『横山浩一先生退官記念論文集Ⅰ　生産と流通の考古学』

岩永省三、一九九六年「神庭荒神谷遺跡出土銅剣形祭器の「細かい研究」」『出雲神庭荒神谷遺跡』島根県教育委員会

岩永省三、二〇〇二年「階級社会への道への路」佐原真編『古代を考える　稲・金属・戦争——弥生』吉川弘文館

岩永省三、二〇二二年『古代国家形成過程論』すいれん舎

岡崎　敬、一九七七年「結語」福岡県飯塚市立岩遺蹟調査委員会編『立岩遺跡』河出書房新社

岡村秀典、一九九九年『三角縁神獣鏡の時代　歴史文化ライブラリー66』吉川弘文館

小沢佳憲、二〇〇〇年「弥生集落の動態と画期——福岡県春日丘陵域を対象として」『古文化談叢』第44集

小沢佳憲、二〇〇二年「弥生時代における地域集団の形成」『究班』Ⅱ

金関　恕、二〇一〇年「卑弥呼と中平銘鉄刀」『よみがえるヤマトの王墓——東大寺山古墳と謎の鉄刀』天理大学附属天理参考館

川口勝康、一九八七年「大王の出現」『日本の社会史第三巻　権威と支配』岩波書店

河野一隆、一九九八年「副葬品生産・流通システム論」第44回埋蔵文化財研究集会実行委員会編『中期古墳の展開と変革』埋蔵文化財研究会

九州大学考古学研究室、一九七五年『志賀島——「漢委奴国王」金印と志賀島の考古学的研究』金印遺跡調査団

久住猛雄、一九九九年「弥生時代終末期「道路」の検出——比恵・那珂遺跡群における並列する二条の溝の性格と意義」『九州考古学』74

久住猛雄、二〇〇五年「三世紀の筑紫の土器」『邪馬台国時代の筑紫と大和』香芝市二上山博物館

久住猛雄、二〇〇七年「「博多湾貿易」の成立と解体——古墳時代初頭前後の対外交易機構」『考古学研究』五三—

四
桑原久男、一九九五年「弥生時代における青銅器の副葬と埋納」『西谷眞治先生古稀記念論文集』
小林行雄、一九五九年『古墳の話』岩波新書
小林行雄、一九六一年「古墳の発生の歴史的意義」『古墳時代の研究』青木書店
近藤義郎、一九八三年『前方後円墳の時代』岩波書店(岩波文庫、二〇二〇年)
下條信行、一九九一年「北部九州弥生中期の「国」家間構造と立岩遺跡」『児島隆人先生喜寿記念論集　古文化論叢』
白鳥庫吉、一九六九年『白鳥庫吉全集　第一巻　日本上代史研究上』岩波書店
高久健二、二〇二二年「楽浪郡・三韓・倭の交易と社会変化」『日本考古学協会二〇二二年度福岡大会研究発表資料集』
高倉洋彰・田中良之編、二〇一一年『AMS年代と考古学』学生社
武末純一、二〇〇二年『日本史リブレット3　弥生の村』山川出版社
田中良之、一九九五年『古墳時代親族構造の研究——人骨が語る古代社会』柏書房
田中良之、二〇〇〇年「墓地から見た親族・家族」都出比呂志・佐原眞編『古代史の論点2　女と男、家と村』小学館
田中良之、二〇〇四年『人骨・墳墓からみた前半期古墳時代集団構造の研究』平成一四—一五年度科学研究費補助金研究成果報告書
田中良之、二〇〇八年『歴史文化ライブラリー252　骨が語る古代の家族——親族と社会』吉川弘文館(POD版、二〇一九年)
田辺昭三・佐原眞、一九六六年「弥生文化の発展と地域性　近畿」『日本の考古学Ⅲ　弥生時代』河出書房新社
辻田淳一郎、二〇一九年『鏡の古代史』角川選書
寺沢　薫、一九八八年「纒向型前方後円墳の築造」『同志社大学考古学シリーズⅣ　考古学と技術』
寺沢　薫、二〇〇〇年『王権誕生　日本の歴史02』講談社(講談社学術文庫、二〇〇八年)

内藤湖南、一九七〇年『内藤湖南全集　第七巻』筑摩書房
難波洋三、一九九七年「国産のはじまりとそのひろがり――近畿を中心に」『弥生の鋳物工房とその世界』北九州市立考古博物館
西嶋定生、一九六四年「日本国家の起源について」『現代のエスプリ』第六号、至文堂
西嶋定生、一九九四年『邪馬台国と倭国――古代日本と東アジア』吉川弘文館（新装版、二〇一一年）
西嶋定生、一九九九年『倭国の出現――東アジア世界のなかの日本』東京大学出版会
西嶋定生、二〇〇二年『西嶋定生東アジア論集　第４巻　東アジア世界と日本』岩波書店
新田一郎、二〇〇一年『太平記の時代　日本の歴史11』講談社（講談社学術文庫、二〇〇九年）
仁藤敦史、二〇〇九年『日本史リブレット人１　卑弥呼と台与――倭国の女王たち』山川出版社
橋本増吉、一九八二年『改訂増補　東洋史上より見たる　日本上古史研究』東洋書林
福岡市教育委員会、一九八六年『那珂八幡古墳』
福永伸哉、一九九八年「銅鐸から銅鏡へ」都出比呂志編『古代国家はこうして生まれた』角川書店
藤田　等、一九九四年『弥生時代ガラスの研究――考古学的手法』名著出版
北條芳隆、二〇〇〇年「前方後円墳と倭王権」北條芳隆、溝口孝司、村上恭通『古墳時代像を見なおす――成立過程と社会変革』青木書店
堀　新、二〇〇六年「織豊期王権論再論――公武結合王権論をめぐって」大津透編『王権を考える』山川出版社
町田　章、一九八八年「三雲遺跡の金銅四葉座金具について」『古文化談叢20　上』
松木武彦、一九九六年「日本列島の国家形成」植木武編著『国家の形成』三一書房
松木武彦、一九九七年「ヤマト政権成立の背景」『卑弥呼誕生』大阪府立弥生文化博物館
村上恭通、一九九八年『シリーズ日本史のなかの考古学　倭人と鉄の考古学』青木書店
森貞次郎、一九七六年『北部九州の古代文化』明文社
若林邦彦、二〇二〇「気候変動と古代国家形成・拡大期の地域社会構造変化の相関――降水量変動と遺跡動態から」中塚武ほか編『気候変動から読みなおす日本史３　先史・古代の気候と社会変化』臨川書店

挿図引用文献

岩永省三、二〇一〇年「弥生時代における首長墓の成長と墳丘墓の発達」『九州大学総合研究博物館研究報告』8
大塚紀宜、二〇〇八年「中国古代印章に見られる駝鈕・馬鈕の形態について」『福岡市博物館研究紀要』第18号
小田富士雄、一九九三年『倭国を掘る』吉川弘文館
川口陽子、二〇〇六年「鍬形石の起源をさぐる——現状と展望」『七隈史学』第7号
木下尚子、一九九六年「古墳時代南島交易考——南海産貝釧と貝の道を中心に」『考古学雑誌』81巻1号
野島　永、二〇〇九年「鉄器の生産と流通」『弥生時代の考古学』6、同成社
福岡市博物館、二〇一五年『新・奴国展——ふくおか創世記』
三浦俊明、二〇〇五年「車輪石生産の展開」『待兼山考古学論集　都出比呂志先生退任記念』大阪大学考古学研究室

コラム　副葬や埋納の捉え方

弥生時代の青銅祭器は埋納された状態で出土するのが普通である。埋納(本章、注10参照)という行為一般は地域や時代を問わずに行われ、動機も宗教的とは限らないが、日本では弥生青銅祭器で特に盛行した。他方、墓への貴重財の副葬は弥生・古墳時代に盛行した。副葬や埋納を、「供儀」「贈与」「ポトラッチ」「財の浪費」といったキーワードから捉える説が日本考古学界で増えている。これらの概念はそもそも宗教学・民族学・社会学に由来し、青銅器の埋納や高塚墳の築造といった事象の評価に対する適用も日本の文献史学や欧米の考古学が先行する。これらの概念への理解を深めておくのは、副葬や埋納の評価に役立つだろう。

供儀とは、儀式中に殺害されるものによる媒介で聖なる世界と俗世を繋げる[モース・ユベール、一九八三]、あるいは物を破壊し、神・聖霊へ贈与・譲渡することで危険を避け返礼を期待する[モース、一九七三]ことと解されている。ヨーロッパ考古学では青銅器を湖沼へ投入する事例を供儀と捉えているようだ。弥生の青銅器埋納は、丁重に行われており、破壊とはみなしがたい。青銅祭器が破壊されるのは、祭祀が終焉を迎え、祭器を青銅素材として再利用するためにバラバラに壊す場合である。

ポトラッチとは、北米の北西海岸の原住民や北極圏のイヌイットの風習で、経済的に豊かな首長・富者が、財産を周期的に分配し蕩尽することである[モース、一九八一]。モースは、誇大な競争・闘争、富の破壊の交換を本質的要素とし、極端な競合的側面を重視した[モース、一九七三]。威信・名誉の獲得のための儀礼的・競合的交換はメラネシア、パプア・ニューギニア、ミクロネシア、ポリネシアなどに広く見られるが、集団間の敵意を克服して同盟を強固にする［デュバル、一九七四］、あるいは潜在的に敵対的な近隣集団に自集団の領域と権利を認めさせる［ゴドリエ、一九七六］と評価されており、モース説とは異なる。モースがポトラッチの典型としたクワキウトル族の「競覇型」の例は、白人社会との接触によるウール毛布の大量流入に起因する財の過剰消費の結果、戦争の代替物に堕したもの［バール、一九八〇］とすれば、儀礼的交換の典型例には相応しくない。

財の浪費は、供儀・ポトラッチ・奉納・副葬に共通して伴う事象である。その機能として、①少数の者への過大な富の集中を抑制し、不平等に起因する社会的緊張を緩和し集団の団結を促進する機能、それとは逆に、②首長や富裕層の政治的経済的優位性を保全・再確認して既存の富の不均衡を維持する機能、の両極を考え得る。後者の場合は「ほどほどの浪費」に留まるのだろう。墳丘墓の造営や高価な副葬品の納置は後者にあたるであろうが、被葬者本人の財や地位の指標というより、その後継者つまり葬儀主宰者の地位の顕示・確認に使われる面が強いであろう。

考古学界では、墓への副葬や青銅器埋納をポトラッチ的浪費とみなす説が一般化している。青銅器祭祀が、祭器を埋納してしまう点で財の浪費的意味を持つにしても、その祭祀が、集団全体の利益を目指し首長の政治的・経済的突出を抑制する機能を果たしたのか、逆に、首長個人の威信のために首長の突出を促進する機能を果たしたのか、截然と白黒を付け難いにしても、どちらに比重がかかっていたのかに議論の焦点がある。

弥生時代の青銅器などの貴重財の副葬も祭器埋納も、ともにエリートの戦略に基づく財の浪費であるため、意義は等しいと解する説［桑原、一九九五］がある。弥生時代後期の近畿中部では副葬品を多く収めた墓が乏しいが、銅鐸埋納は盛んである。祭器は集団の共有物ではなくエリート個人の所有物であり、青銅器祭祀はエリートによる集団支配の手段である。そのため厚葬墓が無い近畿中部でも、大型墳丘墓が多くみられる諸地域と同様にエリート層への権力の集中が認められる、という主張になろう。また、青銅器などの器物埋納が卓越する時期と墳墓の造営が盛行する時期が交互に現れることから、いずれも社会統合のためのシンボルであり、その交代に過ぎないとみなす説[松木、一九九七]もある。

◉岩永省三「青銅器祭祀とその終焉」金子裕之編『日本の信仰遺跡』雄山閣、一九九八年
◉岩永省三『古代国家形成過程論――理論・針路・考古学』すいれん舎、二〇二二年
◉ゴドリエ・M、山内昶訳『人類学の地平と針路』紀伊国屋書店、一九七六年
◉デュバル・C、宮島喬訳「原典への回帰」『マルセル・モースの世界』みすず書房、一九七四年
◉ファン・バール・J、田中真砂子・中川敏訳『互酬制と女性の地位』弘文堂、一九八〇年
◉モース・M、有地亨・伊藤昌司・山口俊夫共訳「贈与論――太古の社会における交換の諸形態と契機」『社会学と人類学I』弘文堂、一九七三年
◉モース・M、宮本卓也訳「エスキモー諸社会の季節的変異に関する試論――社会形態学的研究」『エスキモー社会』未来社、一九八一年
◉モース・M、ユベール・H、小関藤一郎訳「供儀の本質と機能についての試論」『供儀』法政大学出版局、一九八三年

ヤマト王権の威信財とレガリア

辻田淳一郎

はじめに

本章は、主に弥生時代を扱った前章の内容を受けて、古墳時代における王権および威信財とレガリアの問題を扱う。古墳時代は、「前方後円墳の時代」[近藤義郎[1]、一九八三]とも呼ばれ、近畿地域を中心とした巨大前方後円墳の成立と展開をもって特徴付けられる時代である。前方後円墳そのものについては、本シリーズ第I期の『前方後円墳』(二〇一九年)で詳細に検討されており、そちらをあわせてご参照いただきたいが、ここではあらためて古墳時代の特徴と時代背景について確認しておきたい。前方後円墳は三世紀前半から中頃に出現し、五世紀には東北南部から九州南部まで分布が拡大する。西日本では六世紀後半、東日本では七世紀初頭から前半の間に築造が停止し、大型の方墳や円墳へと転換する。七世紀には、近畿における最上位の王墓として八角墳と呼ばれる新たな型式の古墳が創出される(この七世紀の飛鳥時代を考古学では終末期古墳の時代/古墳時代終末期と呼んでいる)。古墳時代は、これらの墳墓モニュメントが列島各地で築造され、その規模や形態の違いにより、近畿を中心とした広域の政治的秩序が表現された時代として特徴付けられている。こうした前方後円墳の築造の停止後に、七世紀代の飛鳥時代を通じて大陸の律令制が導

(1) 近藤義郎(一九二五—二〇〇九)。戦後の日本の考古学を主導した考古学者の一人。岡山大学名誉教授。弥生・古墳時代を中心として、共同体・単位集団論にもとづく弥生集落論や古墳時代への転換過程を研究。『前方後円墳の時代』『日本考古学研究序説』などの著作の他、V・G・チャイルドの『考古学の方法』の翻訳書などの多くの業績が、戦後から現在に至る日本の考古学に大きな影響を与えている。

入され、古代国家が形成された［近藤義郎、一九八三／都出、二〇〇五／和田晴吾、二〇一九］。

古墳時代については、以下のように時期区分を行う。前期：三世紀中葉—四世紀代、中期：四世紀末—五世紀代、後期：六世紀代、終末期：七世紀代。古墳時代前期は、中国の三国時代後半から西晋王朝による統一を経て、その崩壊後の南北朝期（南朝は東晋）にあたる。中期はいわゆる倭の五王の時代であり、当時の倭は中国南朝の宋に遣使を行っている。後期は『日本書紀』でいう継体・欽明朝期を中心とする時代であり、前方後円墳の築造停止と前後する六世紀末には中国では隋による再統一が行われている（五八九年）。古墳時代は朝鮮半島では高句麗・百済・新羅の三国と南部の加耶諸地域が並立・競合する時代であり、列島各地の諸集団と活発な交流が行われている。

この時代を特徴付けるもう一つの点は、前期・中期・後期それぞれの古墳における副葬品の種類の多様性とその時期的な変遷である。その中から、王権を象徴するレガリアも出現したものと考えられてきた。

古墳時代の近畿地域における政治権力について、ここでは広い意味でヤマト王権と呼ぶが、ヤマト王権は大陸の中国王朝や朝鮮半島の諸政体に対する対外的な交渉の窓口であると同時に、列島の中での政治的な中心でもあった。ヤマト王権の中で

古墳時代の時期区分

前期	3世紀中葉～4世紀代
中期	4世紀末～5世紀代
後期	6世紀代
終末期	7世紀代

はどのように「王」が位置づけられ、そこにおいて威信財やレガリアはどのような役割を果たしたのか。本章では、レガリアの歴史的な出現過程について、主に考古学的な観点から考えてみたい。

1　王権・レガリア・威信財

王権とレガリア

本章で古墳時代の王権・レガリア・威信財を論ずるにあたって、はじめにレガリアと威信財という二つの用語について整理しておきたい。

吉村武彦の本書序論「〈古代王権〉を考える」にもあるように、レガリアとは王位の標章となる宝器（神器）を指すと考えられている。山本幸司は、レガリアとは、王権や王の特権そのものを指す場合と、王家の標章あるいは即位式の装飾を指す場合の二通りがあることを指摘している［山本幸司、二〇〇三］。後者はその帰属が王権の正統性を示すものともなる。ヨーロッパの王権などにおけるレガリアの具体例として、王冠・笏（しゃく）・杖・剣・指輪・マントなどが挙げられている。ここで注意されるのが、これらの器物が古い由緒のあるものとはかぎらず、新たに作られたレプリカである場合もあることである。また、全ての王権が特定のレガリアを持つとはかぎらず、レガリアに大きな意義を認めていない王権も存在しており、後述する中国はその事例の一つとされている。山本は、レガリアの意味が大きくなるのは、王権の基礎が不安定になるなど、何らかの形で王権の正統性を確立する必要が生じたときであること、またそのものが伝承されたオリジナルであるか否かではなく、その名称によって一つの伝説なりイメージなりが喚起されることがレガリアの役割であることを論じている[山本幸司、二〇〇三]。

威信財とレガリアの違い

これに対して威信財とは、もともとは経済人類学の用語であるが、階層化が進展した首長制社会において、社会の上位層が贈与・交換を通じてその地位を確認し、また相互の関係を取り結ぶ上で重要な役割を果たす物財と考えられている。人類学者のフリードマンとローランズによる、構造マルクス主義人類学の立場から説明された社会進化学説では、こうした威信財の贈与・交換を通して、広い範囲の首長制社会同士の間で政治的同盟関係が結ばれる仕組みを「威信財システム」と呼んでいる[Friedman and Rowlands, 1977]。こうした考え方は日本の考古学でも適用され、例えば河野一隆、石村智、下垣仁志や筆者なども、古墳時代の鏡をはじめとする副葬品の授受とそれを媒介とした政治的関係の構築という観点から、この威信財システムの概念が有効であることを論じてきている［河野、一九九八／石村、二〇〇四／下垣、二〇一八a／辻田、二〇〇七・二〇一九］。

威信財とレガリアは同じような概念であるが大きく異なる点がある。すでに述べたように、威信財は、入手され、交換され、消費されることを通じて上位層同士の社会的・政治的関係が確認される点で、上位層の間で広く保有される器物である。これに対し、レガリアは王権・王の継承に際して用いられるものであり、階層的にも保有される範囲としても非常に限定された存在である。この意味で、上位層の政治的同盟関係の中から、どのように王権や王がより絞り込まれた形で権力核として出現するのかということと同様に、レガリアが歴史的にどのように出現したか、という点が問題となる。その場合、必ずしも威信財としてすでに存在している器物の中からレガリアが出現するとはかぎらないが、レガリアの由来を考える上ではそれに先行する器物とその意味づけを探ることが必要であろう。

日本古代の王位継承、群臣とレガリア

ここで日本古代の王権とレガリアを考える上での参考として、中国古代のレガリアについて考えてみたい。中国では、周代において「九鼎(きゅうてい)」と呼ばれる青銅製の鼎(かなえ)が存在したとされる。伝承において王権と結びついた儀器（さまざまな儀礼の場で用

いられる道具）であるが、秦の始皇帝の時代に失われ、これ以降は新たに始皇帝が創出した「伝国璽」と呼ばれる御璽（璽綬）[2]が皇帝を表象するレガリアとなったと考えられている［近藤喬一、二〇〇六］。また後漢代までには「皇帝三璽」と「天子三璽」が整備され、あわせて「皇帝六璽」[3]と呼ばれている。金子修一によれば、漢代以来の皇太子の即位で璽綬の授受に触れた例は少ないことから、中国の即位儀礼ではレガリアはあまり意味を持たず、詔書・冊書のような通常の行政に用いられる道具立ての方がむしろ大事であったという［金子、二〇〇二］。一方で、後漢代においては皇帝六璽の中でも「天子之璽」が皇帝の正統性とその権威を示すものとして即位儀礼の場で用いられたとする意見がある［阿部、二〇二二］。またこれらの御璽は漢代から魏晋南北朝時代以降も王朝の変転の中で継承されたことが知られている［田中一輝、二〇一五］。

これに対し、日本の古代では、『日本書紀』の允恭紀以降にレガリアの献上記事が記載されている。そこでは、大化前代における王の即位に際して、群臣による推戴と「璽符」「神璽」の献上が行われ、大王と群臣との間で代がわりごとに相互の地位の確認作業が行われている［吉村、一九九六］（本書序論の**表2**参照）。特に注目されるのは継体紀の記事で、「大伴金村大連、乃ち跪きて天子鏡剣璽符を上りて再拝みたてまつる」とあり、大伴金村が「天子鏡剣璽符」をヲホド王（即位前の継体）に

(2) 天子（皇帝）が用いる印とそれにつける組紐を指す。

(3) 「皇帝行璽・皇帝之璽・皇帝信璽」の三種と「天子行璽・天子之璽・天子信璽」の三種をあわせたもの。前三者が国内向け、後三者が国外向けに君主の地位と権威を示すものとして、それぞれに異なる用途で使用されたと考えられている［西嶋、一九七〇］。

献上したことが記される。この記事は『漢書』文帝紀にある同様の「天子璽符」を含む文章の中に「鏡剣」の文言を挿入したものとされ、主旨としては「鏡剣」を献上したことを述べるものであったと考えられている[大津、二〇一〇]。これとあわせて、宣化紀において「剣鏡」、持統紀において「神璽剣鏡」が登場しているが、レガリアの献上記事すべてで「剣鏡」がみられるわけではない点にも注意が必要である。吉村武彦は、『書紀』の記載においては、どちらかといえば皇嗣が定まっていない場合に、レガリアの献上が行われる傾向があることを指摘しており([吉村、一九九六]および本書序論)、先に挙げた山本の指摘とも呼応している。

　こうした群臣によるレガリアの献上と推戴は、孝徳即位の際に皇極からの譲位が行われたことにより転換することになる。後の律令期においては、神祇令践祚条[4]で、「凡そ践祚の日には、中臣、天神の寿詞奏せよ。忌部、神璽の鏡・剣上れ」と規定されている。律令期以前においては、忌部氏などの特定氏族によりレガリアが献上されたというよりは、上述のように「群臣」による献上であったものと考えられており、この点が大化前代の大王権力の継承を考える上で重要となる[井上、一九八四/岡田、一九九二/吉村、一九九六]。特に持統の即位に際して、群臣によるレガリアの献上と推戴から践祚条のような形態へと変更が加えられたものと考えられている[吉村、一九九六]。また神祇令践祚条には玉が含まれないことから、神器は鏡・

(4) 律令において、神祇令は、国家祭祀の大綱を定めたもの。この中に、即位儀礼や大嘗祭について定めた規定がある。践祚とは、天皇の位を受け継ぐことを指す。

剣の二種が基本で後に玉が加えられたとする見方がある。黛弘道は、公式令(くしきりょう)天子神璽条(5)にみえる「天子神璽」には神祇令の「神璽の鏡・剣」は含まれず、それだけで単独の実体を示していると考えられることから、これがいわゆる八尺瓊曲玉(やさかにのまがたま)を指すのではないかと論じている[黛、一九八二]。

これらの記録にみられるレガリアは、「剣鏡」など、古墳時代以前から存在する副葬品と共通する。こうした点をふまえ、以下ではまず古墳時代における各種副葬品の変遷を検討した上で、上記のような「レガリア」が歴史的にどのように出現したと考えられるかについて、考古学的な資料をもとに考えてみたい。

(5) 律令において、公式令は、公文書や法令の施行細則を定めたもの。この中の天子神璽条には、内印(天皇御璽)・外印(太政官印)などの印章とともに、「天子神璽」の記述がある。

2　古墳時代の威信財授受と世代間継承

古墳時代の副葬品の種類と変遷

古墳時代においては、埋葬施設・副葬品の種類に時期的な変遷が認められる[和田晴吾、二〇一九]。主な副葬品の変遷について大枠として示すならば、以下のように整理することができる(**図1**)。

前期(三・四世紀):鏡・装身具類・腕輪形石製品・鉄製武器類

中期前半（四世紀末—五世紀前半）：（鏡）・装身具類・鉄製武器類・鉄製武具類
中期後半（五世紀後半）：鏡・装身具類・鉄製武器類・鉄製武具類・金銅装馬具類
後期（六世紀）：鏡・装身具類・鉄製武器類（装飾付大刀含む）・鉄製武具類・金銅装馬具類

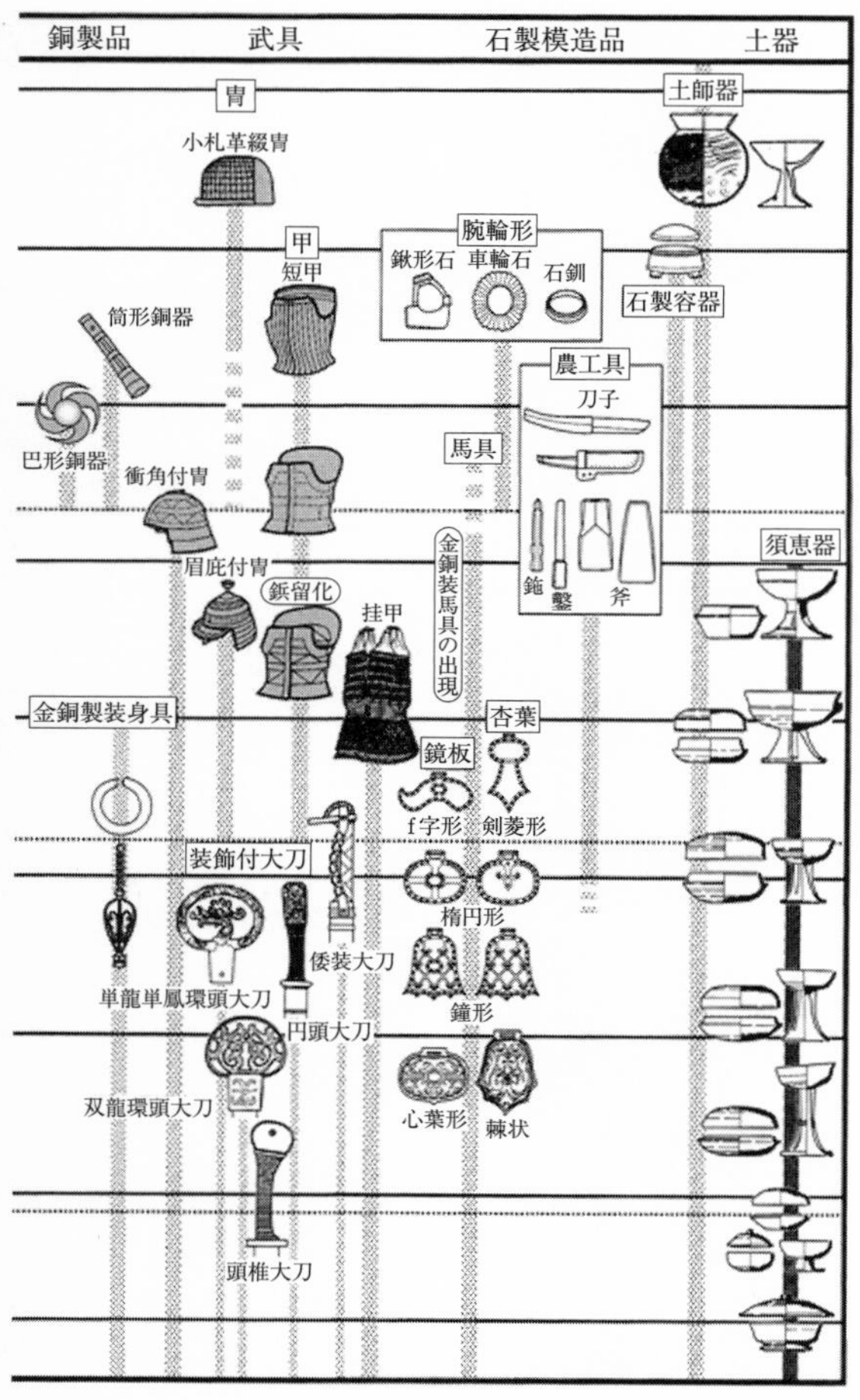

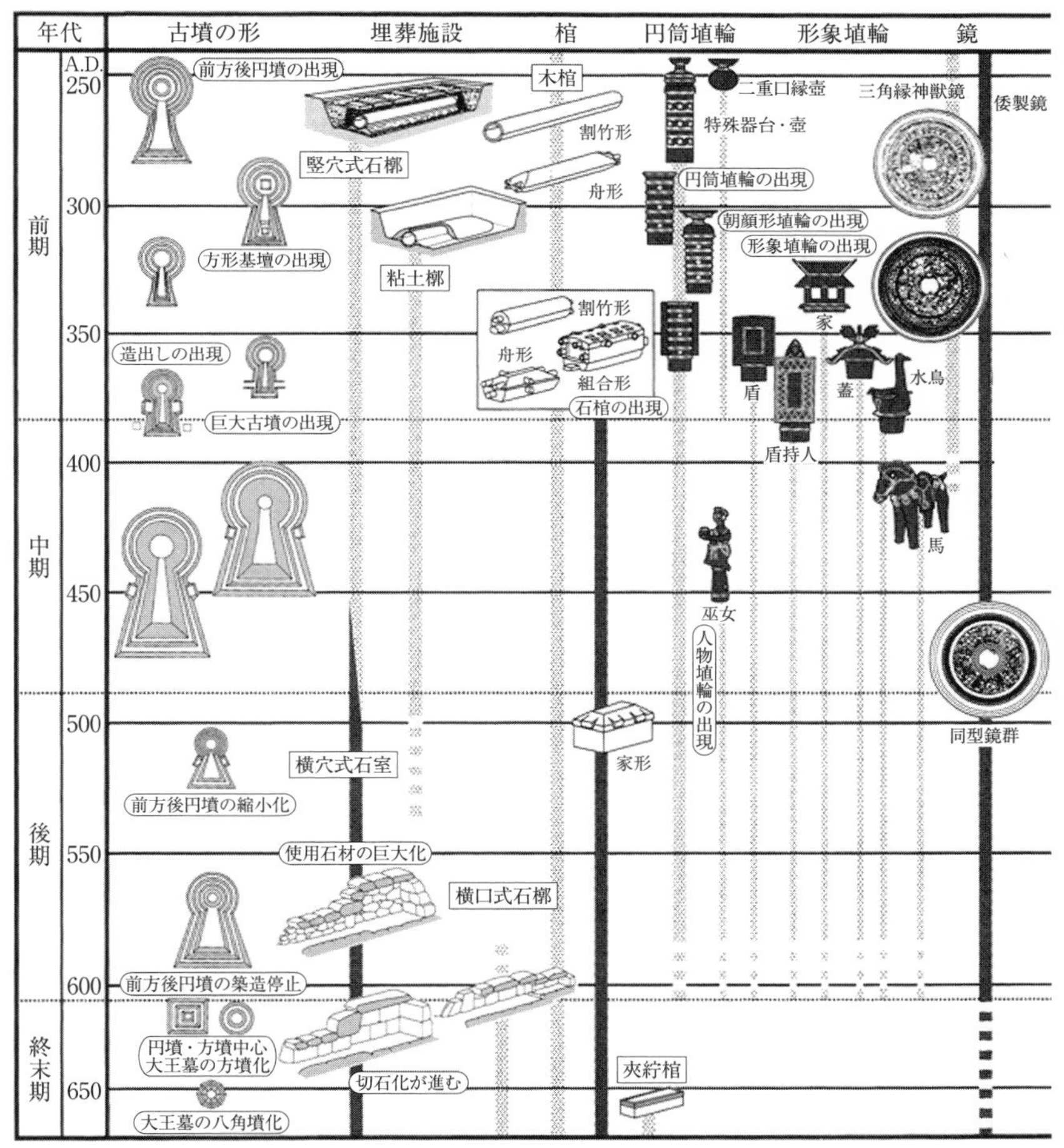

図 1　古墳と副葬品の変遷([大阪府立近つ飛鳥博物館編，2021]より改変)

それぞれの器物の種類ごとにさらに詳細な変遷を見出すことができるが、ここではまず時期ごとにみられる品目の構成の違いが何を示すのかについて考える。

前期においては、青銅鏡や装身具類・腕輪形石製品(6)といった、遺体の保護などの意味が込められたと考えられる器物が多く用いられている。また鉄製刀剣類や弓矢などについても、青銅製や石製の非実用的な鏃の存在などから、実用的な軍事的機能によってというよりは、同様に象徴的な意味において遺体の傍らに副葬されたものと考えられている。この中でも特に鏡や腕輪形石製品は、遺体の周辺に多量に副葬される事例が多い点が注目される。また装身具類は、列島の翡翠製勾玉や朝鮮半島から舶載されたと考えられる石製の管玉、ガラス製の小玉などが組み合わせて用いられている[大賀、二〇一三/谷澤、二〇二〇]。玉類は、材質や産地等が変化しながらも古墳時代後期まで一貫して副葬が継続した器物であり、この点で他の器物との違いがある。

これに対して、中期になると、前期にみられた鏡や腕輪形石製品などの器物の副葬が大幅に減少する(特に後者はこの段階で生産・流通・副葬がほぼ終了する)。これらと入れ替わるように古墳に多量に副葬されるようになるのが鉄製の武器類・武具類である。武器類は鉄製の刀剣類・鏃類で、武具類は帯金式甲冑と呼ばれる眉庇付冑・衝角付冑、また三角板ないし長方板革綴・鋲留短甲などを主体とする。中期

(6) 碧玉・緑色凝灰岩などで製作された、石釧・車輪石・鍬形石の三種からなる石製品。南島産のイモガイやゴホウラ製の腕輪を石材で模して製作したものと考えられている。

前半においては、これらの鉄製武器類・武具類が古墳において多量に副葬される点が特徴である。ここでいう「多量」とは、一つの古墳や埋葬施設に対して、複数の甲や冑などが副葬されることを指しており、いわば一人の被葬者に対する副葬品にしては多すぎるほどの武器類・武具類が副葬されるのである。特に中期の大阪府百舌鳥・古市古墳群では大型前方後円墳の周辺に築造された小型の方墳（陪冢と呼ばれる）などで多量の武器類・武具類が副葬される事例がみられることから、大型古墳の被葬者を護衛する親衛隊などの軍事組織を想定する見解や、前期と同様、多量の器物はあくまでも墓への副葬品であり、必ずしも実用的な意味合いを示すとはかぎらないという見解などがある［田中晋作、二〇〇一／松木、二〇一九］。いずれにしても中期前半においては、こうした鉄製武器類・武具類が多量に副葬されることによって、被葬者の階層性などが示されたと考えることができる。

中期後半になると、一度副葬が下火となった鏡が再び主たる副葬品として用いられるようになる。また多量に副葬されていた鉄製武器類・武具類は、一人一セットの甲冑類になる［川畑、二〇一五］。あわせて、中期前半から少しずつ普及が始まっていた馬具類の副葬が活発に行われる。またこの時期には、鉄製刀剣類の中で、埼玉県稲荷山古墳の鉄剣や熊本県江田船山古墳の鉄製大刀（**図2**参照）のように、金や銀の象嵌により「治天下」「大王」の銘を記したものも出現する。

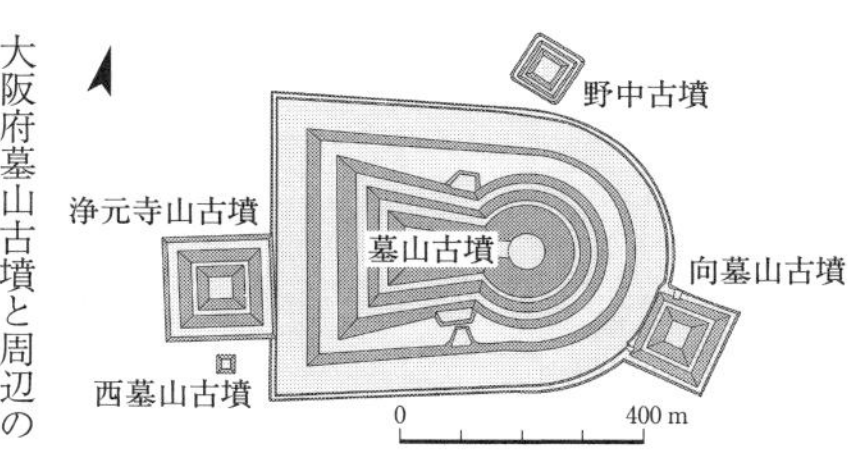

大阪府墓山古墳と周辺の陪冢［大阪府立近つ飛鳥博物館編、二〇一一］

後期になると、鏡の副葬は継続するが、後期中頃を境として生産・流通が減少する。鉄製武器類・武具類の副葬も継続するものの、中期に特徴的であった帯金式甲冑類の副葬が大幅に減少し、小札甲（こざねよろい）と呼ばれる甲などが一部の上位層に限定される形で副葬される。また鉄製刀剣類の中で剣の割合が減少し、大刀の副葬が主体となる。その中で、特に握り手の部分（把手）の飾金具が発達し、全体を金銅などで飾り立てた装飾付大刀と呼ばれる大刀が副葬されるようになる。それとも歩調を合わせるように、金銅製の装飾を施した壮麗な馬具が副葬され、馬に騎乗した武人といった装いが想起される上位層の墓が増加する。また装身具として金銅製・銀製などの耳環（じかん）が広い階層で副葬される。あわせて中期までは石製・ガラス製の玉類が広く用いられていたが、後期になると、近畿地域の上位層を中心に空玉（うつろだま）と呼ばれる金属製で中空の玉類とガラス製の玉類が副葬されるようになる［町田、一九九七］。

七世紀になると、古墳を新たに築造する階層が上位層に限定されるようになり、群集墳や横穴墓などに埋葬される階層ではそれ以前から存在する墓への追葬などが行われる。そこでは七世紀以前から副葬品に用いられていた器物が副葬されるが、この過程で、古墳時代を通して副葬された鏡・装身具類などは、地上から次第に姿を消していったものと考えられる。特に鏡や石製勾玉などは、後期後半以降では近畿の上位層の古墳においても副葬品の主要品目ではなくなっていく点に注意を喚起

小札甲（福岡県山の神古墳出土、復元品、松崎友理製作・監修、［松崎、二〇一五］）

金銅装馬具の馬装復元図（福岡県山の神古墳Bセット、［桃崎、二〇一五］）

しておきたい。

以上のように古墳の副葬品の種類について時期的変遷を概観したが、時期によって、以前に存在していた器物が副葬品でなくなり、逆に新たに出現する器物などが存在することがわかる。

古墳時代における各種副葬品の生産・流通と「威信財」

これらの副葬品の製作地は、種類によって異なるが、大きくは列島(近畿)・大陸(中国王朝とその周辺)・朝鮮半島に分かれる。具体的には、鏡は中国製と列島製がある。鉄製武器類・武具類は大陸・半島からの舶載品とそれをもとに列島で大量生産されたものがあり、後者が主体である。装身具類のうち玉類は半島・列島産の両者が用いられる。腕輪形石製品や石製玉類は、山陰や北陸で石材原産地や製作地が見つかっている。馬具類は当初は舶載品で、ほどなくして半島の先進的な技術をもとに列島で生産されるようになる。この中で列島で生産されたと目される倭製鏡や鉄製武器類・武具類、馬具類などの金属製品については、具体的な生産遺跡は不明な場合がほとんどであるが、奈良盆地もしくは大阪平野周辺といった近畿中央部において、近畿地域の政治権力による直接的管理の下に生産が行われたと考えられている。

これらの副葬品で共通するのは、その多くが近畿を中心として分布し、各地に拡散する動きを示す点である。このことは、これらの各種器物の製作地や入手元が大陸や半島といった列島の外部であるか、また列島の内部でも近畿か近畿以外の地域であるかに関わらず、多くの場合は近畿地域がその流通の中心地であったことを意味しており、ひいては、各種器物に関して近畿地域の政治権力による生産・流通の独占とコントロールが行われた可能性を示唆している。

では、これらの副葬品は全て「威信財」と考えてよいものであろうか。筆者は、答えはイエスでもありノーでもあると考えている。というのは、これらの副葬品は、広い意味では威信財としての性格をもちながら古墳時代を通して使用されるものの、先にみた「威信財システム」という観点からは別の理解が可能であるためである。具体的には、これらの威信財の入手・使用・消費に依拠した政治的関係とその再生産を前述の威信財システムと考えるならば、そのような意味で威信財システムと呼べるのは古墳時代の前・中期であり、後期の特に中葉以降は、威信財システムというよりは、近畿地域を中核としながら、各地の有力者を介したヤマト王権による間接支配へと転換したものと考えられる。これは、六世紀中葉の「筑紫君磐井の乱」(7)などを契機として、列島各地にミヤケ(8)が設置されたことにより、それを介した地域支配が行われるようになる、という考え方にもとづくものである。ただ、従来から

(7)『日本書紀』や『古事記』に記される、九州の有力豪族・筑紫君磐井とヤマト王権との間で、五二七―八年頃に起こったとされる武力衝突。朝鮮半島との交流の窓口をめぐる争いでもあり、この結果、ヤマト王権による外交へと収斂されたと考えられている[森公章、二〇一一]。

(8)ヤマト王権が各地に設置した政治的・軍事的拠点とされ、これによりヤマト王権の間接支配が進んだものと考えられている[舘野、二〇〇四]。

(9)小林行雄(一九一一―一九八九)。戦前から戦後にかけて日本の考古学を主導した考古学者の

存在した副葬品各種の授受は継続して行われるため、威信財システムからは転換していたとしても、威信財的なものはその後も使用され続ける、という理解が可能である。ここでは、これらの副葬品がその意味で威信財的な性格を保持しつつ、古墳時代を通して利用されているという点をふまえて論を進めたい。

威信財の流通形態と世代間継承の原理

これらの副葬品の流通に際しては、近畿から各地に対して使臣により贈られたといった「下向型」と、列島各地の集団が近畿に使者を派遣もしくは直接赴くなどして入手し、地元に持ち帰る「参向型」といった、大きく二つの可能性が想定されてきた[川西、二〇〇〇]。小林行雄[9]や川西宏幸は、前期の三角縁神獣鏡の「配布」などに際して前者の「下向型」を想定しているが[小林、一九五九/川西、二〇〇〇]、近年では、近畿を挟んだ列島の東西で各種器物の型式や構成などが共通する場合が多いことから、むしろ古墳時代を通じて後者の「参向型」が一般的であったと想定する論者が増えている[下垣、二〇〇三/森下、二〇〇五/辻田、二〇〇七など]。他方、中期後半以降の鏡などについては、後述する「人制」などの観点から「参向型」の授受が想定されている[10][川西、二〇〇〇/辻田、二〇一八]。いずれの場合も、近畿周辺の集団はもとより、列島各地の人々が各種器物を求めて近畿地域まで赴いたこと

一人。京都大学名誉教授。三角縁神獣鏡の同笵鏡分有関係や伝世鏡の考え方から古墳の発生の歴史的意義や大和政権の勢力拡大過程を論じた『古墳時代の研究』をはじめ、その研究成果の多くが弥生・古墳時代研究に現在も大きな影響を与え続けている。

(10) これ以外にも、列島各地の諸集団から、王権への服属の証として器物が献上された、とする意見もある。鏡についても文献史料からそうした可能性が想定されているが[横田、一九五八]、鏡をめぐる文献の記述を集成した下垣は、考古学的には「参向型」が主流であり、文献の記録とはズレがあることを論じている[下垣、二〇一八b]。

になる。その結果、各種器物が広く拡散することになったが、こうした近畿と列島各地の結びつきはどのようにして可能となったのであろうか。

結論から述べるならば、上記の副葬品が近畿を中心として広域に拡散したのは、近畿地域の側および列島各地の地域社会の側の双方にメリットがあり、両者がその結びつきを求めたためと考えられる。列島各地の集団が近畿地域に使者を派遣するなどして各種副葬品を入手し、地元に持ち帰るというあり方は、例えば『魏志』倭人伝に記されるところの、卑弥呼が魏王朝に使いを派遣し、「親魏倭王」の称号とともに「銅鏡百枚」や「五尺刀二口」を賜与された後、列島に持ち帰った方式と共通している。すなわち、近畿地域の政治権力は、中国の支配方式を模倣・導入した可能性がある［川口、一九九三／岡村、二〇〇一／下垣、二〇一一］。

一方の地域社会の側では、古墳の副葬品の組合せが古墳の年代の指標となるような時期差を示す場合が多いことから、各世代ごとの入手・使用・消費が行われるものと考えられる［都出、一九七〇／近藤義郎、一九八三］。別の言い方をすれば、古墳被葬者となるような地域の上位層の代替わりに伴い、先代の上位層が亡くなった際にはその世代に入手された副葬品が古墳に副葬され、新たに集団の代表者となった上位層は、新たに副葬品を入手することが行われたとみることができる。

この背景として考えられるのが、古墳時代の親族関係と世代間継承の論理である。

かつては、古墳時代の親族関係は父系継承と考えられていたが、出土人骨の形質人類学的・骨考古学的分析の結果、古墳時代前期から中期にかけては、同世代の血縁関係をもった親族(キョウダイの場合が多い)が同墓埋葬される事例が基本であり、継承が父系・母系に限定されない双系的親族関係であったこと、また大陸・朝鮮半島のイデオロギーの影響を受け父系化が進展するのが中期後半以降であることが、田中良之により明らかにされている[田中良之、一九九五]。前者の双系的親族関係にもとづく埋葬原理を田中は「基本モデルⅠ」と呼んでいるが、この基本モデルⅠにおいては、上位層の代替わりに際して、男子・女子にかぎらず次世代の代表者となり得る人物の選択肢が広がるため、世代間継承が不安定となる。この点を背景としながら、各地における上位層の代替わりに際して、新たに集団の代表者となる人物は、近畿地域とのつながりをもつことにより各種の副葬品を入手し、自らの地位を正当化することが必要とされたと考えられる。あわせて、近畿地域の政治権力との政治的結びつきを象徴するものとして列島各地で古墳の築造が行われ、それを通じて近畿地域を中心とする広域の政治的ネットワークに参加していることが視覚的に示された。この結果、近畿を中心として各種器物が広域に拡散したと考えられる[辻田、二〇〇七・二〇一九]。この過程で、近畿地域の求心性は著しく高まっていった。こうした副葬品の入手・使用・消費とそれと連動する古墳の築造は、三・四世紀の前期と五世紀代の中期を通して、副葬品として用いられる器物の変遷はありながらも基本的には同様の論理で展開したものと考えることができる。

親族関係の父系化と個人への贈与

この後、上述のように、五世紀の半ば以降、倭の五王の遣使や朝鮮半島諸政体との交流を通じて、父系イデオロギーの導入が行われた結果、列島の上位層においても、父系直系の世代間継承が重視されるようになったと考えられている。この結果、古墳被葬者における男性の比率が増加し、家長としての男性とその子どもたちが同じ墓に埋葬されるようになる。前述の田中はこれを「基本モデルⅡ」と呼んでいる［田中良之、一九九五］。こうした基本モデルⅡのような継承のあり方は、田中が主に用いた九州の事例のみならず、近畿地域周辺においても概ね共通することが認められている［清家、二〇一〇］。この結果として、それまで威信財の授受は各地の上位層を代表とする地域集団に対して行われていたが、それに加えて、上位層を構成する古墳被葬者個人に対しても行われるようになった。具体的には、特に五世紀の後半以降は、埼玉県稲荷山古墳出土鉄剣や熊本県江田船山古墳出土大刀の銘文（図2）にみられるように、「杖刀人（じょうとうじん）」「典曹人（てんそうじん）」といった形で大王に奉仕する「人制」(11)［吉村、一九九三］などを媒介として、王権中枢に上番した各地の上位層が個人的に威信財を

(11)「杖刀人」は「刀を持つ人」、「典曹人」は「曹を典（つかさど）る人」を表し、それぞれ武官・文官的な職能の人々を指すものと考えられている。これらの「＊＊人」の職能名を持つ人々が王権に仕える仕組みを「人制」と呼んでいる［吉村、一九九三・二〇一〇］。

贈与され、各地に持ち帰って副葬するというあり方が出現する［辻田、二〇一八］。こうした授受の方式を通じて、近畿を中心として、威信財が列島各地に広域に拡散する仕組みが定着したと考えられるのである。

またこの五世紀中葉から後葉の時期においては、千葉県稲荷台一号墳出土大刀における「王賜」の銘文や、先述の稲荷山古墳出土鉄剣・江田船山古墳出土大刀にみられる「治天下」「獲加多支鹵（ワカタケル）大王」の銘文のように、「王」や「大王」が王の中の王、あるいは唯一の王として記述される事例が出現する点が注目される。こうした「王」や「大王」への仕奉とともに各地に流通した上述の各種副葬品が威信財であってレガリアとは異なると考えられるのは、列島各地への広域拡散という特徴が認められることによる。レガリアは、その存在と継承が王権中枢に限定され、広域に拡散することはない。

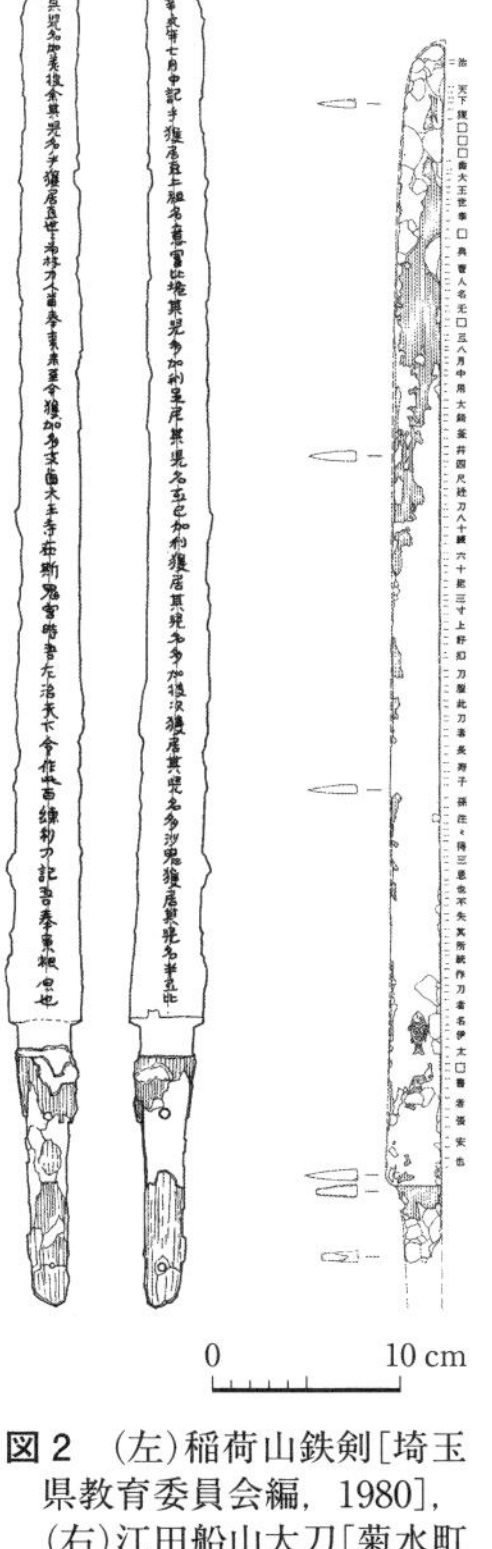

図 2　(左)稲荷山鉄剣［埼玉県教育委員会編，1980］，(右)江田船山大刀［菊水町史編纂委員会編，2007］

この点に関連して付言するならば、威信財の特徴として広域流通という点が認められるとした場合も、逆に広域流通するからといってそれらが威信財であるとはかぎらない。一例として、前章で岩永省三によって検討されている弥生時代の広形銅矛や銅鐸などの青銅器が挙げられる。これらはいわゆる共同体祭祀で用いられた祭器であり、ある生産地から広域に渡って流通したとして、そのことが必ずしも特定の政治権力の主体と結びつく形で政治性を帯びたことを意味するとは考えられない[岩永、一九九八]。またこれらの青銅祭器は、同じような大きさ・形態のものが広く共有されるという特徴がある。これに対して、古墳時代の鏡などは、大きさや文様の違い、また面数の多寡によって格付けが志向される。こうした器物そのものの差異化に基づく格付け・序列化といった点が威信財の特徴の一つともいえよう。

この意味で、古墳時代に主要な副葬品として用いられた青銅鏡や装身具の玉類、鉄製武器・武具類、馬具類などは、いずれも広域流通し、それ自体で格付けを表現する点で威信財としての性格がつよいことが確認できる。他方で、それらの器物の中には、広域に拡散するだけでなく、王権中枢で保管・継承されたと考えられるものも存在する。その代表的な器物の一つが青銅鏡である。ここではこれらの鏡に注目して検討を行いたい。

3　古墳時代の鏡――王権中枢で継承される器物とレガリア

古墳時代――古代の鏡の種類と変遷

古墳時代から古代における鏡の変遷は、以下のように整理できる[辻田、二〇一九]。

前期：中国鏡(後漢鏡・魏晋鏡)・倭製鏡
中期：中国鏡(同型鏡群)・倭製鏡
後期：中国鏡(同型鏡群)・倭製鏡
飛鳥：初期隋唐鏡

古墳時代前期の列島から出土する中国鏡は、主に後漢鏡・魏晋鏡であり、製作地について諸説ある三角縁神獣鏡も基本的にはこちらに属すると考えられている。それとは別に中国鏡をモデルとして列島で生産された倭製鏡がある。

中期になると、前述のように鏡の流通や副葬が一時的に下火となるが、中期中葉以降、同型鏡群と呼ばれる中国鏡と倭製鏡の副葬が再び活発化する。後期にもこれらの副葬が継続するが、後期後半になると再び鏡の流通や副葬は減少し、基本的には前方後円墳の築造が停止する後期末には古墳時代に一般的であった種類の鏡の副葬は終了したものと考えられる。

その後、七世紀の飛鳥時代以降には、遣隋使や遣唐使を通して新たに大陸からもたらされたと考えられる、初期隋唐鏡が終末期古墳に副葬される事例も散見される。数は少ないが、奈良県高松塚古墳に副葬された海獣葡萄鏡などはその具体例である（**図15**参照）。海獣葡萄鏡を含めた初期隋唐鏡に関しては後に検討する。

前期の鏡と中期における鏡文化の再興

前期の三角縁神獣鏡や倭製鏡は、当該時期を代表する威信財である。三角縁神獣鏡は、面径の平均が二二センチ前後で、非常に規格性の高い大量生産品であり、京都府椿井大塚山古墳や奈良県黒塚古墳のように、一つの古墳に三〇面以上副葬する事例も知られている（**図3**）。これらの三角縁神獣鏡については、製作地は未確定ながら、製作の系譜は華北および中国東北部に求められ、卑弥呼の魏への遣使に伴い特別に製作され、賜与されたものとする説が有力である[福永ほか、二〇〇三／福永、二〇〇五a／岡村、二〇一七／岩本、二〇二〇]。またこれとは別に、後漢鏡や魏晋鏡などの中国鏡もこの時期に近畿地域に流入し、列島各地に流通したものと考えられている。他方の倭製鏡は、種類の違いとともに面径一〇センチ前後の小型鏡から面径二五センチ以上の超大型鏡まで大きさの格付けがあり、古墳被葬者の地位に応じて選択的な贈与が行われた。特に超大型鏡は近畿周辺の大型古墳に副葬が集中する

図 3　三角縁神獣鏡(面径 22.0 cm，奈良県黒塚古墳 25 号鏡，[奈良県立橿原考古学研究所編，2005])

図 4　倭製鏡の超大型鏡(面径 37.6 cm，奈良県下池山古墳出土，[奈良県立橿原考古学研究所編，2008])

図 5　鼉龍文盾形銅鏡(長さ 64 cm，奈良市教育委員会所蔵，エックス線撮影＝奈良県立橿原考古学研究所，[村瀬，2023])

という傾向がある（**図4**）［下垣、二〇〇三・二〇二二／辻田、二〇〇七・二〇一九］。奈良県行燈山古墳から出土した大型の銅板や、二〇二二年に奈良県富雄丸山古墳から出土した鼉龍文盾形銅鏡（**図5**）なども、こうした倭製鏡の超大型鏡の関連資料として位置づけられる。

図6　画文帯同向式神獣鏡C（面径 20.9 cm，奈良県新沢 109 号墳出土，［奈良県立橿原考古学研究所編，2005］）

これらの鏡は、前期を通して列島各地に広く流通して行き渡った結果、その価値が低下したものと考えられる。河野一隆は、こうした価値の転換に伴う威信財の変化を「威信財システムの更新」と呼んでいる［河野、一九九八］。そしてこの鏡と入れ替わるように中期に威信財の役割を果たすようになるのが、前述の鉄製武器類・武具類である。

ところが、五世紀の中葉前後に再び鏡の副葬が活発化するようになる。それらの鏡を代表するのが、同型鏡群とそれに影響を受けつつ新たに製作された倭製鏡である［森下、二〇〇二］。

「同型鏡」とは、ある原型となる鏡を元に鋳型を複製し、そこから製作された同一文様鏡を指す（**図6**）。鋳型を作る際、原料となる粘土などに原型の鏡を押し当てて型取りするが、足で踏み込む場合もあったことから、この方法で製作された鏡は「踏み返し鏡」とも呼ばれる。この踏み返し技法は、前述の海獣葡萄鏡でも知られており、中国で同一文様鏡を大量生産する方法として用いられている。

同型鏡群が出現する五世紀は倭の五王の時代であるが、この同型鏡群が倭の五王の中国遣使に伴い、南朝の劉宋から賜与された鏡であると考えたのは小林行雄である［小林、一九六五］。その後同型鏡群については、百済製説や列島製説なども提起されているが、川西宏幸や上野祥史、筆者などは、踏み返し技法による大量生産や関連する製作技術などから、中国で製作された可能性が高いと考えている［川西、二〇〇四／上野編、二〇一三／辻田、二〇一八・二〇一九］。倭の五王の中国遣使は五世紀前葉から後葉におよぶが［川本、二〇〇五／田中史生、二〇一三］、同型鏡群の出現時期は概ね五世紀中葉前後であることから、筆者は時期的に倭王済（せい）の遣使に伴い、南朝で倭国向けに特別に生産され、賜与された一群である可能性を想定している。このように鏡が再び必要とされるようになったことの背景には、五世紀代に鉄製武器類・武具類といった、軍事的側面を強調する器物を威信財とする形で地域間関係が取り結ばれたことへの反動として、前期以来の伝統的な鏡を求める需要が高まったことがあるものとみられる。あわせて王権中枢が列島の外部に権威のよりどころを求めた結果として、中国南朝に鏡の賜与を求めたものと考えられる。このようにし

図7　画文帯仏獣鏡B（面径33.6 cm，旧ベルリン民俗博物館所蔵，［梅原，1931］）

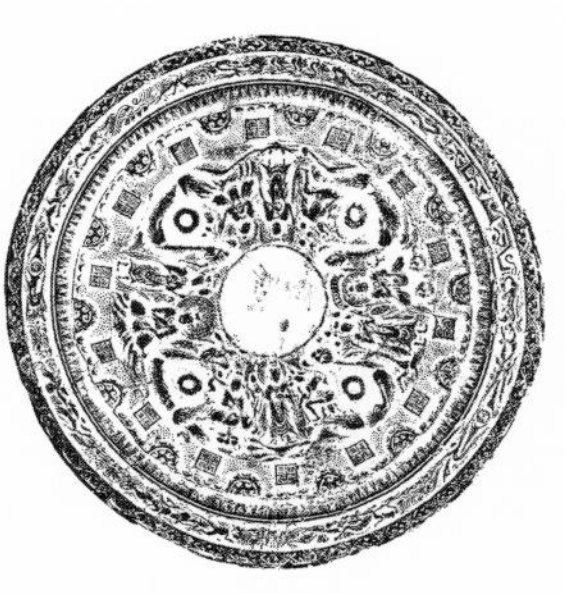

図8　画文帯仏獣鏡A（面径22.1 cm，北京故宮博物院所蔵，［郭玉海，1996］）

て、五世紀中葉から六世紀にかけて、再び鏡の副葬が活発に行われるようになる。同型鏡群の舶載と副葬は、前期以来の鏡文化の再興という側面があったとみられる(12)［辻田、二〇一八・二〇一九］。

同型鏡群の特徴

同型鏡群は現在約三〇種、約一四〇面が知られている。面径一九センチ以上の大型鏡が全体の約七割を占め、最大のものとして画文帯仏獣鏡Bと呼ばれる、外区に文様帯を拡張した資料が知られている（**図7**。旧ベルリン民俗博物館蔵鏡、面径三三・六センチ）。分布は日本列島を中心とするが、朝鮮半島でも、百済武寧王陵出土鏡三面を含む七面の出土が知られている。北京の故宮博物院所蔵鏡（**図8**）などもあり、製作地は不明ながら、上述のように製作技術などから中国南朝で製作された可能性が高いと考えられている。また同一文様鏡は、少ないもので数

(12) この前後の時期には倭製鏡の生産も活発化するが、より古い時期の倭製鏡をモデルとして生産されていることから、これらについてもあわせて伝統的器物の「復古再生」の意味合いが込められているという見方がある［辻田、二〇一八／岩本編、二〇二三］。

面、多いもので一〇面以上ある鏡種がみられるが、その中には、同一文様鏡の面数が二八面という、極端に多くの同型鏡が生産された鏡種もある。画文帯同向式神獣鏡C（図6）として分類される一群であるが、面径二一センチ前後でちょうど前期の三角縁神獣鏡に近い大きさである。

これらの同型鏡群の製作に際して、原鏡として用いられたと考えられるのは、画文帯同向式神獣鏡など、後漢代から西晋代にかけての華北地域で盛行した鏡種であることが判明している。これらは、別の言い方をすれば、古墳時代前期以来、日本列島でも広く流通していた鏡式・鏡種であり、倭人の好みに応じたものであったともいえる。その一方で、先に述べた踏み返し技法による鋳型の製作と鋳造に際しては、踏み返しによる鋳造が繰り返されると文様が不鮮明になったり、面径が数ミリ程度収縮したりするものと考えられている。この点からみた場合、日本列島から出土する同型鏡群は、踏み返し技法による鋳造が繰り返された段階で製作された、文様の不鮮明な一群が大半であることから、いわば粗製濫造品の「末端」の製品が列島にもたらされたとみることができる。逆にいえば、これらの同型鏡群のもとになった「原鏡」はその中にはほとんど含まれていないのであり、これはそれらの「原鏡」が貴重で稀少な存在であったが故に、輸出には供されなかったことによるものと考えられる［川西、二〇〇四／辻田、二〇一八］。

同型鏡群の「原鏡」と由来

これらの同型鏡群の「原鏡」となった鏡は、どのように存在していたのであろうか。これらの原鏡は踏み返し鏡とは異なり、文様の鋳上がりが非常に精緻な優品が多く存在したものと考えられる。踏み返し鏡の生産が五世紀代の南朝の領域でどの程度一般的であったかについては不明な点も多いが、この時代は中国で銅鏡生産が衰退していた時期であり、少なくともこうした原鏡の候補となるような文様の精緻な優品が市中に多く出回っていたとは考えられない[13]。この点をふまえつつ、同型鏡群の原鏡が後漢代から西晋代の華北において用いられた鏡種であること、製作地が南朝であることからすれば、これらの原鏡は、南朝の中枢において保管・継承された「宝器鏡」であるという可能性が浮上する。同型鏡群が倭国からの要望に応えて生産されたという見方からすれば、それらの原鏡が倭国の要望に応える形で選択されたと考えることができる。

この点を具体的に示すのが、画文帯同向式神獣鏡Cの二八面という同一文様鏡の多さである。大きさが二一センチ前後で他ならぬ神獣鏡である点から、当時の倭国が前期の三角縁神獣鏡と同様の性格のものを南朝に求めた可能性が想定される。同型鏡群の他の鏡種とは同一文様鏡の面数が明らかに異なっており、それらとは別の

(13) 上野祥史は、漢代から魏晋南北朝時代において、「古墓」から鏡などの「古物」が発見され、市場に流通した可能性を想定し、これらが「新たに保有が発生した鏡」であることを指摘する。あわせて、西晋王朝の元康五年(二九五)に、武庫の火災で「累代の宝」が焼失したとする『晋書』帝紀の記述を挙げ、王朝の宝器保管の事例を示している[上野、二〇一三]。

大量生産の大型鏡として扱われたものと考えられる。一方で同型鏡群全体の中でもひときわ極大の鏡として、前述の画文帯仏獣鏡B(図7)と呼ばれる一群が製作され、列島の中でも最上位に格付けされた。仏像をあしらった文様は前期の鏡の中では三角縁神獣鏡の一部などにみられるのみで稀少であるが、仏教が盛んであった南朝の価値観が反映されている可能性もあろう。

あわせて南朝の中枢にて保管・継承された「宝器鏡」という問題を考える上で参考になるのが、大阪府の和泉市久保惣記念美術館所蔵の「建武五年銘画文帯同向式神獣鏡」(図9)である。この資料は、南朝斉代の建武五年(四九八)に製作されたと考えられる鏡で、かつて富岡謙蔵[14]が「漢六朝代を通して」「精緻巧妙の極に達したるもの」と評した、当時の東アジアで最高水準の技術で製作された鏡と位置づけられる[富岡、一九二〇]。この鏡には、「晋侯冊命」「宋国太□」といった、あたかも東晋から宋王朝への王朝交代の正当性や、それを製作した斉・明帝の正統性を謳うかのような銘文が追刻されていることなどから、筆者は、この鏡が、後漢代

図9　建武五年銘画文帯同向式神獣鏡(面径 24.2 cm, 和泉市久保惣記念美術館所蔵)

(14) 富岡謙蔵(一八七三—一九一八)。明治・大正期の文人画家である富岡鉄斎の長子で、中国金石学、考古学の分野の業績で知られる。主著『古鏡の研究』は、現在の銅鏡研究の基礎を築いたものであり、三角縁神獣鏡魏鏡説や邪馬台国近畿説をはじめとした学説は、その後の梅原末治・小林行雄らの研究にも大きな影響を与えている。

の画文帯同向式神獣鏡を元にして、官営工房「尚方(しょうほう)」において「王朝の鏡」「皇帝の鏡」として製作されたものと考えている[辻田、二〇一八]。

この建武五年銘鏡は、そうした「王朝の鏡」「皇帝の鏡」の製作に際して参照元となるような後漢鏡が存在したこと、またそれらの後漢鏡が中国王朝の中枢において宝器鏡として継承され、正統性の論拠となった可能性を示すものと考えることができる。そうした事例を踏まえるならば、先にみた同型鏡群の原鏡についても、同様に王朝の中枢で継承された宝器鏡の一部であるという理解が導き出される。これらの宝器鏡が狭義のレガリアに該当するかはともかく(どちらかといえば後述する石上(いそのかみ)神宮や正倉院の伝世品などに近いとみられる)、中国の南朝中枢において限定された存在であったと考えることは許されよう。

列島の王権中枢における同型鏡群の管理・継承

こうした中国王朝における宝器鏡の継承は、日本列島の王権中枢における器物の管理・伝世を考える上で参考となる。日本の古墳時代においては、列島の各地の有力集団内部における鏡の伝世の事例が広く認められるが[森下、一九九八/下垣、二〇一一・二〇二二]、田中晋作は、五世紀代に前期の三角縁神獣鏡が副葬される事例について、奈良盆地東南部の勢力によって保有され、五世紀代に新たに贈与された可能性を説く〔田中晋作、一九八三〕。一方で、王権中枢において伝世されたと考えられる事例も存在し、加藤一郎は、前期の三角縁神獣鏡の文様が六世紀代に製作された倭製鏡のモティーフとして描かれた事例をもとに、王権中枢での伝世を想定する〔加藤、二〇一五〕。器物の種類によっても異なるが、鏡に関しては王権中枢における伝世を想定する論者が増えており〔岩本編、二〇二三／上野、二〇二三など〕、筆者の理解もそれに近い。この点に関連して、上述の同型鏡群は、五世紀中葉から六世紀代にわたって各地の古墳で副葬されるが、五世紀代に流通したものだけでなく、六世紀に新たに流通したと考えられる事例も存在することから、筆者は、上述の同型鏡群が大きく五世紀中葉・五世紀後葉・六世紀初頭—前葉の三段階にわたって列島に拡散したと考えている。この場合、五世紀中葉前後に南朝遣使によってもたらされた同型鏡群が、五世紀後葉から六世紀代に至るまで、王権中枢で管理・継承されたことが前提となるが、この論拠として挙げられるのが、①和歌山県隅田(すだ)八幡神社人物画象鏡、②奈良県藤ノ木古墳の同型鏡群の副葬事例の二点である。

①は、先の稲荷山古墳出土鉄剣や江田船山古墳出土大刀と並んで古墳時代の文字資料として著名であるが、「癸未(きび)年」に製作された倭製鏡である（**図10**）。古墳時代における「癸未年」の候補として、従来四四三年と五〇三年説の両者が想定されているが、現在では五〇三年説が有力視されている。これは、銘文の内容から、六世

紀初頭に即位した百済・武寧王が使者を派遣して、即位前の継体（ヲホド王）に対して贈与するべく倭国内で製作させたとする山尾幸久説［山尾、一九八三］や、またこの鏡の製作にあたって参照されたのが、同型鏡群の一種である神人歌舞画象鏡と画文帯仏獣鏡Ａ・Ｂなどであると想定されることによるもので［車崎、一九九五／川西、二〇〇四］、この両者が可能となるのは近畿の王権中枢において同型鏡群が六世紀初頭の時点で継承されている場合であるためである。なお、山尾説が妥当であるとすれば、先にみたような、倭の五王の時代に南朝遣使に際して南朝中枢で継承された宝器鏡をもとに新たな鏡の製作を依頼するという方式を再現したものである可能性も想定される［辻田、二〇一八］。また交互式神獣鏡系と呼ばれる倭製鏡（**図11**）［森下、二〇〇二］も、同様に六世紀初頭の時点で同型鏡群の画文帯仏獣鏡Ａ・Ｂをモデルとして、王権中枢の管理の下で製作された一群と考えられる［車崎、一九九五／福永、二〇〇五ｂ］。

②は、奈良県藤ノ木古墳の未盗掘の石棺から二人の被葬者とともに同型鏡二面

図 10　人物画象鏡（面径 19.9 cm，和歌山県隅田八幡神社所蔵，画像提供＝東京国立博物館，Image TNM Image Archives）

図 11 倭製鏡・交互式神獣鏡系(面径21.6 cm，奈良県平林古墳出土，［奈良県立橿原考古学研究所編，2005］)

図 12 画文帯環状乳神獣鏡 C(面径21.9 cm，奈良県藤ノ木古墳出土，［水野編，2017］)

(図12)と倭製鏡二面が出土したもので、多くの壮麗な装飾品や大刀、また金銅装馬具などの副葬(図13)から、被葬者は王族層であった可能性が想定されている［前園、二〇〇六］。古墳の築造は六世紀後半であり、この時点で王族層において同型鏡の副葬が可能であったのは、王権中枢において同型鏡が管理・継承されていたことによるものと考えられる。

これらの事例は、倭の五王の時代に南朝からもたらされた同型鏡群が、六世紀以降も王権中枢において重要な意味を付与されていたことを示している。この点で注目されるのが、従来から指摘されている、六世紀の継体政権期における威信財の「継承」と「刷新」という視点である。

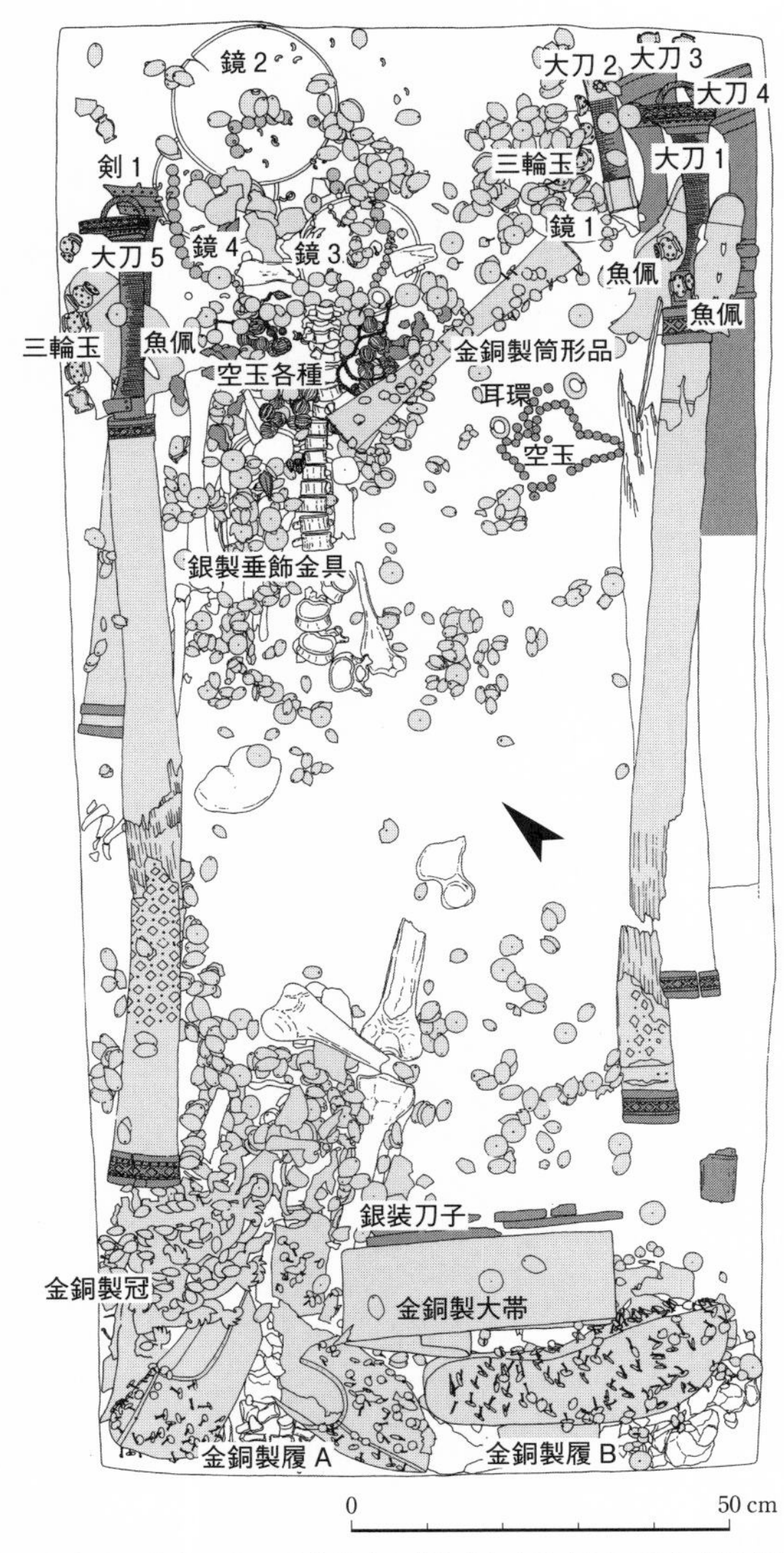

図 13　藤ノ木古墳石棺内人骨・副葬品出土状況［奈良県立橿原考古学研究所編，2007］

六世紀初頭における威信財の「継承」と「刷新」

福永伸哉は、六世紀初頭のいわゆる継体朝の時期において、五世紀後半以降の馬具類の型式（f字形鏡板付轡・剣菱形杏葉など）が六世紀以降も継続的に生産される一方、六世紀になると三葉文楕円形杏葉などの新たなデザインの馬具が創出されること、また同様に六世紀に新たに捩り環頭大刀（**図14**）と呼ばれる大刀の型式が出現することなどから、継体政権期の特徴として、前代以来の伝統を「継承」することと、新たな型式を創出すること（「刷新」）という両者が認められる点を指摘している［福永、二〇〇五b］。あわせて、前述の隅田八幡神社人物画象鏡や交互式神獣鏡系の倭製鏡などについても、継体政権期の所産であることを論じている。この背景として、継体が五世紀以来の倭の王統譜の直系ではなく、「婿入り」という形で大王として即

図14 捩り環頭大刀（藤ノ木古墳出土，復元品，［前園，2006］）

位していること、言い換えれば即位に際しての継承の不安定さが想定されている。継体の出自とその継承の不安定さ[15]に関しては広く議論されているが[吉村、二〇一〇/篠川、二〇一六]、このことが先の「継承」と「刷新」の背景となったことは十分に想定される。またそれとも関連して、冒頭でみた継体の即位時における群臣の推戴と「天子鏡剣璽符」の献上[吉村、一九九六]という論点は重なってくる。継体紀の記事については、先述の通り、中国の史書にみられる「天子璽符」の表現中にあえて「鏡」や「剣」を挿入していることから、後世の潤色でなく、一定の史実を反映しているという意見がある[大津、二〇一〇]。

この点をふまえるならば、先に述べた五世紀から六世紀代の王権中枢における同型鏡群の管理・継承という点は、王統譜の問題とは別に、王権中枢において特定の器物が管理・継承されることによって、王権の枠組み自体が継承されることがあったことを示している。ここにおいて、同型鏡群は倭の五王の遣使を通じて南朝からもたらされた一群であるという点で、「倭の五王の時代」の系譜や枠組みを継承する存在として表象されていた可能性がある。先の隅田八幡神社人物画象鏡や交互式神獣鏡系の倭製鏡の製作に継体が関わっているとすれば、継承された伝統的器物をもとに新たな器物を創出することにより、伝統の継承者であり、また新たな伝統の創出者であることを示そうとした、という見方も可能であろう[福永、二〇〇五b]。

(15) 雄略(ゆうりゃく)天皇の後、男系による継承が安定して継続せず、武烈(ぶれつ)天皇に子どもがいなかったため、「応神(おうじん)五世孫」とされるヲホド王が仁賢(にんけん)天皇の娘の手白髪(たしらか)皇女に婿入りする形で大王として即位したとされる(『日本書紀』)ことを指す。

このような点をふまえつつ同型鏡群についてあらためて述べるならば、これらは五世紀の時点では広域拡散という点で基本的には威信財であり、レガリアではなかった。しかしその後、六世紀代に至り藤ノ木古墳のように王族層において同型鏡群の副葬事例が出現することは、そうした広域流通する威信財の中でも、一部は王権中枢において、より限定的な形で継承されるものがあったことを示している。この意味でこれらの同型鏡群はこの時期における王権のレガリアとしての有力候補である。ただし、藤ノ木古墳の被葬者がもし王族層であった場合でも、それを保有するのがいわゆる「大王」などの「唯一の王」に限定されていたわけではないことになり、また副葬という形で墓に持ち込まれる時点で継承が中断されるため、それらの鏡はレガリアとしての機能を果たさなくなる。この意味では、六世紀代に大王のレガリアとしての鏡が存在したとすれば、それらはここでみたような古墳の副葬鏡とは別に存在しており、古墳に副葬されることなく継承され続けたか、もしくは副葬される鏡を含めて管理・継承される一群の器物が広い意味でレガリアとして扱われていたか、という大きく二つの可能性を考えることができる(16)。そうしたレガリアとしての鏡の存在を認めた場合でも、それらが例えば五世紀以来管理・継承された同型鏡群の一部であるのか、それにかぎられないのかといった点については現状では不明といわざるを得ない。ここでは少なくともこの時点で王権中枢において管理・

(16) これに関連して、ここでいう威信財としての副葬品とレガリアの違いについては、岡田精司による以下のような指摘がある。「副葬品の場合は一世代ごとに埋納され、伝世されることがない。それに対し、レガリヤとしての宝器は王位とともに世襲されることによって、始めて意義をもつ性格のものである」[岡田、一九九二]。

継承が行われた鏡があった、という点を確認するにとどめたい。

石上神宮における器物の伝世

こうした王権中枢において伝世された器物として今日まで伝えられているものとして、石上神宮において伝世されたいわゆる百済の七支刀（しちしとう）や、鉄盾などが知られている。大津透は、「石上神宮の神府（ほくら）」は、少なくとも五世紀末以降、一貫してそうした神宝を保管する場所であったこと、また四世紀の七支刀が現在まで石上神宮に伝わることから、系譜としては三世紀の卑弥呼の刀と鏡につながる可能性を論じている。その上で大津は、「大和政権は、世襲制や王家が確立していないにしても、かなり古くから連続性をもっていることが読み取れる」と指摘している［大津、二〇一〇］。

大津は、石上神宮の器物も広い意味でのレガリアであると論じており、こうした器物の管理・継承が王権とその枠組みを継承する上で一定の役割を果したことを示すものと考えることができる。次に問題となるのは、そうした古墳時代において王権中枢で管理・継承された器物が七世紀以降のレガリアへとつながっていったかどうかである。次にこの問題について考えてみたい。

4　古代国家の形成とレガリア

考古資料からみた七世紀以降の鏡・剣・玉

ここまで古墳時代の各種副葬品の変遷についてみてきたが、それらが六世紀後半—七世紀にかけて、どのように推移したかについてみておきたい。

まず鏡については、先の藤ノ木古墳の例をはじめとして、六世紀後半—末に古墳への副葬がほぼ終了する。この意味で、古墳時代の鏡は、前方後円墳の終焉とほぼ軌を一にする形で、その意味が失われていったものと考えることができる。七世紀代になると大陸から新たに初期隋唐鏡がもたらされたとみられるが、古墳の副葬事例としては非常に少なく、主要な品目ではなくなっている。少なくとも古墳時代前期や中期と同様に、中国への遣使に伴い多数の舶載鏡が将来され、古墳に多数副葬されたような状況は認められない。その後、奈良県高松塚古墳からは海獣葡萄鏡が出土しており(**図15**)、八世紀初頭前後の副葬とみ

図 15　海獣葡萄鏡(面径 16.8 cm, 奈良県高松塚古墳出土, 奈良文化財研究所飛鳥資料館所蔵)

られるが、七〇二年に派遣され、七〇四年に帰国した遣唐使によってもたらされた可能性が高いと考えられている［廣瀬・建石、二〇二二］。このほか、海獣葡萄鏡については、千葉県香取神宮における伝世品と正倉院所蔵鏡が同型鏡であることが知られており、七世紀から八世紀においてこの種の鏡が宝器として重視されたことを示している。ここで重要なのは、六世紀までにみられた古墳時代の各種の鏡と、七世紀以降の初期隋唐鏡とは基本的に不連続であり、いわばある種の断絶がみられることである。ただこれは七世紀以降の古墳の副葬品や寺社への奉納品・伝世品としてみた場合であり、先に述べたように、王権のレガリアとして管理・継承されたものとは別であると考えることもできる。この場合に、六世紀代にレガリアとして機能した可能性がある鏡として同型鏡群を挙げたが、現時点では、これらの同型鏡群が七世紀以降の古墳に副葬された事例などは知られておらず、同型鏡群がその後も王権中枢において継承されたかについては不明である。

またこの問題に関連して、いわゆる三種の神器の一つとされる八咫鏡（やたのかがみ）を考えるに際して、それが納められた内容器（御樋代（みひしろ））の直径について「一尺六寸三分」（約四九センチ）とする二つの史料[17]から、それに近似する巨大な銅鏡で、古墳時代以前に製作された超大型の倭製鏡とする考え方がある［森、一九九三］。森浩一[18]は、一三世紀頃の成立と推定される『伊勢二所皇太神宮御鎮座伝記』の八咫鏡に関する記述（「八

(17) 延暦二三年（八〇四）の奥書のある『皇太神宮儀式帳』と一〇世紀の『延喜式』。

(18) 森浩一（一九二八―二〇一三）。戦後の日本の考古学を主導した考古学者の一人。同志社大学名誉教授。遺物でなく遺跡を、また地域史を重視した研究の問題意識や、天皇陵について地名による呼称を定着させたことでも知られる。『古墳の発掘』『記紀の考古学』をはじめ、一般書だけでも一〇〇冊を超える著作がある。

頭花崎八葉形也(19)」にもとづき、弥生時代終末期の福岡県糸島市平原一号墓から出土した八葉座内行花文鏡を八咫鏡とする原田大六説(20)［原田、一九九一］を支持している。破砕副葬された計四〇面の鏡のうち、面径四六・五センチの超大型内行花文鏡は当初四面と報告されているが、後に柳田康雄により五面と復元されている［柳田、二〇〇〇］。八咫鏡について列島製の鏡として想定する点については、八尺瓊曲玉も含め、外来のものではなく列島製のものがレガリアとして採用されたとする見方であるが、原田と森、また柳田が弥生時代の列島製あるいは伊都国製と想定する本鏡群については、製作技術から大陸製・中国鏡とする意見があり［清水、二〇〇〇／車崎編、二〇〇二］、この点について留意する必要がある。なお古くは本居宣長が唐代の八花鏡などを八咫鏡の候補としている。正倉院所蔵鏡では八花鏡や八稜鏡のいずれも「八角鏡」として呼称されている。後藤守一は、白銅鏡で円鏡という観点から、森浩一と同様に、古墳時代前期の倭製鏡もしくは舶載鏡であるという考えを述べている［後藤、一九四七］。考古学的な観点からも関心が高い問題であるが、神鏡の実体については不明な点が多い（本章末のコラム参照）。

装身具類では、石製玉類が六世紀後半以降大幅に減少し、近畿の上位層では金属製の空玉とガラス製の玉類を組み合わせた装飾が用いられる（**図16**）。七世紀になると、冠位十二階制をはじめとした服飾の位階制度により政治的地位が示されるよう

八葉座内行花文鏡（面径四六・五cm、福岡県平原一号墓出土、伊都国歴史博物館所蔵、［前原市教育委員会、二〇〇〇］）

(19) 史料の原文では、この前に「八咫古語八頭也」とあり、「八咫鏡」の名称の由来として記されている。

(20) 原田大六（一九一七―一九八五）。中山平次郎（九州大学名誉教授・病理学者・考古学者）に

図 16　藤ノ木古墳の玉類(復元,［奈良県立橿原考古学研究所編, 2007］)

図 17　玉類(飛鳥寺塔心礎埋納品,［奈良県立橿原考古学研究所編, 2007］)

になるにつれ、古墳時代的な玉類の多様な種類の組合せは用いられなくなったものと考えられる［町田、一九九七］。蘇我氏により六世紀末に創建された飛鳥寺の塔心礎には翡翠製勾玉やガラス玉類・耳環などが埋納されており(**図17**)、古墳の副葬品と後の鎮壇具(21)としての奉納品の過渡的様相を示している。また翡翠製勾玉や山陰の花仙山産碧玉製勾玉・瑪瑙製勾玉などは、正倉院宝物の中にも含まれている。古墳における副葬品や装身具としては終了しながら、東大寺不空羂索観音立像の宝冠に多数の翡翠製勾玉が用いられるなど、これらの玉類と寺院・仏教との結びつきがつよくなったものと考えられている。また山陰・出雲地域において

師事し、主に九州の弥生・古墳時代の遺跡の調査を行った考古学者。福岡県糸島市平原遺跡などの発掘調査で知られる。著作に『実在した神話』『平原弥生古墳』など。

(21) 寺院の建立に際して、地鎮のために埋納されるものを指し、飛鳥時代の寺院では、古墳の副葬品と共通する玉類などの装身具などが納められる場合もある。

継続した玉類の生産は九世紀には大きく衰退した［島根県立古代出雲歴史博物館、二〇〇九／古代歴史文化協議会編、二〇一八］。

鉄製刀剣類では、六世紀代になると鉄剣の比率が大幅に低下し、装飾付大刀の生産・流通が主体となった。先にみた捩り環頭大刀以降、特に六世紀後半代には、単（たん）龍鳳（りゅうほう）環頭大刀（**図18**）・双龍（そうりゅう）環頭大刀・頭椎（かぶつち）大刀・圭頭（けいとう）大刀などの各種装飾付大刀が製作され、広く列島各地の有力者の間で用いられた。七世紀後半には方頭大刀の生産へと収斂し、古墳時代的な多様な装飾付大刀の生産は終焉を迎えたものと考えられている［豊島、二〇二二／古代歴史文化協議会編、二〇二二］。このうち、六世紀代の捩り環頭大刀は、勾金（まがりがね）と呼ばれる護拳用の帯状金具と三輪玉（みわだま）を装着しており、伊勢神宮の神宝にみられる玉纏御太刀（たままきのおんたち）の祖型とも考えられている［白石、一九九三］。

図18　単鳳環頭大刀の環頭部（福岡県日拝塚古墳出土，出典＝ColBase, https://colbase.nich.go.jp/）

このようにみてくると、七世紀は各種器物において、古墳時代的な型式の器物の使用・副葬が終了し、新たな型式が創出・導入される転換期であることがわかる。そこには、遣隋使・遣唐使の派遣などにより新来の大陸文物がもたらされたこと、また七世紀代を通じて国家形成が大きく進展したことなども事情として関わるであろう。そうした中で、七世紀後半にかけて、いわゆる律令的祭祀や伊

方頭大刀各型式の模式図［豊島、二〇二二］

勢神宮の成立、即位儀礼・大嘗祭(だいじょうさい)(22)の整備などが行われたものと考えられるのである。

沖ノ島祭祀の変遷——葬祭未分離から律令的祭祀へ

ここで古墳時代から古代への祭祀の変遷を辿ることができる福岡県宗像・沖ノ島の祭祀について考えてみたい。玄界灘に浮かぶ沖ノ島(**図19**)では、四世紀後半から九世紀に至るまで、大陸・朝鮮半島と列島とを結ぶ航路上で祭祀が行われた。ここでの祭祀は大きく以下の四つの時期に区分されている[小田、二〇一二]。

図19　沖ノ島(筆者撮影)

第一期(四—五世紀代):岩上祭祀

第二期(五世紀後半—七世紀代):岩陰祭祀

第三期(七世紀後半—八世紀前半):半岩陰半露天祭祀

第四期(八世紀—九世紀代):露天祭祀

沖ノ島では、南側斜面中腹にある巨岩群の周辺で祭祀が営まれている。初期には

(22) 天皇が即位後に初めて行う新嘗祭。その年に実った新穀を地域の神に捧げ感謝し、翌年の豊作を祈る祭儀は新嘗と呼ばれる。ヤマト王権がそれを吸収・再編成し、毎年天皇が神に新穀を捧げて共食する新嘗祭と、即位時の践祚大嘗祭とに分離させたとされる[吉村編、二〇二〇]。

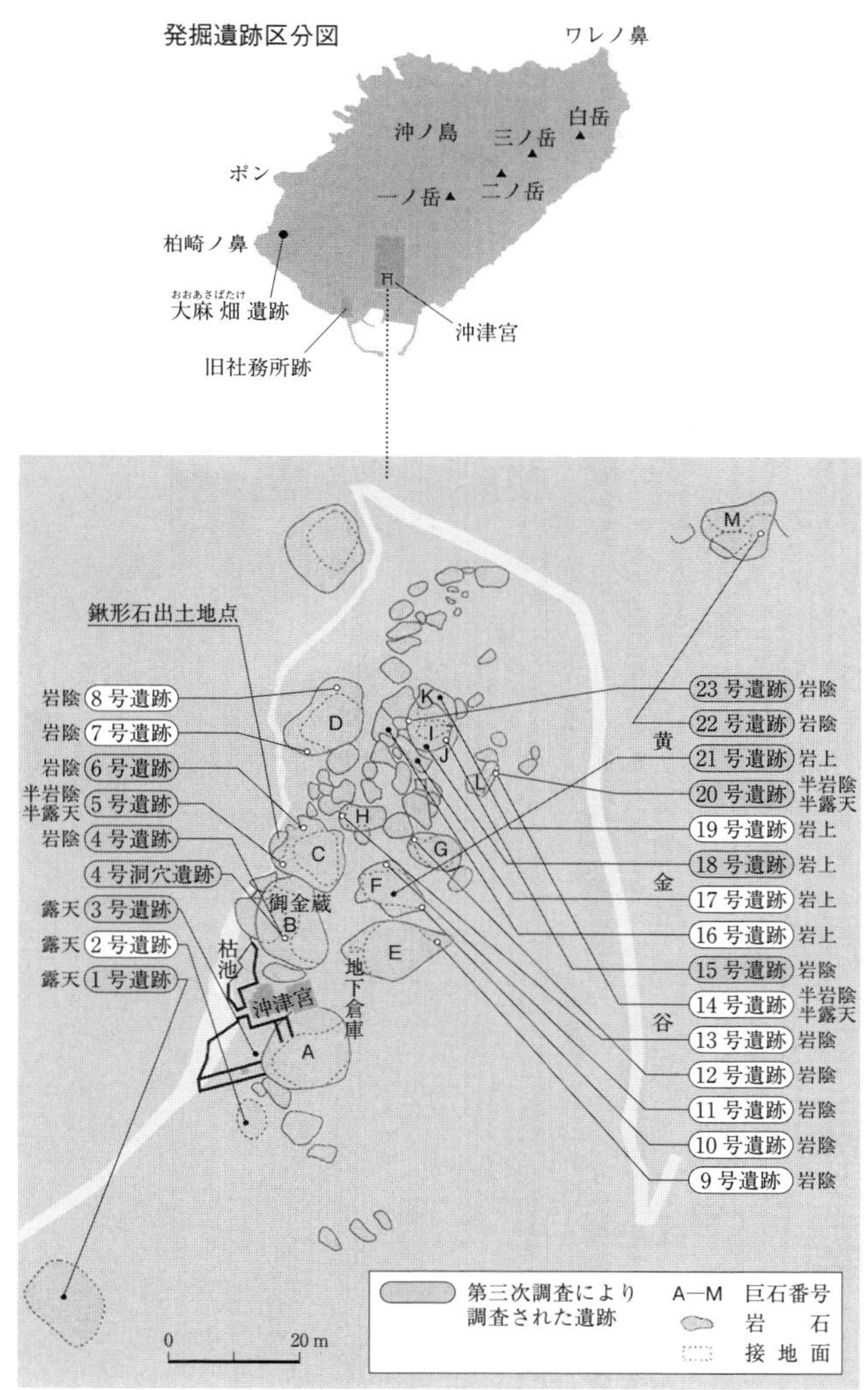

図 20　沖ノ島発掘遺跡区分図([弓場, 2005]を一部改変)

Ｉ号巨岩といわれる岩の周辺（岩上）で古墳の副葬品と共通する器物が奉献されている。代表的な祭祀の場として知られるのが一七号遺跡で、ここでは二一面の銅鏡や石製玉類をはじめとした器物がまとまった形で出土している。また五世紀中頃には中央のＦ号巨岩上に祭祀の場が設けられた（二一号遺跡）。その後は巨岩の周辺（岩陰）へと祭祀の場が移り、最終的には開けた空間において多量の土器を奉献する露天祭祀へと移り変わっていった。

こうした沖ノ島祭祀の変遷について、井上光貞は、「葬祭未分離から律令的祭祀へ」という変遷として理解する枠組みを示している［井上、一九八四］。上に述べた初期の岩上祭祀や岩陰祭祀においては、古墳の副葬品とほぼ共通する鏡・装身具類・鉄製刀剣類・馬具類などが奉献されたが（図21右）、岩陰祭祀の後半（二二号遺跡）から半岩陰半露天祭祀（五号遺跡）にかけて、金銅製の紡織具や人形（ひとがた）、祭祀用の土器など、祭祀に特化した器物が奉献されるようになる（図21左）。この祭祀が後の律令的祭祀の内容と共通することから、七世紀代においてこうした律令的祭祀が具体的に整備されるあり方が、沖ノ島の祭祀に反映されていることを指摘したのである。

あわせてここで注目されるのは、先にみた鏡や刀剣類などの奉献が初期の祭祀に限定される点である。特に鏡については、六世紀代以降に奉献されたものも一部みられるが、基本的には四・五世紀代に奉献されたものが主体であり、祭祀の場では

(23) ジョルダン・サンドは、伊勢神宮について、王権の「権力と権威の中心的シンボルであった銅鏡を守る全く新しい工夫と装置」として編み出されたものと捉えている。その上でサンドは、二〇年に一度行われる式年遷宮について、ポトラッチ的な観点から、「銅鏡自体は地上に置き、その容れ物となる建造物を繰り返し建て直すことである」と主張する［サンド、

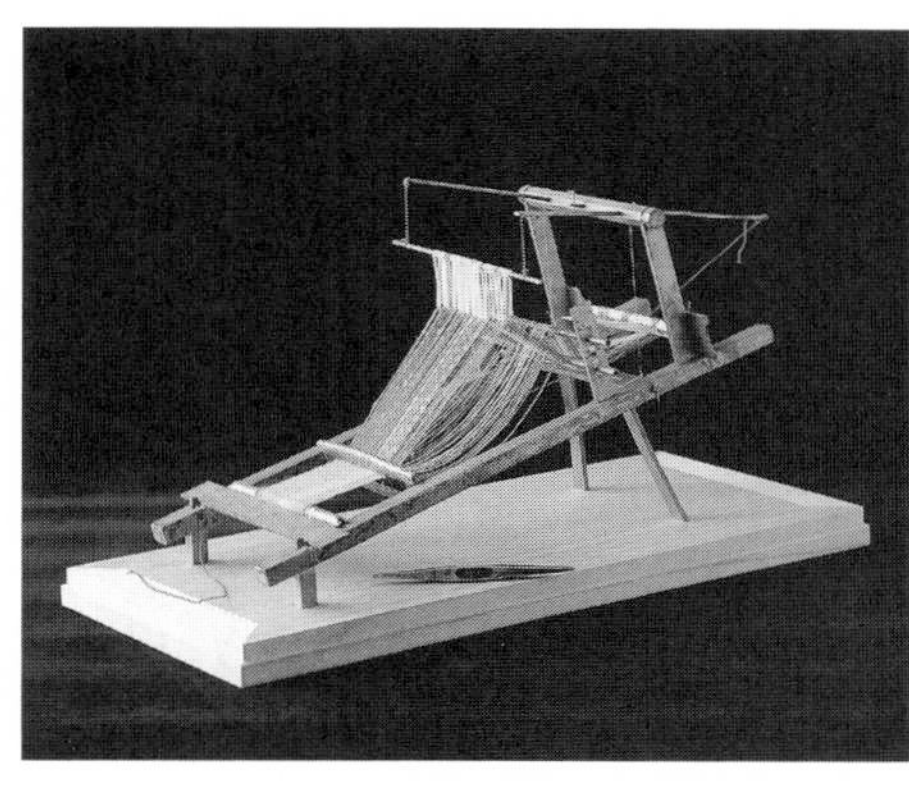

図 21　(左)伝沖ノ島御金蔵出土金銅製高機，(右)沖ノ島 7 号遺跡出土金銅製棘葉形杏葉［宗像大社文化財管理事務局編，2003］

古い時期に属している。本章で述べてきたことからすれば、沖ノ島祭祀で鏡が奉献されていたのは、それが威信財として広く用いられていた時期であり、レガリアとしての意味がつよくなったとみられる六世紀以降は奉献されることが少なくなった、と考えることができる。その一方で、後の律令的祭祀へと連なるような祭祀専用の器物の整備が行われたと考えられる[新谷、二〇一三／笹生、二〇二三]。

またこれに関連して、伊勢神宮の成立㉓に際しては、五世紀後半代の在地上位層との結びつきなど、祭祀の淵源は遡りつつも、実際の神宮の整備は七世紀後半の天武・持統朝と考えられている[岡田、一九九二／新谷、二〇一三／穂

二〇二三]。ポトラッチとは、北米太平洋岸のクワキウトル族の間で行われていた、権力誇示のため物品を大量に集めて分配し、時にそれを破壊もする儀礼的行為である。弥生時代の青銅器祭祀や、古墳時代の前方後円墳の巨大化について、こうしたポトラッチ的な観点で説明する見方もある([岩永、一九九八]および本章末のコラム、さらに[北條、二〇一九]参照)。サンドは、伊勢神宮の式年遷宮について、貴重な物品と資材を繰り返し動員して処分することで、神宮を支える為政者の権力を誇示する行為であると述べる[サンド、二〇二三]。この意味で伊勢神宮もまた王権とレガリアの両者に深く結びついたものといえよう。

積、二〇一三]。さらに大嘗祭についても、即位儀礼の方が大嘗祭よりも古い大王就任儀礼の伝統を引くものとする理解[岡田、一九九二]や、古墳時代的な祭祀に各種要素を遡って考えることができる一方で、祭祀そのものは同様に天武・持統朝に新たに整備されたものとする見方が有力である[岩永、二〇一九/穂積、二〇二二]。沖ノ島における祭祀の変遷もまた、この意味で七世紀代において大きな転換があったことを示すものともいえよう。

正倉院・法隆寺などの奉納品と王位継承の論理

七世紀から八世紀においては、鏡などが寺社に奉納される事例が増加する。特に七世紀代においては、鏡と寺院との結びつきがつよかったことが指摘されている[小林、一九六五/斉藤、一九七八]。これは法隆寺塔心礎に奉納された海獣葡萄鏡や、奈良時代に法隆寺に奉納された各種銅鏡が具体的に示している。また正倉院に納められた多数の銅鏡も、天皇とそれら宝物との結びつきを表している。ただし、正倉院宝物の銅鏡の中には古墳時代的なものは含まれず、全て隋唐鏡以降の型式の鏡である。一方で、正倉院宝物の玉類については花仙山産碧玉・翡翠製勾玉・瑪瑙製勾玉などが含まれており、伝世品の可能性も想定される[山本忠尚、二〇二二]。

この正倉院宝物に関連してここで注目しておきたいのが、藤原不比等の「黒作(くろづくり)

懸佩刀」である。天平勝宝八年(七五六)に奉納された『東大寺献物帳』の中に、次のような記載がある。「黒作懸佩刀　一口右、日並皇子、常に佩持せられ、太政大臣に賜ふ。大行天皇、即位の時、すなはち献ず。大行天皇、崩ずる時、また大臣に賜ふ。大臣、薨ずるの日、さらに後太上天皇に献ず」。文意は、「もともと、この刀は、日並皇子(草壁皇子)が日頃佩用していた刀であり、皇子はそれを太政大臣(藤原不比等)に与えたが、大臣は、大行天皇(文武天皇)の即位のときに、それを天皇に献上し、天皇は亡くなるときに、それを大臣に返した。ところが、大臣は自分が亡くなるときに、それを後太上天皇(聖武天皇)に献上した」というものであり、最終的にこの刀は聖武上皇が亡くなる際に東大寺の盧舎那仏に献納された。本刀の現物は失われており、鞘や柄などを黒漆などで仕上げたものなどが想定されている。上山春平は、上記の皇位継承と刀の継承とに一定の相関を認めつつ、持統天皇から聖武天皇に至る皇位継承が、若くして亡くなった草壁皇子の子どもたちにつながるべく、藤原不比等を仲介役として行われたことを論じている[上山、一九七七]。皇位自体は持統・元明・元正といった女性天皇とともに継承されたが(本書、藤森論文の**図5**参照)、黒作懸佩刀の賜与と継承は全て男性天皇(と藤原不比等)によって行われており[吉村、二〇一二]、ここでの黒作懸佩刀は、名称や来歴はともかく、レガリアに近い形で運用されている点が注目される。

この点であわせて注目されるのが、持統天皇がその埋葬に際して、天武天皇と合葬されているという点である。清家章は、六・七世紀の王族層において夫婦合葬の事例が少ない中で、天武天皇と持統天皇が合葬されている点について、持統天皇が自分の子どもたちに皇位を継承させるべく、その母としての自分の墓を天武天皇の墓に合葬することによって皇位継承の正当化を図ったものであり、いわば継承が不安定であるが故のイレギュラーな夫婦合葬の事例であると論じている〔清家、二〇一〇〕。冒頭でもみたように、レガリアが注目されるのは王位の継承が不安定な状況であるといった点とも呼応するものであり、またその意味で持統即位の際に「神璽剣鏡」が献上されている（あるいは「剣鏡」が献上されたことが記録の上で強調されている）点についても、そうした継承の不安定さに起因した伝統への回帰および伝統的器物への政治的依拠と考えることもできよう。

こうしたレガリアの継承においては、先にみたように、六世紀代には、大王の即位に際して、群臣による推戴とレガリアの献上がまず行われ、その後に大王による群臣の信任が行われたと考えられている。そうした一連のレガリア献上の儀式の後に聖なる壇（＝高御座）に昇り、即位する形式であったとみられる。なおこれに関連して、世界各地の王権の民族誌を比較検討したA・M・ホカートの研究では、王の戴冠式・即位儀礼において、王冠などの着衣やレガリアの授受が行われた後に玉座に就き、即位を行う事例が多くみられる〔ホカート、一九二七〕。レガリア継承の形式において、地域や文化を越えて一定の共通性が認められることは興味深い事実ともいえよう。

おわりに

本章でみてきたのは、各種副葬品からみた威信財の変遷、上位層の世代間継承と正当化の論理、王権中枢における威信財の管理・継承、そして七世紀代における王位継承といった問題である。その上で、あらためて、ヤマト王権にとってレガリアとは何かという点について考えるならば、大きくは「威信財からレガリアへ」という変遷として理解することができる。五世紀から六世紀代にかけて、王権中枢における大王の出現と、その継承を正当化する器物の管理・継承がみてとれるが、そこでは古墳時代を通して存在した各種器物が王権自体の枠組みを継承するものとして用いられていた。その過程では、それ以前は威信財として広域に流通していたものでも、保有・継承が限定されることによってレガリアとして用いられるようになっていったものと考えられた。他方、国家形成が進展する七世紀代以降、新たな祭祀や儀礼の整備が行われる中で、古墳時代的な器物は次第に姿を消していったものとみられる。

筆者は以前、古墳時代の鏡は国家形成が本格化するその前段階に属する器物と考えたことがある［辻田、二〇一九］。その考え方の当否はおくとしても、現状でいえるのは、七世紀以降の正倉院や法隆寺などにおいて宝器として伝世された鏡の中には、古墳時代以前の鏡が含まれておらず、実態が不明な神器の鏡をのぞけば、七世紀以降においては古墳時代的な鏡は存在自体が稀少であったであろうということである。また先に挙げた七世紀末の持統天皇の即位に際して「剣」「鏡」の献上が記録されていることについては、持統の時点で大嘗祭・即位儀礼の整備（および伊勢神宮の成立）が行われたといった、持統の即位事情にも起因する形で、とりわけ伝統的権威への回帰が志向された可能性はある。いずれにしても、七世紀以降に整備された即位儀礼の中でレガリアとして鏡・剣が選択されたのは、伝統的権威としての「過去」への依拠および参照によって王権の「正統性」が保証されるといった観念が背景にあったからであるということだけは確実であろう。

世界各地で、古代も含め、その時々で、「伝統」の再興や回帰、新たな「伝統」の「創出」［ホブズボウム・レンジャー編、一九八三］が繰り返されているが、この意味で、冒頭でもみたように、レガリアはそれ自体が王権の正統性のイメージを喚起するものであることが重要であるという指摘［山本幸司、二〇〇三］が思い起こされる。

それも含めて、レガリアの論点は伝統的権威に依拠する形での「継承」に収斂する問題であることがあらためて理解される。

引用・参考文献

阿部幸信、二〇二二年「漢代における即位儀礼・郊祀親祭と「天子之璽」」『歴史学研究』一〇二二
石村　智、二〇〇四年「威信財システムからの脱却」『文化の多様性と比較考古学』考古学研究会
石母田正、一九七一年『日本の古代国家』岩波書店(岩波文庫、二〇一七年)
井上光貞、一九八四年『日本古代の王権と祭祀』東京大学出版会(『井上光貞著作集』第五巻)
岩永省三、一九九八年「青銅器祭祀とその終焉」金子裕之編『日本の信仰遺跡』雄山閣
岩永省三、二〇一九年『古代都城の空間操作と荘厳』すいれん舎
岩本　崇、二〇二〇年『三角縁神獣鏡と古墳時代の社会』六一書房
岩本崇編、二〇二三年『器物の「伝世・長期保有」「復古再生」の実証的研究と倭における王権の形成・維持』島根大学法文学部
上野祥史、二〇二三年「鏡の分与と器物の伝世について」岩本崇編『器物の「伝世・長期保有」「復古再生」の実証的研究と倭における王権の形成・維持』島根大学法文学部
上野祥史編、二〇一三年『祇園大塚山古墳とその時代』六一書房
上山春平、一九七七年『神々の体系』中公新書
大石良材、一九七五年『日本王権の成立』塙書房
大賀克彦、二〇一三年「玉類」『古墳時代の考古学四　副葬品の型式と編年』同成社
大津　透、二〇一〇年『天皇の歴史一　神話から歴史へ』講談社
岡田精司、一九九二年『古代祭祀の史的研究』塙書房
岡村秀典、二〇〇一年「倭王権の支配構造」東野浩之ほか『考古学の学際的研究』岸和田市教育委員会

岡村秀典、二〇一七年『鏡が語る古代史』岩波新書
小田富士雄、二〇一二年『古代九州と東アジアI』同成社
加藤一郎、二〇一五年「後期倭鏡と三角縁神獣鏡」『日本考古学』40
金子修一、二〇〇二年「古代中国の王権」『岩波講座　天皇と王権を考える一　人類社会の中の天皇と王権』岩波書店
川口勝康、一九九三年「刀剣の賜与とその銘文」『岩波講座　日本通史二』岩波書店
川西宏幸、二〇〇〇年「同型鏡考」(〔川西、二〇〇四〕に所収)
川西宏幸、二〇〇四年『同型鏡とワカタケル』同成社
川畑　純、二〇一五年『武具が語る古代史』京都大学学術出版会
河野一隆、一九九八年「副葬品生産・流通システム論」(『王墓と装飾墓の比較考古学』同成社、二〇二二年に所収)
川本芳昭、二〇〇五年『中国の歴史5　中華の崩壊と拡大』講談社
車崎正彦、一九九五年「隅田八幡人物画像鏡の年代」宇治市教育委員会編『継体王朝の謎』河出書房新社
車崎正彦編、二〇〇二年『考古資料大観五　弥生・古墳時代　鏡』小学館
古代歴史文化協議会編、二〇一八年『玉』ハーベスト出版
古代歴史文化協議会編、二〇二二年『刀剣』ハーベスト出版
後藤守一、一九四七年『日本古代史の考古学的検討』山岡書店
小林行雄、一九五九年『古墳の話』岩波新書
小林行雄、一九六二年「古墳文化の形成」(『古墳文化論考』平凡社、一九七六年に所収)
小林行雄、一九六五年『古鏡』学生社
近藤喬一、二〇〇六年「九鼎と金人——中国古代王権のシンボル」『アジアの歴史と文化』10
近藤義郎、一九八三年『前方後円墳の時代』岩波書店(岩波文庫、二〇二〇年)
斉藤　孝、一九七八年「古代の社寺信仰と鏡」森浩一編『日本古代文化の探求　鏡』社会思想社
笹生　衛、二〇二二年『まつりと神々の古代』吉川弘文館

サンド、ジョルダン、二〇二三年『破壊と再生の伊勢神宮』岩波書店
篠川　賢、二〇一六年『継体天皇』吉川弘文館
島根県立古代出雲歴史博物館、二〇〇九年『輝く出雲ブランド』島根県立古代出雲歴史博物館
清水康二、二〇〇〇年「平原弥生古墳　出土大型内行花文鏡の再評価」『大塚初重先生頌寿記念考古学論集』東京堂出版
下垣仁志、二〇〇三年「古墳時代前期倭製鏡の流通」(〔下垣、二〇一一〕に所収)
下垣仁志、二〇一一年『古墳時代の王権構造』吉川弘文館
下垣仁志、二〇一八年a『古墳時代の国家形成』吉川弘文館
下垣仁志、二〇一八年b『古墳時代銅鏡論考』同成社
下垣仁志、二〇二二年『鏡の古墳時代』吉川弘文館
白石太一郎、一九九三年「玉纏太刀考」(『古墳と古墳時代の文化』塙書房、二〇一一年に所収)
新谷尚紀、二〇一三年『伊勢神宮と三種の神器』講談社選書メチエ
清家　章、二〇一〇年『古墳時代の埋葬原理と親族構造』大阪大学出版会
舘野和己、二〇〇四年「ヤマト王権の列島支配」『日本史講座第一巻　東アジアにおける国家の形成』東京大学出版会
田中一輝、二〇一五年「玉璽の行方——正統性の相克」『立命館東洋史学』三八
田中晋作、一九八三年「埋納遺物からみた古墳被葬者の性格」(〔田中、二〇〇一〕に所収)
田中晋作、二〇〇一年『百舌鳥・古市古墳群の研究』学生社
田中史生、二〇一三年「倭の五王と列島支配」『岩波講座日本歴史第一巻(原始・古代1)』岩波書店
田中良之、一九九五年『古墳時代親族構造の研究』柏書房
谷澤亜里、二〇二〇年『玉からみた古墳時代の開始と社会変革』同成社
辻田淳一郎、二〇〇七年『鏡と初期ヤマト政権』すいれん舎
辻田淳一郎、二〇一八年『同型鏡と倭の五王の時代』同成社

辻田淳一郎、二〇一九年『鏡の古代史』角川選書
都出比呂志、一九七〇年「農業共同体と首長権」『講座日本史一』東京大学出版会
都出比呂志、二〇〇五年『前方後円墳と社会』塙書房
富岡謙蔵、一九二〇年『古鏡の研究』丸善
豊島直博、二〇二二年『古代刀剣と国家形成』同成社
成瀬正和、二〇〇九年『正倉院の宝飾鏡』至文堂
西嶋定生、一九七〇年「皇帝支配の成立」(『中国古代国家と東アジア世界』東京大学出版会、一九八三年に所収)
原田大六、一九九一年『平原弥生古墳』葦書房
廣瀬覚・建石徹、二〇二二年『極彩色壁画の発見　高松塚古墳・キトラ古墳』新泉社
福永伸哉、二〇〇五年a『三角縁神獣鏡の研究』大阪大学出版会
福永伸哉、二〇〇五年b「いわゆる継体期における威信財変化とその意義」『井ノ内稲荷塚古墳の研究』大阪大学文学研究科
福永伸哉・岡村秀典・岸本直文・車崎正彦・小山田宏一・森下章司、二〇〇三年『シンポジウム　三角縁神獣鏡』学生社
北條芳隆、二〇一九年「前方後円墳はなぜ巨大化したのか」北條芳隆編『考古学講義』ちくま新書
ホカート、A・M、一九二七年『王権』(橋本和也訳、二〇一二年、岩波文庫)
穂積裕昌、二〇一三年『伊勢神宮の考古学』雄山閣
穂積裕昌、二〇二二年『大嘗祭の考古学』雄山閣
ホブズボウム、E/レンジャー、T編、一九八三年(前川啓治・梶原景昭ほか訳、一九九二年)『創られた伝統』紀伊国屋書店
前園実知雄、二〇〇六年『斑鳩に眠る二人の貴公子　藤ノ木古墳』新泉社
町田　章、一九九七年『古墳時代の装身具』至文堂
松木武彦、二〇一九年「国の形成と戦い」『シリーズ古代史をひらく　前方後円墳』岩波書店

黛　弘道、一九八二年『律令国家成立史の研究』吉川弘文館
森　公章、二〇一一年「東アジア史の中の古墳時代」一瀬和夫・福永伸哉・北條芳隆編『古墳時代の考古学一　古墳時代史の枠組み』同成社
森　浩一、一九九三年『日本神話の考古学』朝日文庫
森下章司、一九九八年「鏡の伝世」『史林』81―4
森下章司、二〇〇二年「古墳時代倭鏡」車崎正彦編『考古資料大観五　弥生・古墳時代　鏡』小学館
森下章司、二〇〇五年「器物の生産・授受・保有形態と王権」前川和也・岡村秀典編『国家形成の比較研究』学生社
柳田康雄、二〇〇〇年「平原王墓出土銅鏡の観察総括」『平原遺跡』前原市教育委員会
山尾幸久、一九八三年『日本古代王権形成史論』岩波書店
山本幸司、二〇〇三年「王権とレガリア」『岩波講座　天皇と王権を考える六　表徴と芸能』岩波書店
山本忠尚、二〇二二年『正倉院宝物を10倍楽しむ』吉川弘文館
横田健一、一九五八年「日本古代における鏡の移動」『古代文化』2―1
吉川真司、二〇一一年『シリーズ日本古代史③　飛鳥の都』岩波新書
吉村武彦、一九九三年「倭国と大和王権」『岩波講座日本通史二』岩波書店
吉村武彦、一九九六年『日本古代の社会と国家』岩波書店
吉村武彦、二〇一〇年『シリーズ日本古代史②　ヤマト王権』岩波新書
吉村武彦、二〇一二年『女帝の古代日本』岩波新書
吉村武彦、二〇二三年『日本古代国家形成史の研究』岩波書店
吉村武彦編、二〇二〇年『新版　古代史の基礎知識』角川選書
和田晴吾、二〇一九年「前方後円墳とは何か」『シリーズ古代史をひらく　前方後円墳』岩波書店
和田　萃、二〇〇二年「神器論――戦う王、統治する王」『岩波講座　天皇と王権を考える二　統治と権力』岩波書店

Friedman, J. and Rowlands, M. 1977, Notes towards an epigenetic model of the evolution of civilization, In Friedman, J. and Rowlands, M.(eds.), *The Evolution of Social Systems*, Duckworth.

挿図引用文献

梅原末治、一九三一年『欧米に於ける支那古鏡』刀江書院
大阪府立近つ飛鳥博物館編、二〇一一年『百舌鳥・古市の陵墓古墳——巨大前方後円墳の実像』
大阪府立近つ飛鳥博物館編、二〇二一年『玉からみた古墳時代』
郭玉海、一九九六年『故宮蔵鏡』紫禁城出版社
菊水町史編纂委員会編、二〇〇七年『菊水町史　江田船山古墳編』和水町
埼玉県教育委員会編、一九八〇年『埼玉稲荷山古墳』
奈良県立橿原考古学研究所編、二〇〇五年『三次元デジタル・アーカイブを活用した古鏡の総合的研究』(Ⅰ)(Ⅱ)
奈良県立橿原考古学研究所編、二〇〇七年『秋季特別展　金の輝き、ガラスの煌めき——藤ノ木古墳の全貌』
奈良県立橿原考古学研究所編、二〇〇八年『橿原考古学研究所研究成果9　下池山古墳の研究』
前原市教育委員会、二〇〇〇年『平原遺跡』
松崎友理、二〇一五年「山の神古墳出土小札甲の復元」辻田淳一郎編『山の神古墳の研究』九州大学大学院人文科学研究院考古学研究室
水野敏典編、二〇一七年『三次元計測を応用した青銅器製作技術からみた三角縁神獣鏡の総合的研究』奈良県立橿原考古学研究所
宗像大社文化財管理事務局編、二〇〇三年『「海の正倉院」沖ノ島』宗像大社
村瀬　陸、二〇二三年「造出し粘土槨から出土した蛇行剣と鼉龍文盾形銅鏡」『季刊考古学』165、雄山閣
桃﨑祐輔、二〇一五年「山の神古墳出土馬具の検討」辻田淳一郎編『山の神古墳の研究』九州大学大学院人文科学研究院考古学研究室
弓場紀知、二〇〇五年『古代祭祀とシルクロードの終着地・沖ノ島』新泉社

コラム　神鏡と大刀契

時代はやや降るが、平安時代において、いわゆる八咫鏡は伊勢神宮に御神体として安置されるものと、宮中に安置される形代の二つがあった。平安時代には、鏡が他の剣璽とは異なる扱いを受け、単なる宝器的性質から離れて神聖化され、神体として格別の崇敬の対象に転化したとされる。神鏡は朝廷の温明殿に置かれ、その場は内侍所と呼ばれた。また神鏡自体も内侍所と呼ばれ、あるいは賢所とも呼ばれるなど、名称自体が神聖視のあらわれであるものと考えられている[大石、一九七五]。

この内侍所に安置された神鏡に次ぐ重宝として、「大刀契」の存在が知られている。『中右記』などの記録に、嘉保元年(一〇九四)、堀河天皇の内裏・堀河院が焼亡したとき、内侍所に置かれていた節刀一〇柄が焼損して発見されたとあり、その中の節刀二本は霊剣で、百済より献上されたとの所伝が記されていた点が注目されている。節刀とは、律令制で征夷将軍や遣唐使の派遣にあたって天皇から与えられ、随員の専殺権と微発の権利を伴うものとされる[大津、二〇一〇]。大刀契の「大刀」は節刀、「契」は魚符などの符契あるいは関契(都を守る三つの関所である三関を開閉する割符)を指すものと想定されている。大刀契は内侍所に神鏡とともに安置されており、神鏡の移動が遷都などに限定されていたのに対し、大刀契は天皇の行幸時には随行するのが通例であったことから、大刀契は宝鏡に準じる宝器として扱われたものと考えられている[大石、一九七五]。なお、これらの神鏡や大刀契はたびたび火災などに罹災しており、その結果、神鏡が納められていた唐櫃の中には三面(あるいは二面)の鏡があったことが記録されている[大石、一九七五]。

鎌倉時代中期の成立とされる『塵袋』には、上述の節刀二本について、「百済国ヨリタテマツル所ナルヲ」という記載とともに、一つは三公戦闘剣または将軍剣・破敵剣と呼び、もう一つは護身剣と呼んだとする記述がある。どちらにも北斗七星や白虎などの文様が刻まれ、後者の護身剣には以下のような銘文があったという［東野、一九八三］。

歳在庚申正月、百済所造、三七練刀、南斗北斗、左青竜右白虎、前朱雀後玄武、避深不祥、百福会就、年齢延長、万歳無極

この銘文の内容について検討した東野治之は、中国鏡の銘文との共通性などから、「護身剣が百済より舶載されたことは信頼してよいと考える。製作年代を確言することはできないが、銘文の形式・内容や百済での製作という条件を考慮すれば、一応四―五世紀と考えることが許されると思われる。銘文中の庚申年は三六〇年、四二〇年、四八〇年あたりと考えてよいのではあるまいか」と論じている［東野、一九八三、三三九頁］。記録によれば、護身剣の長さは約八七センチで、破敵剣はそれより若干長いとみられる。護身剣は剣とはいうものの実際は片刃で、銘文はその背（峰）に描かれたものと想定されている［東野、一九八三］。

大石良材は、本文でも触れた石上神宮の七支刀や、聖徳太子に関連する所伝を持つ四天王寺伝来の丙子(へいし)椒林剣(しょうりんけん)・七星剣(しちせいけん)、法隆寺の七星剣など［岸、一九八〇］のように、銘文や文様の刻まれた刀剣類が社寺などで伝世されているのに対し、他方が宮中で神鏡に準ずる大刀契として扱われていることの違いは、その由来に起因するものと考え、大刀契の一部である百済所伝の節刀類は、本来百済の宝器であったことを想定している。具体的には、『旧唐書(くとうじょ)』劉仁軌(りゅうじんき)伝の中の、白村江の戦いに際して唐軍が（百済の）「宝剣」を獲たとする記載に注目し、倭国に滞在していた百済王子豊璋(ほうしょう)が本国に戻った後、白村江の敗戦後に高句麗の占領地に逃れた際に、後に残された百済軍の降伏に際して宝剣が唐軍に没収されたものと捉えている。この豊璋のもとから奪われた宝剣を百済王の宝器と捉えた上で、この宝剣と同様のもの

が百済国の滅亡後のあまり時間的に隔たりのない時期に倭国中枢の所有となり、「宝剣ばかりでなく魚符を加えてそれが大刀契と総称されていたと考えたい」と主張している［大石、一九七五、三五三―三五四頁］。

岡田精司は、上述の大石説を支持しつつ、この大刀契の授受を行う儀礼が新たに加わったことにより、大王就任儀礼の形態が変容したとする考えを提示している。すなわち、七世紀前半までの即位儀礼は、宝器授受の儀と壇（＝高御座）に昇って即位を宣し臣下の拝礼を受ける儀の二つから成っていたが、これが一つの儀礼に統合されたであろうこと、また大刀契の儀において百済の節刀を継受することによって、大王は百済王を臣従させる存在となり、大王即位の儀礼は国際的性格を帯びたものへと変化した、とするものである［岡田、一九九二］。

上述の大石説では護身剣の銘文の内容や年代観が考慮されていない点が注意される。これに対して、護身剣の製作年代について、東野が想定したように銘文から四―五世紀と考えた上で、百済王の宝剣であるとみた場合、それらを含めた宝剣類は百済王権のレガリアと理解することが可能であろうか。また、大石や岡田が問題とした七世紀から大きく遡る四―五世紀という製作年代から考えた場合、護身剣が百済から列島にもたらされたのが製作年代に近い時期であるかどうかによっても議論は変わってくる。実際のところ、護身剣が、百済からいつ頃、どのような脈絡で列島にもたらされ、倭国中枢の所有となったかが論点となろう。

そのような点も含め、大刀契が、岡田が論じたような百済王との関係を象徴する存在として認識されていたかどうかについては不明な点も多く、今後の課題である。いずれにしても、白村江の戦いからも数百年が経過した平安時代において、朝廷の貴族層から神鏡に準ずる扱いを受ける存在として大刀契が位置づけられていたことが記録として残されていることからも、現物は存在しないものの、百済による製作の年代観やその後の由来も含めて重要な資料といえよう。

◉大石良材『日本王権の成立』塙書房、一九七五年
◉大津 透『天皇の歴史一 神話から歴史へ』講談社、二〇一〇年
◉岡田精司『古代祭祀の史的研究』塙書房、一九九二年
◉岸 俊男『遺跡・遺物と古代史学』吉川弘文館、一九八〇年
◉東野治之『日本古代木簡の研究』塙書房、一九八三年

古代の皇位継承と天皇の即位

藤森健太郎

はじめに
1　王統の「取り込み」——六世紀王権の戦略
2　四・五世紀の王位継承の実態を探る
3　世襲王権のゆくえ（1）——王統の再分立と混乱
4　世襲王権のゆくえ（2）——律令制国家の君主の皇位継承
おわりに
コラム　正統性の自己主張

はじめに

この章のテーマは、古代の王位・皇位継承である。

「王を、王たらしめている由緒と正統性」は、対象とする時代・地域を問わず、王権論の永遠の課題であるが、王に「なる」という行為には、そのエッセンスが凝縮されている。王の由緒と正統性を担保しなければ、即位はできない。筆者はこれまで、即位に関わる儀礼に表れた正統性の演出の歴史を研究してきた。[1] 今回は、現実に起こった王位・皇位継承に際し、次の王がどういう存在であるべきとされたかについて、その変遷を見ていく。

一番のテーマは、「誰が王になるべきか」について、その歴史的変遷を叙述することである。「誰が王になるべきか」を思案する主体はいつの時代を切り取っても単一ではなく、それぞれの主体がそれぞれの主張をぶつけ合えば、当然政争になる。政局論ないし政変論が皇位継承論に常に割り込む。王位を勝ち取った側が、「誰が王になるべきか」のルールを結果的に変えることもあるから、政局を無視する制度史は成り立ち得ない。皇位継承論は大きな理論と個別具体的な事実の間を往復し、その間に膨大な異説が生まれることになる。

(1) 筆者自身の現時点での見解は、[藤森、二〇一九]にまとめた。

本章では、A皇子とB皇子が争ってAが勝ち即位した、という類いの政局の経緯に深くは立ち入らない。王位・皇位の継承に関連して起こる政治的事件は「それだけで一冊書ける」素材であり、諸説鬱蒼の中心である。しかし本章の主テーマは、A皇子とB皇子が、いわばどんな「土俵」の上で争ったか、その「土俵」である。個々の皇位継承の根本にある構造の考察ということになる。

いくつか最初にお断りしておく。まず、天皇号成立の以前と以後をどう表現し分けるか。天皇号の成立の時期には今なお議論がある。非常に重要な問題だが、本書の「序」である吉村武彦「〈古代王権〉を考える」でも論じられているので、ここではとりあえず以下のように便宜扱う。すなわち、登場する人物の特定のためには、現在最も親しまれている漢風諡号（しごう）を用いる。その上で称号を付す場合には、斉明（さいめい）までは「大王」、天智（てんじ）からは「天皇」とする。君主の子女等の称号も連動する。便宜のみを考えれば、いっそそれこそ『日本書紀』(以下、『書紀』)の筆法に倣い、神武（じんむ）から一貫して天皇号を用いる手もあるが、それではあまりに違和感があろう。

大王は、天皇号成立以前の称号として一般にも通用しているが、「大」は美称であって「王」とすべきだとする説もあるし[吉村、二〇一九]、仮に「大王」全体を称号としても、例えば雄略（ゆうりゃく）期など、王から大王への飛躍の画期、段階差もあったかもしれないが、ここでは「大王」を天皇号成立以前の称号として用いることとする。

天皇号の成立に関して、取り上げるべき諸説が挙げる時期は、推古—天武の間におさまるが、中でも天武期説は多数の賛同を得てきた説だ。しかしその前代の天智も後世に律令制国家の創始者と仰がれた存在であり、最近では天智期に実際天皇号が用いられたとする説も力を得ている（本書「序」参照）。そこで称号付きで記す場合には、天智以後に「天皇」を付す。本章の範囲ではあくまでも記述上の便宜であり、それぞれの時期に実際どう称されていたかを断ずる意図ではない。ただしいずれの時代でも、一般的概念としての「王」「君主」等も用いる。

つぎに、君主その人の地位継承だけを取り出して王権の歴史を説くのには限界がある。日本古代史の研究では、王権の多重構造が指摘されてきた。皇位継承の問題に限定しても、その継承者に関する制度すなわち皇太子制や、天皇の婚姻相手の序列等をめぐる諸制度、特に皇后制の問題と密に関連しているし、皇位継承者に皇位を譲った後の身位としての太上天皇の制度とも密接だ。当然本章でも関説するが、最低限の範囲に留めざるを得ない。

本章で扱う時代はおおよそ西暦四世紀からということになる。王権の誕生さらにはその継承という意味では、邪馬台国の卑弥呼からいわゆるヤマト王権に至る経緯も問題になるが、「序」で触れられているので、その後の時代を意識した。終着点は九世紀初め、すなわち平安初期とする。ただ、時系列順で述べることはしない。

継体大王とその子たちの時代から始める。この時代に、世襲を継承論理の第一に据える世襲王権が確立すると同時に、過去の諸王の記憶・記録が、成立した世襲王権の視点から振り返って整理・再編されたと、古代史研究の世界では考えられてきた。したがって、それ以後の王位継承は事実の随時記録をもとにして『書紀』に至っているものとして大過ないのに対し、それ以前の王位継承の記述は、元になる記憶・記録があったとしても、ある時点で成文化や再編をされたものが『書紀』へ受け継がれていったものと考えられている。これを分別しないと、王位継承についての歴史叙述は、どこかで事実認定の基準が変わってしまうものになり、かえってわかりにくくなる。

それでは、世襲王権の成立の時期と広く認められている地点から話を始めよう。

1　王統の「取り込み」——六世紀王権の戦略

継体とその息子たちの王統「取り込み」作業

継体大王は、六世紀の初め、五〇七年に即位した。継体は王位継承上、独特の地位にあるように見える。『書紀』での直前の王は武烈大王だが、彼を最後に仁徳大王の男系子孫は断絶したことになっている。そこで越前から、応神大王五世の孫である継体が迎えられたとするのだ(**図1**)。『釈日本紀』所引『上宮記』一云の逸文にはその間の系図が載せられているが、[2]『書紀』『古事記』ではこの間の系譜の記載はない。『書紀』に付属していたはずながら現存しない「系図一巻」にはあったのではないかとの説もある[遠藤慶太、二〇一二]。継体が応神の真の子孫であるかどうかはいまだ議論があり、越前ないし近江[3]方面から迎えられての即位は異例に見えるが、後述する通り王の血統を引く(とされる)者の分散や地方からの動きについては、実はこの時の感覚としては極端に異質なことではなかったと思われる。とはいえ、王を名乗る資格は律令に規定がある後世と違って無制限であった一方、大王位に即く資格があるのは一世王を原則にしていたと思われるから[水谷、一九九九a]、継体

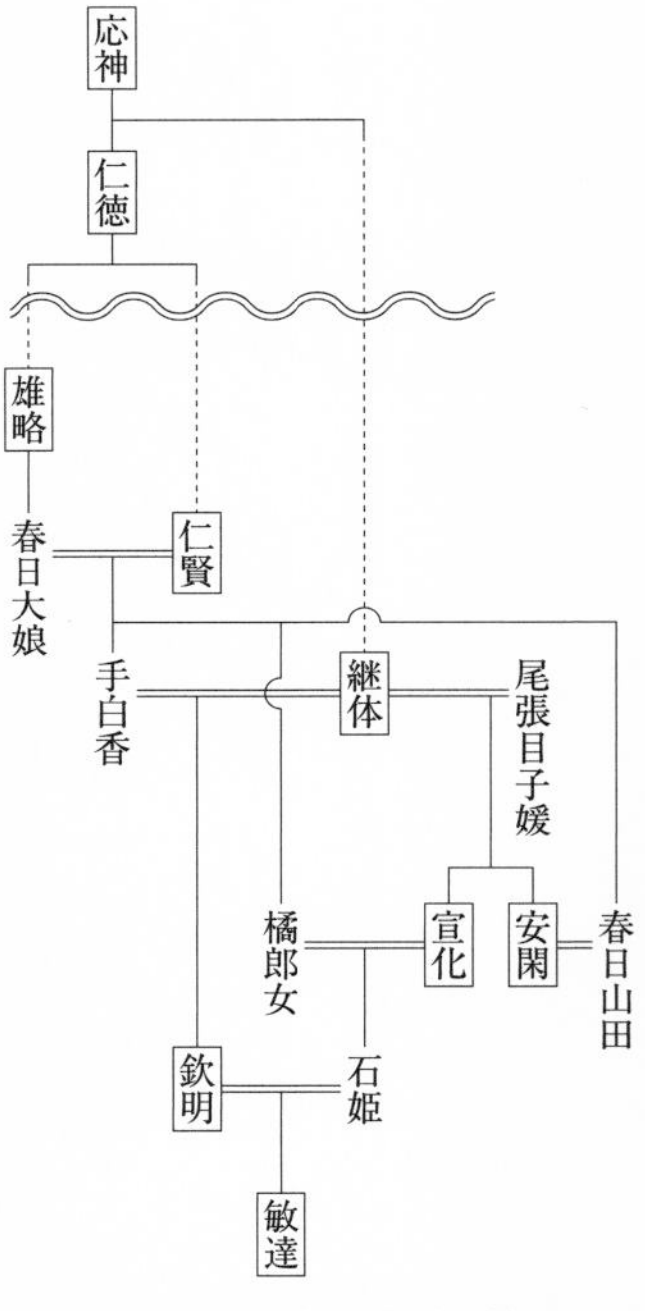

図1　大王略系図(応神—敏達)
継体・欽明・敏達に至る王統の「取り込み」が見てとれる

(2) 鎌倉時代中期の『書紀』の注釈書『釈日本紀』に引用されている『上宮記』は、『書紀』成立以前、七世紀の史書とされている。その『上宮記』の中で、さらに別の説を引き合いに出している部分が「一云」である。そこでは、凡牟都和希王(応神カ)—若野毛二俣王—大郎子—乎非王—斯王—乎富等大公王(継体)という系譜が述べられている。なお、凡牟都和希(ホムツワケ)王は、応神ことホムタワケとは微妙に異なる名である。ここでは、現時点での多数説に拠り、やはり応神を指すとしておきたい。ホムツワケを応神とは別人とみて議論を大きく展開させた説もある[古市、二〇一一]。

(3) 『書紀』では越前、

が遠い父系の血縁関係から王位を継承したと認識されたことは間違いなく、その権威を浸透させるために種々の手段が講じられた。

その一環として、継体は過去の王統を自らに取り込もうとした。自らは仁賢大王の娘、手白香王女と婚姻し、後の欽明大王を儲けた。それより以前に尾張草香の娘という目子媛と継体との間にできた息子たち、安閑大王と宣化大王も、仁賢の娘と婚姻している。

欽明の母である手白香は、仁賢と、雄略大王の娘である春日大娘王女との間の子ということになっている(4)。とすれば欽明は雄略の曽孫になる。仁賢と春日大娘との婚姻は継体の主導ではないが、継体が手白香と婚姻関係を結んだ際、手白香が雄略の孫とされていたことが意識された可能性はある。『書紀』の仁徳以後の男系王統は、履中大王から顕宗大王・仁賢に至る流れと允恭大王から雄略らに至る流れに分かれる。婚姻が即位の前後いずれであったかで話は多少変わってくるが、仁賢が春日大娘と婚姻したこと自体、雄略系の取り込みによる両系の統合だったのかもしれない。それをさらに継体が取り込んで欽明に伝えた結果、履中―仁賢系だけでなく、允恭―雄略系も欽明一身のうちに入る形になっている。

王の血を引く女性と婚姻することの意味に、欽明を境に意義の変化があったとする説がある。それ以前には王の血を引かない女性との婚姻と比して大きな違いはな

『古事記』では近江出身とされており、研究史上も両説がある。

(4) 春日大娘以前にも大王が王女と婚姻した記事はあるが、[水谷、二〇〇二]の指摘のように、それらは一種の掠奪婚であって、双方合意で王女が正式に妃になったのは、これが初である可能性が高い。

いが、欽明以後は、明確に王女を尊貴視しつつ、近親婚も含めて王族の凝集性を高めるための婚姻をしたというのである[篠川、二〇〇一a／遠藤みどり、二〇一五a]。これも世襲王権の戦略の一環として捉えられる。だが欽明以前の王の血を引く女性との婚姻にも、既にその意義が付されつつあったろうし[水谷、一九九九b]、欽明以後の視点から振り返ったその種の婚姻は、王統の取り込み、統合の先駆に見えたことだろう。

　継体と息子たちは数代にわたり前代の諸王統を取り込んだことになるが、その息子たちの中で対立があったとする説がある。紀年の混乱や、『書紀』に引用される百済史料の記述から、安閑・宣化と欽明との間に対立・抗争があったというのだ[5][林屋、一九五五／大橋、一九九九]。賛否あるが、いずれにしても両者の間に微妙な関係性はあったかもしれない。だがこと系譜関係では、欽明が宣化の娘、しかも石姫（いしひめ）のみでなく複数人と婚姻することによって、安閑・宣化が属した継体×尾張目子媛系をも欽明系統に取り込んでいる[6]。安閑と宣化の政治的立場を区別し、宣化は欽明と結んだという説もあり、宣化系と欽明系の濃厚な婚姻関係に関する政局面の説明としては魅力があるし[水谷、二〇〇二]、王族内の共同統治のような形を想定する説にも一考の価値があり[遠藤慶太、二〇二〇]、諸説併存している。なお、『書紀』本文によれば継体は安閑に、亡くなるぎりぎりに生前譲位したことになっている。

（5）継体の死没年には、『書紀』『古事記』だけで三説がある。次の安閑の即位年には『書紀』に二説ある。また、『元興寺伽藍縁起』や『上宮聖徳法王帝説』による欽明の即位年は、『書紀』の一説の翌年である。さらに、『書紀』の引く「百済本紀」には、日本の「天皇、太子、皇子」がともに亡くなったという不穏な記述がある。これらの不審点から、安閑・宣化系と欽明系の並立などの諸説が生まれたのである。なお、『書紀』によれば、宣化没後、仁賢の娘で安閑の妃である春日山田王女の執政が請われ、これが辞退された後に欽明が即位したことになっている。

（6）もし内乱があった

何らかの意志を示した可能性はあると思うが、そうであってもこの記事だけではまだ、後世の譲位につながっていくものとは言えない。

ともあれ継体から欽明に至る大王たちは、血縁原理による諸王統の取り込みに熱心に見える。これは、それ以前の雄略期頃から王位継承において血縁原理が重視されるようになってきており、その流れの中で世襲王権をつくろうとしたからだと考えられる。と言うと、疑問に思われるかもしれない。王位継承において血縁原理が重視されたのは、継体たちの時代になって初めての話なのか、「最初」からずっとそうではないのか、と。確かに、『書紀』や『古事記』では、初代とされる神武天皇以来、ずっと血縁原理第一で王が相承されてきたように書かれている。それも、古い時代ほど多くが父子ですっきりと継承したことになっていて、「皇位」の継承があまり「横」に展開しない[7]。これが事実であるなら、継体よりもはるか以前より、王位継承はもっぱら血縁原理、それも父子相承を基本に行われていたように思えるだろう。しかし多くの古代史研究者は、まさに確立されようとしていた世襲王権の血縁原理を第一とする王位継承の論理を遡らせて、過去の記録を整理したのが、この継体から欽明の時代だと考えてきたのだ。

とすると、春日大娘が仁賢と婚姻する以前の、敗者の娘を掠奪する習慣の延長とも取られかねないが、内乱の有無に限らずこれらの婚姻はそういうものではなく、過去の王の血統とつながり、これを取り込むための行為とみられる。

(7) 子細に見ると、「欠史八代」(一六八頁参照)の諸王には兄弟が多く、それらが諸氏の祖とされている。王位継承だけを取り出して略系図にすると、父子相承の「横に行かない」系図なのであるが、諸氏の祖を過去の王と結びつける機能も「欠史八代」は果たしている[倉本、二〇二〇]。なお、かかる機能は崇神以後にも見られるが、『書紀』では仁徳から安閑、『古

過去の王統の整理・再編

『書紀』や『古事記』に見える王位継承の記述は、「帝紀」(8)をもとにしたと考えられている。その成立について津田左右吉は、六世紀前半、まさに継体から欽明の頃だとした[津田、一九四八]。これが長い間の通説であったが、吉村武彦は稲荷山古墳鉄剣銘等の系譜記載から類推して、五世紀後半には王統譜が存在していて不自然ではないとした(9)。これを「原帝紀」と呼び、それが成文化され「帝紀」になっていくという[吉村、二〇一九]。関根淳は、やはり稲荷山古墳鉄剣銘に着目しつつ、地方有力者が系譜を認定され銘文にできる背景には、中央に成文化された王らの系譜があったはずと考え、「帝紀」は五世紀後半には成文化されていたと論じている。国際関係を含めた雄略期の状況から「帝紀」成文化を説く説にも魅力がある[関根、二〇二二]。

「原帝紀」ないし「帝紀」(10)が五世紀後半からあったとしても、六世紀前半にそれがどんな形態・内容で存在していたかは推測に頼らざるを得ないが、ひとつの定本があって固定された状態ではなく、可変性を残していたと考えられる。「帝紀」にはさまざまなヴァージョンがあって、それぞれに変化もするというイメージである。例えば関根は「天皇記」(後述)は蘇我系の「帝紀」だという。『古事記』もまた「帝紀」のひとつであった可能性が指摘され[遠藤慶太、二〇一八]、多様なあり方が鮮明

事記』では仁徳から武烈までの間の王の後裔を称する皇別氏族がまったく見られない[水谷、二〇〇二]。仁徳系の断絶が、後裔の非記載でも表現されている。

(8)「帝皇日継(ていおうのひつぎ)」とも呼ばれ(『古事記』序)、天皇の名、皇居の所在、治世中の重要事項、后妃・皇子女の名、それに関する重要事項、天皇の享年、治世年数、山陵の所在などがその内容とされるが、内容の詳細には諸説ある。いずれにせよ、王位継承の経緯を記してあったことは間違いない。「旧辞(きゅうじ)」とともに『書紀』『古事記』のもとになったとされる重要なものだが、今日には伝わらない。

(9) 稲荷山古墳鉄剣銘

になってきた。

こうした絶えず変容する系譜群について、欽明期に大きな整理・再編の画期の一段階を想定することはなお可能であろう。継体に始まる王統が、それ以前から記憶・記録が始まっていた王の系譜を血縁原理の観点から統合・整理し、さらに自らに接続するという作業を加えた蓋然性は依然として高いと思われる。いずれにしても五世紀以前の王の系譜は、どこかの時点で成文化されて『書紀』等につながっていったことになる。具体的にはどのような整理がなされたのだろうか。

『書紀』の史料批判をしやすくなった第二次世界大戦後、王の系譜の整理・統合の経過の解明が『書紀』や『古事記』への史料批判の形で盛んに行われた。川口勝康は『宋書』に見える倭の五王の系譜で、珍から済のところに親族関係の記載がないのを出発点にし、[11] 五世紀の倭には王統が複数あったと考えた。「帝紀」成立を欽明期とする通説を前提に、そこで五世紀の複数系統を一本化し、さらに継体から始まる新王統を接続する作業が行われたとする。別系統を一本化する際には共通の祖先が加上されたとし、『書紀』の応神や仁徳の存在に、そうした加上を読み取る。諸王統と継体王統の共通の祖先として応神を定めて新王統の正統性を確保した上でさらに遡り、崇神—仲哀までや、神武—開化までの系譜を加えていったというのだ［川口、一九八一・一九八二］。この説を承けつつ、さらに探究を進めた大平聡は、崇

は、以下の通りである。（表）「辛亥年七月中記、乎獲居臣上祖名意富比垝、其児多加利足尼、其児名弖已加利獲居、其児名多加披次獲居、其児名多沙鬼獲居、其児名半弖比」、（裏）「其児名加差披余、其児名乎獲居臣、世々為杖刀人首、奉事来至今、獲加多支鹵大王寺、在斯鬼宮時、吾左治天下、令作此百練利刀、記吾奉事根原也」。冒頭にある辛亥年は、この鉄剣をつくった年になると思われるが、四七一年とするのが有力である。その後に「其児……、其児……」とヲワケ臣に至る系譜的な部分が続き、杖刀人首としての奉仕の由来が述べられる。さらにワカタケル大王の本拠がシキ宮にある時に、自分（ヲワケ臣）が天下の治政を助

神—仲哀は推古朝に、神武—開化は記紀編纂時に加上されたとしている[大平、二〇二〇a]。記紀編纂時まで加上を遅らせる説は多くないが、推古—天武期あたりに諸「天皇」の系譜が創作・加上されたとする考えは、第二次世界大戦後の古代史学界では根強く、多彩な議論が繰り広げられた。

『書紀』に載せる諸「天皇」のプロフィールや系譜に、相当程度後世の整理が加えられていることは、別の側面からも指摘された。われわれが親しむ「〇〇(漢字二文字)天皇」(漢風諡号)は、後世に贈られた。例えば神武天皇なら『書紀』では「神日本磐余彦天皇」である。漢風諡号は、奈良時代も後半の天平宝字年間に、淡海三船が撰進したものとされている。『書紀』やその原型の編纂時における過去の天皇への認識は和風諡号から探らねばならない。実際和風諡号を並べてみると、なかなか興味深いことがわかる。

和風諡号を構成する語の中には、時代を飛び越えて共通するものがある。崇神よりも以前の孝霊・孝元・開化の和風諡号にある「ヤマトネコ」、これは、持統・文武・元明・元正と共通である(その間の清寧とも共通する)。また、孝安・景行・成務・仲哀の「タラシヒコ」は、舒明・皇極の和風諡号中の語に通ずる。時代を飛んで後世と通ずる語を含んだ和風諡号やその前後の和風諡号は、なかなか荘重で長めである。つまり、神武から仲哀までの和風諡号は比較的長くて荘重なのだ。ところ

け、この刀をつくらせて、王権への奉仕の根源を記させた、と述べている。

(10) 吉村と関根、またその他を含めて「原帝紀」「帝紀」の定義の別が研究者により微妙に異なることがある。例えば塚口義信は、欽明期に「原帝紀」が、その王権の正統性のためにつくられたとする[塚口、一九九一]。ここでは『書紀』の系譜に至るまでの原型(群)というほどの意味で、「原帝紀」ないし「帝紀」としておく。

(11) いわゆる倭の五王について記載する中国史書のうち、『宋書』『南史』には讃・珍・済・興・武、『梁書』には賛・彌・済・興・武とある。ここでの主題上最大

が、仲哀の後、応神からは一転シンプルになる。継体までは多くがシンプルだ。それが安閑あたりからまた長く荘重な名が多くなっていき、天智以後その傾向が甚だしい。荘重な諡号が多いのは古い時代と新しい時代で、その中間が比較的シンプルなのだ。

多くの学者は、中間のシンプルな時代を挟んで、新しい時代と古い時代の荘重な諡号中に共通の語が見えるのは、荘重な和風諡号を贈るようになった新しい時代の感覚で古い時代の諡号を創ったからだと考えた。和風諡号が再び荘重になっていく時期は、諡号を贈る行為を含む殯宮（ひんきゅう）儀礼が成立したとされる時期とも重なる。また、「帝紀」が欽明期に成立したか、あるいは比較的大規模に整理されたとすれば、その時期とも重なる。王統の整理・再編を経ても、実際の記憶が比較的強く残っている応神以後継体までの諡号はシンプルなままにされたが、応神以前の王統の整理・再編をする際には、それら諸王の実像が曖昧になっているだけにかえって名前の段階から編集を加えやすかったと考えられる。一歩進めば、それら王の存在自体創作ではないかという推測を呼び起こす。

しかし、相当の整理・再編が加えられているとしても、五世紀以前の諸王の存在自体が全て六世紀以後に、机上で創作されたものだったのかといえば、それも疑問である。

の問題は、『宋書』が珍と済の間の血縁関係を記さないことである。

考古学の下垣仁志によれば、古い時代の諸「天皇・后妃」について、『書紀』等の記述を吟味して復元され大方の賛同を得ている推定の没年時期と、それら「天皇・后妃」の治定陵墓の考古学上の推定暦年代を見比べると、かなり整然とした対応関係があるという［下垣、二〇一九］。下垣は、むしろこれら古墳が、被葬者を記録する媒体になっていたと捉える。巨大墳墓とともに記憶もしくは記録されていた継承順や在位年数を、記紀の原史料の編纂時に利用したというのである。この議論は、記紀の記載の信憑性やそれらに出てくる諸天皇の実在性、系譜関係の信頼性を補強する意図のものではないが、文字記録の整備されない時代において過去の大王がどう記憶されていったかを推測するヒントになる。そうした記憶が過去の巨大古墳の存在と相まって保持されていた場合、まったくの創作で「原帝紀」ないし「帝紀」を編集できたものか、疑問である。ただこの場合、巨大古墳と対応させられる崇神以後の話となるだろう。崇神以後の実在について、「欠史八代」以前よりは格段に認められるとする研究者は、文献史学でも多い(12)。

崇神よりも前のいわゆる「欠史八代」（綏靖・安寧・懿徳・孝昭・孝安・孝霊・孝元・開化）については、崇神以後と違って巨大な王墓の存在という側面支援を受けづらい上に(13)、「欠史」の語からわかるように、系譜関係等のほかに伝わる記事が乏しく、ゆえに実在性についてもひときわ否定的に扱われてきた。推古九年（六〇一）から一

(12) 崇神は『書紀』の中において「御肇国天皇」と表現されており、『古事記』でも初代天皇にふさわしい表現を与えられている。そこで、『書紀』で神武を「始馭天下之天皇」とするのは後世に付された観念であり、崇神こそヤマト王権の「初代の天皇」とする意見が多い。本書「序」を参照。

(13) 巨大な前方後円墳以前に王墓が想定できないということではないが、仮に実在の王の伝承だとしても、「欠史八代」諸王の陵墓の候補を特定するのは難しい。

(14) 十干十二支が一巡

蔀(一二六〇年)[14]遡らせたところに神武即位の年を設定したため、その間を埋めなければならなくなり、例えば推古二八年(六二〇)に「天皇記及国記[15]」を編纂した際などに完全に創作されたとさえいわれる。

遠藤慶太は「帝紀」の本質が王の系譜である以上、その他の記事が少ないからといって、「欠史八代」の意義を不当に低くみるべきではないと指摘する[遠藤慶太、二〇一二]。そうした意義を有する崇神以前の諸王に関する記事が、何の伝承にも基づかない、まったくの創作かどうかは再考の余地があろう。また、これら諸王の年齢は一見して不自然に長寿なのだが、どうせ創作なのであれば、人数の方を増やせばよかったのではないか、という素朴な感想もあり、これら諸王の伝承がある程度固まっていたので、人数は動かせず、年齢を引き延ばしたと考える向きもある[遠藤慶太、二〇一六]。もちろん、仮に「欠史八代」にも何らかの伝承が古くからあったとしても、特定個人の実在性や彼ら相互の関係の事実性とは別の話ではあるが。

もうひとつ、最終的に編纂された後の『書紀』の記述でも、なお王の周囲の血縁関係に異伝を残していることは注意される[遠藤慶太、二〇一二]。そういう方針の編纂物が、同時に架空の王の完全な創出までするものかどうか。そもそも「帝紀」が多様なヴァージョンを許容する形で伝わってきたのだとすると、一律的な改変がどこまで「効く」のかという疑問もある。

する六〇年を一元といい、二一元を一蔀という。これは一二六〇年になる。推古九年(六〇一)は干支で辛酉に当たり、これは革命の年とされる。そこから一二六〇年遡った辛酉の年に、神武即位を設定したと推定される。西暦では紀元前六六〇年となり、歴史的事実とは認め難い時代になってしまう。

(15) 正式名称は、「天皇記及国記臣連伴造国造百八十部并公民等本記」。『書紀』によれば、推古二八年(六二〇)に、いわゆる聖徳太子と蘇我馬子らにより撰修され、乙巳の変の際に一部を焼かれたという。今に伝わらないが、諸王の系譜を含んでいたことは確かであろう。

また、古い時代ほど王統が「横」に広がらず、父子直系で継承しているように見えることについては、それこそ後世の創出の証だとも捉えられてきたが、古い時代の系譜は、もともと血縁関係の表現ではなく地位の継承次第だという義江明子のような考えに立てば、評価を見直す余地も生まれる[義江、二〇〇〇]。

かくして、第二次世界大戦後の古代史学界において、その創作性を強調されてきた『書紀』の古い時代の王の系譜だが、近年は見直しの気運がある。しかし、もし例えば古い時代の王の直系系譜が本来地位の継承次第だったとすれば、相互の血縁関係については直接語っていなかったはずが、『書紀』はそれを血縁的な父子関係に整理してしまっているということになる。また、毎代多くの異母兄弟が設定されて諸氏系譜と接続することになっているが、これは明らかに人為的操作であろう。さらに、四・五世紀の諸王の存在の痕跡が厳然とそびえる巨大古墳としてあからさまに遺っていたとしても、そこに葬られた王相互の諸関係が『書紀』編纂に至る段階まで正確に記憶されていたとまで断ずることはできない。

もし『書紀』の系譜関連記事が相当に信用できるとなれば、例えば仲哀と応神の間に挟まる「神功皇后」の執政は、皇位継承論上も過去の事実の問題として大きく取り上げられるべきだが、見直しが進む今日(こんにち)でもそうした論調は少ない。創作性は否定されたわけではなく、吟味され直しているということだろう。「原帝紀」ないし「帝紀」が早くに成立していたとしても、また、過去の王の系譜に後世加えられた整理や改変の度合い・一律性については再検討が必要だとはいえ、やはり五世紀までの系譜は六世紀における再編のフィルターが相当かかった形で『書紀』に至っていると考えるべきである。

それでは、四・五世紀の王位継承の実態はどんなものだったのだろうか。次節では、継体即位以前の王位継承について、考古学等による古墳研究も交えながらしばらく考察してみよう。その後で、また、継体とその息子たちから始まる六世紀の世襲王権に立ち返り、その後のゆくえを見ることになる。

2 四・五世紀の王位継承の実態を探る

考古学からの諸説

古墳を材料にした考古学的な議論は、文献史学による王位継承論に刺激を与えてきた。

王墓と目されるような巨大古墳が集中して造られる地域には、時代によって変化がある。ある時期A地域に王墓級古墳が多数造られたとして、それがその後絶えるか小規模化し、今度はB地域に王墓級古墳が多数現れたとすれば、Aに墳墓を設けるA王統からBに墳墓を設けるB王統に王の系譜が移ったと推測したくなるのも自然ではある。一番有名な例では、今の奈良県の南部ついで同北部に多く築かれていた王墓級古墳が、今の大阪府にその中心を移す、という現象がある。この事実を出発点にして、大和に発祥した倭の王権が、河内の勢力によって奪取されたとする一種の王朝交替論が現れた。

いったん文献に戻って和風諡号の面からみると、崇神から仲哀までの間には「イリ」を含むものが複数ある。応神から武烈までの間には「ワケ」が複数ある。王のみではは っきりしない面もあるが、王の親族まで含めると、よりくっきり「イリ」と「ワケ」が浮かび上がる。この二グループをそれぞれ別の王朝と見立てて、「イリ王朝」から「ワケ王朝」への交替が論じられ、応神はイリ王朝に入り婿の形でつながるとする系譜の復元案も出された[井上、一九六〇など][16]。これは王墓級古墳造営地の移動という考古学的事実とも結びついた。王墓級古墳の推定地から名付けると、三輪王朝と河内王朝ということになる。こうして、河内王朝論という言葉は一時かなり一般的になった。

別の例を想定してみよう。たとえば、ある地域の王墓級古墳とそれとは別の地域の王墓級古墳とが、交互に造営されていたらどうか。両王統の同時並立を推測したくなろう。実際、大阪府の王墓級古墳の集中地には、百舌鳥(もず)古墳群と古市古墳群が

(16) このほか、古王朝・中王朝・新王朝の三王朝が交替したとする説などもあった[水野、一九五四]。

ある（**図2**）。このふたつの古墳群に属する王墓級古墳の先後関係の捉え方により、複数の王統の並立を推測した説も登場することになった。先述した五世紀の複数王統論は『宋書』の記述を出発点にしていたが、現に河内に存在する複数の巨大古墳群という考古学的な事実と親和的である。

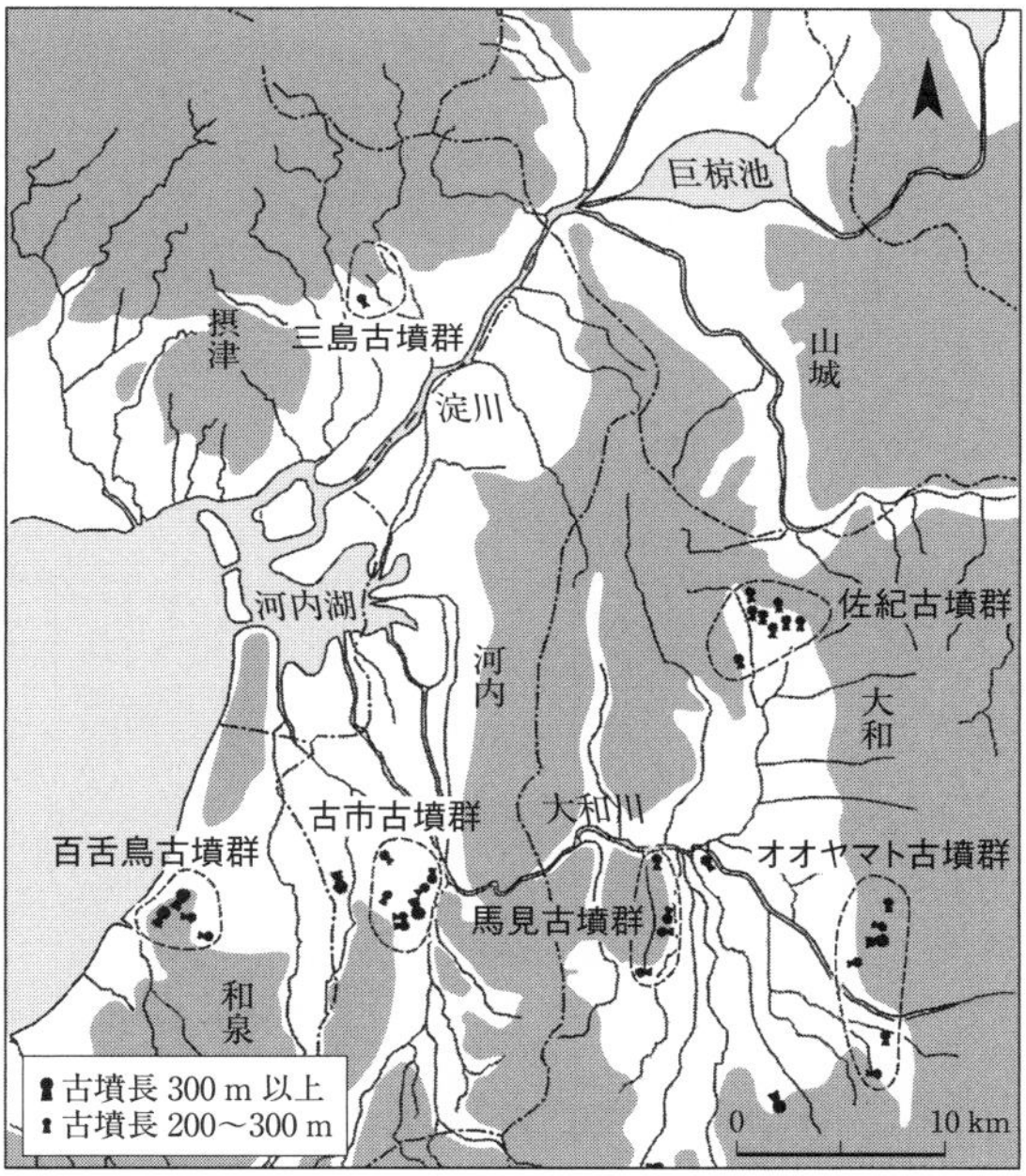

図2　近畿中央部の大型古墳（白石太一郎，『古墳からみた 倭国の形成と展開』敬文舎，2013年）

しかし、王墓級古墳の所在地から王朝交替論や王統の並立を論ずる説に対して批判も出てきた。古墳とはいうまでもなく陵墓であって、生前の王の政治的センターではない。『書紀』『古事記』によれば、陵墓が河内に移っても、諸「天皇」の宮の多くは大和に造り続けられている［吉村、二〇一九］。そうしてみると、河内に王墓級古墳の所在が移ることをもって、「河内王朝」への交替とみるべきかどうか、あるいは、王墓級古墳の所在地が同時期に複数あることをもって、それぞれを本拠とする複数王統の存在を推定すべきなのか、疑問も出てくる。しかしその後も、古墳研究をもとにした王位継承論からは、刺激的な新説がいくつも提案されている。

坂靖は、奈良盆地東南部、「おおやまと」地域に王墓を築いた集団がヤマト王権を誕生させたと説く。この集団はやがて、同盆地北部の佐紀古墳群の集団と一体化していくが、その過程では、ヤマト王権は「おおやまと」と佐紀にそれぞれ拠点を持ち、それぞれに王がいて並立していたと考えている。また、古墳時代前期末から中期初頭に、ヤマト王権の支配領域が「カワチ」に到達するが、その頃には、四つの王墓が同時に諸拠点で築造されているので、ヤマト王権は四人の王、または王に準ずる人物を擁していたと考えるのである［坂、二〇二〇］。この「王」とは、その権威・権力から見て王と称するにふさわしい者、という意味だろうが、とはいえ、同時期に甲乙つけがたい王（と呼ぶべき者）が複数存在していたとするならば、それが『書紀』の天皇系譜のような、いっときに一人の王しかいない形の単純な系譜になるには、その事実が自然に忘却されたか、「帝紀」等に相当の編集が加えられたとするしかないだろう。

岸本直文は、古市・百舌鳥古墳群の被葬者集団は、佐紀古墳群の集団とは別であり、やがて前者が優位になって王位を占めるに至ったという。もっと具体的には、河内地域の在地勢力ではなくて、佐紀政権下の有力者で河内・和泉の掌握のために送り込まれた人物がのちに政権を奪取したとし、それが文献上の応神であり津堂城山古墳の被葬者だという。また、それに先立つオオヤマト古墳群から佐紀古墳群への移動についても、権力中枢に何らかの変化を想定している〔岸本、二〇二〇〕。

松木武彦は、前提として巨大前方後円墳の系列と王位の継承とは別に考えるべきだ、と注意を促した上で、そうはいっても古市・百舌鳥の両古墳群が造られた時代には、これらを営んだ「二大氏族」から大王が立てられるのが常態だったことに疑いはないとしている〔松木、二〇一九〕。大王を出す集団が並立していたという説が維持されている。

王の並立と言えば、さらに壮大で刺激的な説もある。岸本によれば、倭国大乱が女王卑弥呼の宗教的権威によって収拾されたことにより、倭国の王権は、祭祀を権能とする神聖王と実務的統治を担当する執政王の二重王権となったという。神聖王は初代卑弥呼、二代台与(とよ)は女性だが、三代目からは男性となった。執政王は当初から男性と推測される。こうした神聖王・執政王の二王並立(祭政分権王制)は、五世紀まで続くが、本来の倭王は神聖王の方であって、執政王は従の存在であった。二王は権能差を持ちながらも競合的関係を内包していた。また、二王並立の影響は七世紀に至るまで、王や執政者の継承問題を引き起こす一因になったという。この議論を支えているのは、それぞれの古墳群にある巨大古墳の中に系統差を読み取っていく緻密な作業である。仮にこれが正しいとして、五世紀までの二王並立をはっきりうかがわせる記述が『書紀』に見えないのはなぜだろうか。岸本は「正史編纂事業における最大の課題は、倭国王を一本化して整序することであったろう」と推測している[岸本、二〇二〇]。

これらの説の多くは、古墳は陵墓であって政治的センターではないという批判が浸透した後のものである。それもあるのか、古墳群のある地域を基盤に台頭した新興勢力による「新王朝」への交替という単純な見方は取らない。そのかわり、これらの変化と同時期に列島各地でも首長墓系譜に変動が見られることを背景に、王権中枢で主導勢力の変化が生じていたと推測する。確かに、どこに王墓を造るかは、政治的センターの場所を示唆するわけではないにしても、それぞれの集団のアイデンティティーの一端を示すことにはなるだろう。したがって、例えば大和の中で起こった権力主体交替の反映として、河内の王墓所在地に変化が生じる、というような論理も成り立ちうる。

やや視点を変え、考古学や形質人類学による古墳研究の成果を眺めると、王位継承論にも大いに関わることとして、親族関係のあり方の問題も重要だとわかる。すなわち、田中良之や清家章の研究によれば[田中、二〇〇八/清家、二〇一〇]、少なくとも古墳時代中期前半までは、一つの墳墓に複数の被葬者がいる場合、その墳墓に最初に葬られる人物の比率に男女差はなく、その後にそこに葬られるのはおおむねその兄弟・姉妹であった。その後、中期後半以降には、婚姻相手を含まない「家長」とその子というパターン、さらにその後に婚姻相手を含む「家長」とその子というパターンが現れたという。すなわちふたつ目のパターンまでは婚姻相手は同じ墳墓に葬られず、その出身母体の墓に葬られたというのである。中期後半には、被葬者における男性比率が圧倒的に優位になるともされている。

この現象を大きくいえば、双系性の強い親族関係が次第に父系的になっていく一環として捉えられようが、親族関係の変遷に関するこうした分析も、王位継承を論ずる際に念頭に置くべきことだろう。『書紀』『古事記』では、王権中枢を構成するカップルのうち男性を天皇、女性を后妃として整理しているが、その実際の関係が男性王とその女性婚姻相手のようなものであったかどうか、さまざまな可能性を考えておくべきだろうし、女性首長として集団に君臨する者のもとにむしろ王の方が訪れてきて、そこに生まれた子は女性首長が率いる集団で養育されるような状況も想定すべきかもしれない。

以上、ここに挙げた考古学の立場からの諸説は、門外漢の筆者の目にも触れたものを紹介したに過ぎないが、この分野から提起される議論が、興味深いものであり続けていることは間違いない。ただこれらを文献史学の立場からどう受け止めるかは簡単な問題ではない。もし王位継承の複雑性の痕跡をいかに消し去るかが正史編纂上の課題だったとすれば、その痕跡を文献から探すのは至難である。

とはいえ、考古学から提唱される王位継承論にも傾聴し議論することが古代史研究には必須であろう(17)。総じて言えば、考古学上の諸説の多くから描き出される四・五世紀の王位継承は、『書紀』の整然たる血縁的系譜のみを前提として理解できるものではない。四世紀には王統は未成立で、畿内の有力勢力間の協同関係の中でその盟主的存在が移動するイメージが強い。五世紀に血縁原理による王統らしきものが姿を見せ始めても、それは複線的であり、前王と新王の関係も多様であり得るものとして論じられている。

王位継承候補者をめぐる社会関係

(17) 例えば塚口義信は、佐紀西群の政治集団が内部抗争を起こし、反乱側で勝利を収めたのが応神であって、彼は津堂城山古墳に象徴される河内政治集団に入婿したと考えている[塚口、一九九三]。この説は、古墳の築造地を集団の根拠地と考えているものではあるが、先に挙げた岸本直文の説と親和的である。研究史的には塚口説が岸本説に先行している。

古墳研究から見た王位継承論の一端を紹介したつぎには、隔絶した王統なり王家なりが確定されていない時代の諸王をめぐる社会関係、特に親族関係の実像を、周辺諸集団との関係も含めて考えてみたい。継体以後の王統は、血縁原理を重視して狭く限定された王家の相貌を濃くしていくが、それ以前の王をめぐる親族関係はどういうものだったのだろう。

四・五世紀の家族・親族関係については、六世紀以後とはかなり違った様相が推測されている。そもそもウヂ(氏)が成立したのは六世紀になってからだとされている[吉田、二〇一八]。それ以前にも、古墳の存在そのものからして、祖先への意識や、共通の祖を仰ぐ集団編成等は存在していたはずではある。稲荷山古墳鉄剣銘に見られる祖からの系譜、大王への代々奉仕の観念などからすれば、ウヂの核心部分は萌芽していた[大津、二〇一〇]。しかし、例えばその鉄剣銘の系譜部分にはウヂ名の記載はない。大伴氏や物部氏というウヂ名を掲げて大王からカバネを与えられる氏族組織の完成には至っていないのだ。王家というべき特殊な氏族も未成立、あるいは成立途上ということになる。

倭の五王らは、中国史書に倭姓を称された者として登場する。王その人以外にも倭姓を称された者が存在しており、彼らもまた中国から官爵を受けることもあった。しかし稲荷山古墳鉄剣銘等を見ると、倭の内側において倭姓が広く機能していたとは考えがたく、倭姓はあくまでも中国向けに称したか、あるいは中国の方から主導して称させたものと考えられる。そもそも、倭姓が当時の倭における父系集団出自と正確に対応していたかどうか難しいところだ[佐藤、二〇一九][18]。とするならば、当時の支配層の倭の内での実態は、過去の王の子孫も含め、共通して無姓の有力者たちが婚姻も含めたネットワークでつながり、連合しつつ競合していたというようなものであろう。

また、過去の王の血を引く者たちは、一カ所に集住していたわけではないと考えられる。後の畿内地域に限らない各地に、それぞれ資養や婚姻等を通じてつながった集団に囲まれ、あるいはその一員と認識されて散在していたと考える方が自然である。[19] 諸集団の女性と王との婚姻も、王の側に女性を送り込むというより、王の血を引く者を集団内に生まれさせるための方便という場合もあったかもしれない。王の子女が母方の集団とともに所在していたことも十分考えられる。古墳時代の親族関係における双系性の強さを想起したい。五世紀には父系が強くなっていくようだが、双系性の残存は根強かったと考えられる。同母兄弟などは同居していたかもしれないが、兄弟さらに親子でも、その生活基盤や集団帰属が異なることがあり得た。しかも彼らはみな——外交上名乗る等の特殊な場合を除けば——無姓である。とすれば、たとえ血縁上は親から子へ、あるいは兄から弟へと王位が継承されたとして

(18) 佐藤長門が指摘するように、倭王の倭姓の他にも、高句麗王の高姓、百済王の扶余姓など、厳密な意味での父系親族集団の呼称というより種族名を便宜的に付したような姓が見られる。また、遠い例とはなるが参考になるのは、琉球王国の第一尚氏と第二尚氏が血縁的な関係はないにもかかわらず、中国への朝貢のスムーズな継承等を考慮して同一の姓を名乗った事実であろう。倭姓を持つ者が後世の王族のような親族関係のもとにあったとは断じ得ない。

(19) 古市晃は、この時代の王の血を引く人々の多様なあり方を、中枢王族と周縁王族という概念を軸に分析している。彼らの散在性や、特に周縁

も、それぞれの集団帰属や生活基盤が異なる場合には、後世の王家内の父子相承や兄弟継承のようなイメージで捉えるべきか疑問になる。

五世紀代の王位継承にまつわる『書紀』の争乱記事では、「王族」と「氏族」が結んで、王位継承争いをする場面がある[20]。実態としては、各地に散在する過去の王と血縁関係がある有力者が、自ら擁する集団を動かしたり、他の集団と連合したりして、相互に競い合ったのであろう。そうした競合の中で、葛城の集団や吉備の集団の一部は、敗者の側となって地位を低下させていった。諸集団は、それぞれ地方、さらに列島外に至るまでのネットワークを、かなり自立的に持っていたであろうから、継承時の争乱で敗れると、当該集団、そこからさらにつながる広いネットワーク全体が影響をこうむっただろう。

再び考古学の研究成果によれば、古墳時代を通じて、地方における大きな社会変動、地域を代表する首長を出す集団の交替などが読み取れるとされる。雄略が大王であった五世紀後半には、畿内と地方の古墳規模の格差が広がり、畿内でも、葛城集団と関連が深いとされる馬見古墳群などが衰退するという[21]。

実在したとすれば四世紀代と推測される諸王の時代には、五世紀代ほどの血なまぐさい継承争いは記されないが、考古学的には古墳時代でもとりわけ前半期に、諸地域の有力集団が地域内／間で競合を繰り広げていたという［下垣、二〇一九］。四

王族が各地域で活動していた実態に迫ろうとするもので興味深い［古市、二〇一九］。

(20) 雄略は即位に際して、兄安康大王を暗殺した眉輪王を誅殺しようとするが、眉輪王は葛城円大臣の宅に逃げ込む。雄略は、眉輪と円、そして同じく円の宅にいた坂合黒彦王子を焼き殺してしまう。この事件に前後して雄略は、八釣白彦王子・市辺押磐王子をも殺害している。市辺押磐王子は葛城氏と関係が深く、この事件の真の標的は、葛城氏とその影響下にある王子たちであったと考えることもできる。また、雄略大王の没後、彼と吉備出身の稚姫の間に生まれた星川王子が王位を狙ったことがあり、

世紀の王位継承や各地域の首長継承がそれぞれ血縁原理で予定調和的に行われていたとは考えがたい。

古墳時代もある種の祖先信仰は当然存在し、前王との血縁関係がまったく意識されないことはないだろう。しかしそもそも、祖先崇拝の継承と王位継承が一体化するのは、ある祖から出たとされるひとつの王族・王家が確立し、そこに王位が固定してからのはずだ。そうなっていない段階では、それぞれの集団が祖先崇拝を受け継いでいることと、王位がそれら諸集団間を移動することとは、別段矛盾しない。王墓級の古墳が存在する古墳群において、王墓級古墳が造られなくなっても古墳の築造自体が続いている場合、王位が別の集団に移動した後も、以前王を出した集団自体の祖先崇拝が引き継がれていた、と推定できる場合があるのではないか。

これを吉備上道臣が支援しようとしたが、稚姫と星川王子、王子の異父兄である上道兄君らが初動段階で殺害され、失敗に終わったという(以上、『書紀』による)。

(21) なお、馬見古墳群を葛城氏の墓域とはしない説もある[坂、二〇一八など]。

「実力」優先の王位継承

中国の諸史書が記す「倭の五王」の継承関係については、史書間で記述に違いもあるが、親子や兄弟間の継承が記されている。ただ、珍と済の親族関係が『宋書』では不明である。この問題が、『書紀』の系譜を疑うきっかけとして機能したことは先述した。最近では、珍(倭珍)の時代にナンバー2として存在した倭隋の勢力を引き継いだ済(倭済)が、珍の後に王位に即いた可能性を見る説もあり、興味は尽きない[河内春人、二〇一八]。とはいえ、少なくとも珍・済の間以外での血縁関係が事実とすれば、近い過去の王の血を引いていることは、王位継承をめぐる競合の上では有利な条件にはなっていたということだろう。帝王が徳を失うと別姓の有徳者に天命が革まり、王朝が交替する易姓革命等の可能性も込みではあるが、基本的に血縁原理で皇位を継承するシステムができていた中国との外交も、血縁原理が重みを増す背景にはあったかもしれないし、こうした外交関係をてこに、倭でも特権的な血縁集団が他から隔絶し始めたとも考えられる[鈴木、二〇〇二]。より古い時代について伝わる系譜が、実は血縁関係ではなくて地位継承次第であった可能性については既に述べたが、応神以後の系譜はもともと血縁関係の表現であり、一部創作があったとしても一定の事実を反映したものとしてよい。父系同一集団によるウヂの確立には至っていないものの、父系の血縁の重視は五世紀後半には強まってはいたと考えられる。それでもなお、五世紀の王位継承が大規模な争乱を伴ったらしいのはなぜであろうか。血縁原理の強化は本来、王位継承候補者の限定をもたらし、継承時の争乱の抑制に作用するはずである。

その主因は、この時代の王に求められる能力の性質にあったと考えられる。五世紀の倭の王は、自ら軍事作戦や外交関係の先頭に立つ朝鮮半島の諸王に対抗し得る、列島中央部の盟主としての「実力」を持たねばならなかったのであろう[佐藤、二〇一九」。

ダイナミックな時代における実力主義の君主位継承は、時代のダイナミズムあるいは動揺をさらに増幅することが

讃　珍
済
興　武

応神——仁徳
履中　反正　允恭
安康　雄略

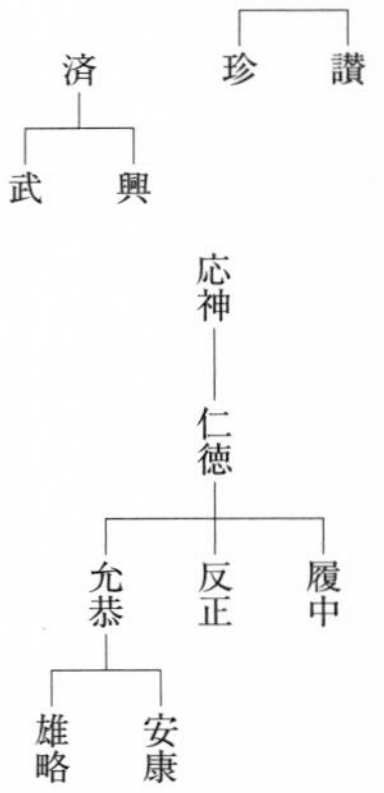

図3（上）『宋書』倭国伝の系譜，（下）『記紀』の系譜（吉村武彦『ヤマト王権』岩波新書，2010年）

多い。実力重視・能力重視といえば、血縁原理による世襲より公平な選出法と思われやすく、実際ある側面からはその通りだが、実力なるものは、はなはだ茫漠・複雑で、その判定も複雑ひいては主観的になる。どの候補者に一番実力があるか、そう簡単に誰もが納得する結論は出ず、互いに実力面での優位を主張する諸候補が対立して、ついには軍事衝突になりやすいのである。しかも先述の通り、それぞれの候補者には中央・地方の有力集団が結びついている。それらの集団は軍事組織も含めて自立的な基盤を持っている。いきおい、争乱は激しくなったであろう。

争乱の結果、実力で勝ち残った者の王位継承は、並列的だった諸集団のネットワークの統制がそこに集中する結果をもたらす。しかし、このような属人的で一時的な集権化は、王位継承の安定化をもたらさなかった。雄略期の記事から見える王権が、時に強権的に見えるのは、実力による解決方法の強引さ、血なまぐささによるのであり、時に脆弱に見えるのは、実力を行使して一時的に獲得した属人的な権力

の集中を安定的に維持・継承するシステムが弱いまま、権力維持のために次の実力行使に向かわざるを得なかったからであろう。こうした不安定な状態から脱するには次の段階が必要だった。父系の血縁が重視されつつあっただけでは古代史学界で定義される世襲王権の成立とは評価できない。

雄略の子清寧が亡くなった時には、長年の王位継承をめぐる争乱の末、近い過去の王の血を継ぐ者が中央では払底してしまっていたので、かつて雄略に殺害された市辺押磐（いちのべのおしは）の子を播磨から見いだし、王に擁立したと『書紀』は語る。これが顕宗・仁賢両大王の兄弟である。なお、清寧没後に、市辺押磐の姉妹ないし娘とされる飯豊青王女（いいとよあおのひめみこ）が一時執政したとする説があるが［水谷、二〇〇二］、その可能性はあり得る。飯豊青をめぐる伝承には異説が多いが、清寧没後に彼女の執政下において顕宗・仁賢が浮上したのが実際の経緯であろう。彼女が正式に王位に即いたとすれば女王として推古に先立ち、その場合譲位を行った例にもなるわけだが確言はしがたい。

顕宗・仁賢が探し出される物語は作り物めいていて、事実かどうか疑う意見もあるが、地方の諸集団までが、過去の王と血縁関係を持つ者を取り込み、王位に即くよう後援することもできたことを示唆している。その意味では、これに続いて越前から応神の五世孫と称する継体が登場して王位を継いだのも、極端な異例ではなかったろう［鈴木、二〇〇二］。継体とその息子たちが推進した新しい王位継承、世襲王権の確立が、皮肉にも、そこから振り返った際の継体即位の異質性を生んだのである。

顕宗・仁賢の後、仁賢の子の武烈が即位するが、そこでまた王統男系が絶え、継体が迎えられる。われわれも再び、継体やその子・孫たちの活躍した時代に戻ろう。

3 世襲王権のゆくえ(1)——王統の再分立と混乱

再び六世紀へ——世襲王権成立の背景

先述したように、六世紀前半の王たちは、過去の諸王統の流れを婚姻関係によって取り込みつつ、血縁原理による継承を正統性根拠の第一に押し上げ、それを保持する自立的な血縁集団としての王族の形成を進めていった。それに関連して注目されるのは、王の死去に伴う殯(もがり)の際に行われる誄(しのびごと)の奏上である。誄を含む葬送儀礼の整備は継体の子である安閑の葬送儀礼から始まったと考えられている［和田、一九九五］。誄の中には、日嗣(ひつぎ)と呼ばれる一段があり、代々の継承を言挙げした。

古墳自体のあり方の変化も重要だろう。五世紀後半には既に、畿内とその他の地方の古墳の規模の格差が拡大していると言われるが、六世紀になると、巨大な前方後円墳の築造そのものが限定的になる。この時期の王墓の比定には議論が多いが、真の継体陵と目される今城塚古墳、真の欽明陵とする意見がある見瀬丸山古墳などは、この時期としては隔絶した規模を持つ。今城塚には、大規模儀礼を思わせる群像埴輪が付随する。人物埴輪自体は大仙古墳(宮内庁治定の仁徳天皇陵)や誉田御廟山古墳(同じく応神天皇陵)に見られるというが[花熊、二〇一三]、それが群像として壮大な場面を表現するようになるのも、一系の隔絶した世襲の王統が確立され、葬送儀礼等が整備されていった流れの中に意義づけられるであろう。

雄略の末あたりから欽明にいたる時代は、朝鮮半島における倭の直接的な活動が急速に後退した時期であった。朝鮮半島経由で入ってくる鉄や威信財の重層的な再配分に支えられていた倭の連合体は大きく変わっていった。王にとって一番に必要な資質は、むき出しの、しかも軍事能力を第一とする実力の誇示ではなくなった。列島各地の諸集団をより安定的に統合することや、多分に射幸性に依存する威信財の獲得と再分配から恒常的に一定の財源を得るシステムへの移行の主導に重きが置かれるようになった。これが、混乱のリスクにもかかわらず実力主義を重んじたそれまでの王位継承から、血縁原理優先のもと、むき出しの実力を競い合う混乱を抑制した王位継承へと、舵が切られた根本要因であろう。

この世襲王権のもとで、氏姓制、畿内有力豪族の合議制、部民(べみん)制、国造(くにのみやつこ)制、屯倉制などが形成されていくが、王位継承上の慣習も、これらと軌を一にして整備されていったと考えられる。世襲王権確立と諸制度整備は、一体となって進んだのであった。

世襲王統と結びつく外戚氏族蘇我氏

継体から欽明期の王統の取り込みは、女系によって前代とつながる方法で行われていたから、欽明や敏達は王族の母を持つ。敏達が王族との間に儲けた子である押坂彦人大兄王子の系統では、王族との婚姻が引き続き目立つ。六・七世紀の王家においては異母妹等との近親婚も忌避されることなく、現王と前王の娘の婚姻が盛んに行われ、その間に生まれた子も有力な王位継承候補者になったが、これは他の血統とは区別された特殊な王統を形成・維持するためのものだったと考えられる[篠川、二〇〇一a]。この面を強調し、これを「六世紀型の皇統形成原理」として析出する論もある[河内祥輔、二〇一四]。

一方、婚姻戦略において別の方法をとる系統も欽明を起点に出たが、こちらもそれまでに達成された王統の凝集・隔絶という成果を手放したわけではない。隔絶された王統を前提に、それと優先的に結びつくもう一つの隔絶された血縁集団が生まれた。蘇我氏である。継体から敏達の時代に、実務に長けた渡来系諸集団を巧みに

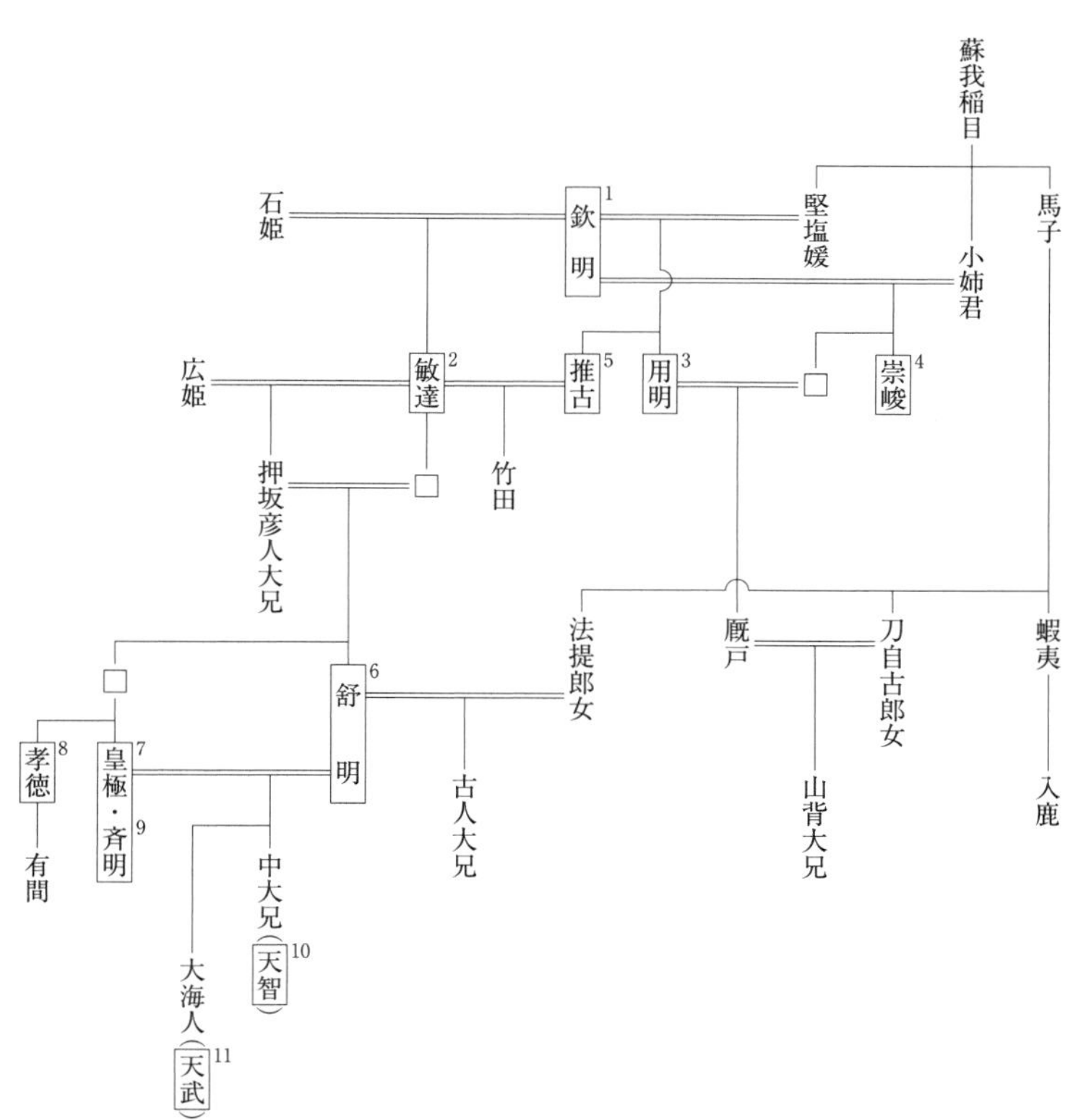

図4 大王・天皇と蘇我氏の略系図

動員して功績を重ね台頭してきた蘇我氏は、王統との密接な婚姻関係を獲得し、蘇我氏の女性から生まれた王の諸子の王位継承も実現した。蘇我氏は、王統として確立した一系と絡み合う特別な一系としての外戚氏族を志向した。そのためには前提として、王統が特殊な系統として確立していなくてはならない。王統の凝集・隔絶・世襲が、一般的に氏族というまとまりそのものの確立をも促し、特別な外戚氏族蘇我氏の前提となったのである。

母系への依存が高い状態で存在していたのが王族であったとすれば［水谷、一九九九a］、母系も王族である場合には、王氏とでもいうべき氏族の自立的形成が促されることになり、蘇我を母系とすれば、蘇我集団への依存、むしろその一部としての意識も推察され、非蘇我系／蘇我系の戦略の違いは小さいものではない。

政局的にも、非蘇我系王統と蘇我系王統との間に対抗関係を見いだす説があり、政治状況としては肯（うなず）ける［倉本、二〇一五］。しかし王族との婚姻を重ねる系統と、特殊な外戚氏族と婚姻を重ねる系統とで、完全に排除し合うまでの原理的な路線対立が強く意識はされなかったようで、両路線が交錯する婚姻も少なくない。例えば非蘇我系の舒明は、王族である宝王女（後の皇極）の他に蘇我氏とも婚姻を結び、その間に生まれた古人大兄王子は王位継承者として有力候補の一角を占めた。重要なのは、それぞれが分立し方法に特徴を持つものの、王族同士の婚姻や特別な外戚氏族の設定などを通して、王権の凝集・隔絶の志向を共通して持っていたということである。王家との婚姻を繰り返す系統が「六世紀型の皇統形成原理」に則ったものだとすると、蘇我系はみな逸脱であり、ゆえに一代限りの王だったともされるが[河内祥輔、二〇一四]、これは王家内婚姻を多く行う系統が七世紀の政争を勝ち残ったことによる結果論の感もある。非蘇我系/蘇我系がそれぞれの中に嫡流を擁して対等に並立していた、しかもそれぞれの中でも分立傾向があったのが実態ではないかと思われる[倉本、二〇一五]。ただ、隔絶した王統の嫡流が方法を異にしつつ複数あるのは矛盾ではあり、王位継承上の抗争多発の主因となった。

この時代、王が属する集団が王家・王族として整備されただけではなく、中央・地方の諸集団も、血縁原理を基本としつつ、王権への奉仕という政治的要素を色濃く持った集団、すなわちウヂに整理されていった。諸集団の「氏族化」である。五世紀には、中国に遣使した大王らが倭姓を称したが、中国的な姓の概念は定着しておらず、王とその他の列島の有力者との間に、姓の上で隔絶した差はなかったといえる。ところが六世紀には、ひとり無姓で隔絶する王統と、これに奉仕するウヂ名を持つ有力者の諸集団という倭独特の秩序が生まれていく。

蘇我氏以前に王の婚姻相手を輩出した先例として「葛城氏」があるとされるが、五世紀当時の実態としては、葛城の諸集団が王の血を引く者との婚姻を多く行っていたということであったろう。蘇我氏の出自には諸説あるが、葛城の諸集団が氏に整理されていく際にその中の有力集団が蘇我氏というウヂになったという考えは魅力的である[倉本、二〇一五]。とすれば、過去に王との婚姻関係を多く結んでいた集団の一部が、新たな「氏」に脱皮しつつ、王の血を引く者と婚姻を盛んにする特徴は継承したことになる。

王統の再分立とその背景

過去の諸王統を統合した位置にいた欽明からまた多くの系統が分かれた原因は、特別な外戚氏族としての蘇我氏の登場により王の子女の構成が複雑化したことにもあったが、より根本的な要因は、諸王族の存在形態や社会のシステムが、単独・唯一の王統の隔絶性を長期間保てるようにはなっていなかったという問題だろう。王の血統の凝集への志向を共通して持っていたにもかかわらず、強い隔絶性・尊貴を主張し互いに対抗する諸王統が生じてしまった。

七世紀になっても、王族は全員が一カ所に集住していたわけではない。各地に散在して宮を持ち、その後援集団や、経済的(物的・人的)基盤等も、それぞれに保有していたのである[仁藤敦史、一九九八]。王の婚姻相手や諸子に対し、個々ではなく全般的に与えられた点で画期的だった私部(きさいべ)や壬生部(みぶべ)(22)も当時のいわゆる部民制の支配

(22) 私部は、額田部王女(後の推古)の「立后」記事の翌年、敏達六年(五七七)に設置されたもので、后妃全般の資養が目的とされる。一方、壬生部は、推古一五年(六〇七)に設置記事があり、こちらは王子女全般の資養を目的とする。

システムを前提にしていたから、この状況を本質的に変えるものではなかった。まして六世紀の状況は、相当に分散的な居住・経営と推測される。

分住する王族の実態として想定できる典型のひとつは、大王の有力な婚姻相手ごとの母系集団の並立である。それぞれの婚姻相手の背後には外戚集団があるわけだから、その意味では結局、諸集団が次の王になり得る者を擁して並立・対立していた前代の構図と根本的には変わっていない。近年の研究では、六世紀までの大王とその婚姻相手との関係は、いわゆる妻問婚の形態であって、その間の序列も明確ではなく、婚姻関係の持続も強固ではないとされ、王族にして大王の嫡妻として王権の一角を成す大后制の概念は当時の実態に合わないという説もある［遠藤みどり、二〇一五b］。だとすれば、母系ごとの系統分立とは、ひとつの後宮内の話ではなく、大王との間に子を儲けた有力女性それぞれの根拠地に割拠する状況だったことになる。

敏達の後は、用明(ようめい)、崇峻(すしゅん)、推古と、母系において蘇我系の大王が続く。また、厩戸王子（聖徳太子）も蘇我系である。といって蘇我系の諸王族を支える諸集団が一体であったとは言えず[23]、例えば推古の時代の厩戸も斑鳩に独立の経営体を持ち、各地にヒトやモノを持っていた。さらに蘇我系と一線を画す押坂彦人大兄―田村（後の舒明）の系統もその経営体を持っていた[24]。前代と違って王族の範囲が明確になって

（23） 欽明大王と婚姻関係にあった蘇我稲目の娘には、堅塩媛と小姉君がおり、王位継承に関して、両者の利害は必ずしも一致していなかったと考えられる。

（24） 舒明は六三九年に、かつて祖父敏達が宮を営んだ百済川のほとりに大宮と大寺を造営し始め、翌年そこに移った。このうち大寺の遺構が吉備寺廃寺であり、飛鳥寺や斑鳩寺をはるかに超える規模を有していたことが、発掘調査により明らかになった。これは、舒明その人の巨大な経済力を示し［吉川、二〇一一］、ひいては敏達―彦人大兄―舒明の王統が独自に保有した経営体の巨大さを思わせる。

はいたが、その中では再び諸王統の並立・分立状態になり、それぞれと諸氏族などが結んで大きな系列が複数生じ、諸系列同士の抗争の危険が常にあった。

王の血を引く者の諸系統が代々を経て分散していくことは、この時期に限らず避けられないことだ。しかしそのうちの一統を特別なものとして常に確定し直す装置が整備されていれば、その影響を抑えることもできる。絞り込まれた血縁原理による継承を安定させるためには、放っておけば分立傾向になる王の子孫たちの中でも特に尊貴な一統を確定し、さらには継承予定者を決めてしまうのがよい。しかしこの面でも当時の倭は不徹底だった。

「大兄」を付される王子がいるが、おそらく上記の諸系統それぞれの筆頭クラスと目される者が大兄と尊称されるのが実態であろう［荒木、一九八五／篠川、二〇〇一b］。この時代については、同一世代間の継承がよくいわれる。親から子へ、子から孫へと一直線に継承するのではなく、それぞれの世代が一通り即位してから、次の世代へと移るというものである［荒木、一九八五／大平、二〇二〇b］。これは、あるべき姿として観念されていたというより、分散する各系統のそれぞれの筆頭などが候補者として並立していたために結果的に起こった、あるいはそのように調停されたことによる現象とみるべきであろう。

前代と比べると、統一された王統の存在を前提にした諸王族やそれらをそれぞれ後援する諸氏族という集団の輪郭がはっきりし、それらの所在は畿内にほぼ限定されたが、その中での競合・抗争の頻発は五世紀代とあまり変わらず、むしろ血縁的に確立した狭い王統の中の諸系列の範囲で争うだけに、より陰湿・陰惨にも感じられる。佐藤長門は、王統の世襲化・単一化により、次期王位継承者の選択の幅が狭まった分、それぞれの王族と群臣の提携がより密接になり、有力王族ごとの系列化、王権の分裂の危険性をもたらしたとする。正鵠を射た意見と思う。佐藤はまた、王に求められる資質が日常的な執政能力にシフトしたので、能力の優劣を判断しにくくなって、抗争の長期化と激化の要因になったとするが、これも鋭い指摘といえよう［佐藤、二〇〇二］。

この間の王位継承に関しては、女性である推古大王の即位が特筆されるが、これは崇峻大王暗殺の後、上記のような諸王統の分立の中、厩戸らも当時の慣例からすれば即位には若年だったため、安定した猶予期間をつくるための措置であったと考える。もちろん推古の能力に対する高い評価・期待があっての即位だったのだろうが、それを超えて予想外に長く、また充実した在位期間であった。推古没後には早速、上記の競合・抗争があらわに再燃した。山背（やましろ）大兄王と田村王子が競合した末、六二九年に後者が即位した（舒明大王）が、その経過の中で諸氏族・氏族内諸統も抗争した。[25] 推古大王の時代に活躍した厩戸王子は、過渡的な制度である「太子」であ

（25） 推古の没後、当時最有力のふたつの王家、すなわち厩戸系の上宮王家と、彦人大兄系の「押坂王家」［吉川、二〇一一］のそれぞれ筆頭である山背大兄と田村の間で競合があり、山背大兄を支持した蘇我氏の一系統、境部摩理勢が滅ぼされ、蘇我蝦夷らが支持する田村が即位した。

ったともされるが[26]（本書「序」参照）、その前後の王位継承をめぐる抗争を見ると、この太子制は、王位継承に関わる実際の安定装置としてはさほど有効に機能していなかった感が強い。

壬申の乱に至る王位継承の混乱

六四五年の乙巳（いっし）の変で、もっぱら王族同士の婚姻という方法で血統を凝集してきた系統（敏達―彦人大兄―舒明―中大兄）が勝ち残ったが、その後も王位継承は単純には進まなかった。姉（皇極）→その弟（孝徳）→その姉＝天智の母（皇極＝斉明）→その息子（天智）→その弟（天武）であり、父子相承はない。

乙巳の変の時点で王位にあった皇極は、変によって退位することになった。生前退位は史料上これが初である。この際には、皇極が「策」（任命書の意）と璽綬（じじゅ）を孝徳に授けたかのような記事になっているが、これはあくまでも儀礼的行為であり文飾も疑われる。いずれにしても皇極が次の王を決めて位を譲ったわけではなく、継承者の決定は中大兄（後の天智）や中臣鎌足等の議論を経てなされている［遠藤みどり、二〇一五c］。その意味では、皇極が位を退いたのは突発的事件に伴う事実上の廃位に近く［吉川、二〇一一］、この例をもって後世に頻出する生前譲位の先蹤とは評価しがたい。

（26）『書紀』の「太子」表現よりも、『隋書』倭国伝の開皇二〇年（六〇〇）条に「太子を名づけて利（和カ）歌弥多弗利」とあることが重要で、若翁（ワカミタフリ、わかんどおり）の和語との合致から見ても（本書「序」参照）、これは虚辞ではなく、王位継承候補者が複数存在しうる大兄からさらに限定する制度の試みがあったのは事実なのであろう。なお、『書紀』の「太子」記事はこれ以前からあるが、その内実は明確ではない。

舒明没後、六四二年の皇極の即位は、古人大兄・中大兄王子がともに若年だったこともあり、王統の分立状態の中で、安定した猶予期間を設けるためのものと考えられ、その意味では推古の例を襲っている。しかし、六四三年に山背大兄一族の滅亡事件があり、ついには乙巳の変に至った。皇極の能力の問題とは断じ得ないが、期待されたほどの安定装置たり得なかったのである。乙巳の変の二年前、唐が新羅の善徳女王の存在を問題視するなどの国際情勢もあった(27)。双系性の名残の色濃い社会から男系重視へと移りゆく時代、東アジア全体の動乱に備えるには男王を立てるべきという考えが強くなっていたかもしれない。皇極は退位するほかはなかったのだろう。ただし、皇極の存在が失墜しきったわけではなく、皇御祖皇(すめみおやのみこと)という立場にあった。また、新羅では善徳の後も真徳女王が即位し、そのもとで金春秋が活躍する。女王の下で男性王族が活躍して新羅の国際的地位を強化していく姿が、後に重祚した斉明(皇極)と中大兄の参考になった可能性もある。

さて、皇極に代わって即位したその弟孝徳から皇極の子天智への経緯も、単純ではなかった。孝徳の即位は、そもそも有力王族勢力であったことや退位した前王の兄弟ということもあるが、舒明―中大兄の「外戚王族」だったことも重要だったように思われる。そうであれば、孝徳のもとで中大兄が「皇太子」だったと記されていることも自然である。おそらくは外戚王族孝徳の立場が中大兄への継承を前提と

(27) 六四三年、唐は新羅に対し、女王を廃して唐皇族を王とすることを、対高句麗戦援助の条件とした(『新唐書』高句麗伝)。また、皇極退位の後になるが、六四七年には、新羅国内で女王の廃位を計画した毗曇(ひどん)の乱が起きている。仁藤敦史は、親唐的な傾向の孝徳が、女王の承認をしない唐に迎合するため皇極を強制退位させて自ら男王に即位したと考えている[仁藤敦史、二〇一九]。

する方向から逸脱しそうになった等の理由で[28]皇極＋中大兄と対立し居所を分かった後、白雉(はくち)五年(六五四)に没し、その子の有間王子も排除される事態となった。続く斉明の復位は、新羅の女王―王子体制をヒントにした可能性と共に、孝徳を引き継いで中大兄の即位までを猶予する意味があったと考える。その後の六六一年から六六八年に及ぶ中大兄の長い称制は、白村江敗戦等の緊迫した情勢を背景としようが、その正確な理由については諸説分かれる。

いずれにしても、皇極即位以来の皇位継承は必ずしも安定的ではなかったのである。天智の存在は、この後のいわゆる天武系諸天皇にも最大限尊ばれ、皇位継承法(「不改常典」等。本章末のコラム参照)を定めた主体に仮託されるのであるが、実際の天智は、ライバルになり得る別系統の王族をほぼすべて排除し切った一方、自身の子には条件の揃った後継者がいないという皮肉な状況で晩年を迎えた[倉本、二〇〇九]。天智が自分以後の継承を実際にはどう考えていたのかも種々学説はあるものの正確には知り得ないが、同母弟の大海人皇子(後の天武)の継承辞退[29]を経て、少なくとも近江朝廷の機構は大友皇子に継承された。しかし六七二年の壬申の乱でそれを打ち倒し王位を継いだのは天武であった。壬申の乱を経て成立した天武×持統系の王統は、その勝利の結果を固定し、別の勝者が二度と現れないように、すなわち自らが行ったことを再び行う者が出てくるのを禁圧し、勝利の固定の一環として一統によ

(28) 孝徳と皇極＋中大兄との対立の要因としては、王位継承をめぐる王族内の利害だけではなく、国際情勢に対応する路線の相違や、孝徳主導の政治改革への反動を見る説など、様々に論じられており、複合的な背景があったと考えられる。

(29) 『書紀』によれば、天智一〇年(六七一)の一〇月、病に伏した天智は大海人皇子を呼び後事を託したいと告げたが、大海人は、天智の「大后」倭姫王(やまとひめのおおきみ)の即位と大友の執政を提言し、出家して吉野に退いたという。なお『書紀』は大海人を「東宮」と表現するが、律令制下の皇太子のような継承者の確定があったかどうか、疑問とする意見が強い。

る安定した継承を企図した。乙巳の変を経ただけでは、王位継承の不安定は克服できなかった。王統の分散傾向を抑制するための王族統制と並んで、中国の制度を参照しつつ、王位(皇位)継承を安定化させる制度を本格的につくる必要があった。

律令制そのものの移入の一環として進められた皇后・皇太子等の制度整備は、後継者資格を有する血縁集団の限定をさらに狭く確定し、その限定を再生産し続け、さらに代替わり以前に後継者を確定する、すなわち、正統性に揺るぎない王統にいるただひとりの候補者の予定通りの即位という、極めて安定した皇位継承を目指す方途として捉えることができる。皇位継承の安定は国家・社会の安定に直結するので、内部的に安定的に運営され対外的な危機にも十分対抗できる国家をつくろうとした時代には——この狭められていく範囲から除外された皇族などから不満は出たにしても——支配層全般に受け入れられていったのだろう。

4 世襲王権のゆくえ(2)——律令制国家の君主の皇位継承

律令制国家の皇位継承——皇統の絞り込みと安定的継承に向けて

諸勢力中の最有力勢力の長としての王という性格からの完全なる脱皮は、諸勢力から抜きん出ただけでは成し得ない。律令制のもとに集結させられた諸勢力全体の上に架構された国家の君主という、従来とは構造的に別次元の存在になる必要があった。皇位継承とは、個別の支配層の上に架構された国家全体の継承であり、これを継ぐ一統の隔絶性は、国家機構によって制度化され、保証されなくてはならない。それは律令制自体の導入の一貫として果たされる。七世紀末から八世紀初頭のことであった。

皇位継承者の安定的な絞り込みの制度的保障として、単一の皇位継承者を事前に確定する皇太子制が、律令制国家の制度全体と軌を一にして確立していく。皇位継承者をあらかじめ単独にすることは、皇子女の母(后妃)の序列を定めておくことと連動する。すなわち、皇太子制と皇后制が歩調を合わせて整備されるべきである。律令制を軸とする国家の成立と、天皇・皇后・皇太子という王権中枢の最重要身位の制度的確立は、それぞれの背景・経緯があるにしても本来一体であり、それぞれの背景を負いつつ律令制国家に相応しい形に布置されたので、いわゆる王権の多重構造の制度化でもあった。

律令法自体は、天皇や皇位継承を拘束するようなものではない(本書「序」参照)。したがって、皇位継承やそれに関わる制度の全体が、律令そのものに法として定められる形で完成したということはできないが、王権を支える国家機構の運用は法として定立されるので、必要に応じてそこに王権構成者も登場し、そこから間接的であれ王権の構造の一端が見える。そうした文脈で太上天皇と太皇太后・皇太后も令文に記される。太上天皇の令文明記は日本独自とされる。本来これらの諸制度は天皇の安定的再生産に寄与するためのものだが、複雑な構造は、その後の現実の歴史過程において皇位継承上の波乱を生む一因ともなった。

現実の政治過程と天皇・皇后・皇太子・太上天皇の制度・慣習

律令制国家初期の皇位継承の実際の歴史的経緯について見てみよう。なお、これ以後の系譜関係は『書紀』とこれに続く正史『続日本紀』による。

律令制的な皇太子としては、草壁皇子がまずは挙げられる(六八一年立太子)。しかし彼は即位を見ずに没して、その母持統が即位した。持統即位後はしばらく皇太子がいない一方、天武の長子(草壁の異母兄弟)高市皇子が太政大臣としてあり、高市皇子の没後六九七年になって、草壁の遺児軽皇子(後の文武)が皇太子となった。文武の没後、元明期の和銅七年(七一四)に、文武の遺児首皇子(後の聖武)が皇太子となる。しかし、元明は霊亀元年(七一五)に立太子を経ていない氷高内親王(元正)に譲位、首皇太子は血縁上の伯母の元正からの譲りで神亀元年(七二四)に即位することになる。

皇后制は天皇の嫡妻を確定するものだが、令では妃が四品以上の内親王に限定さ

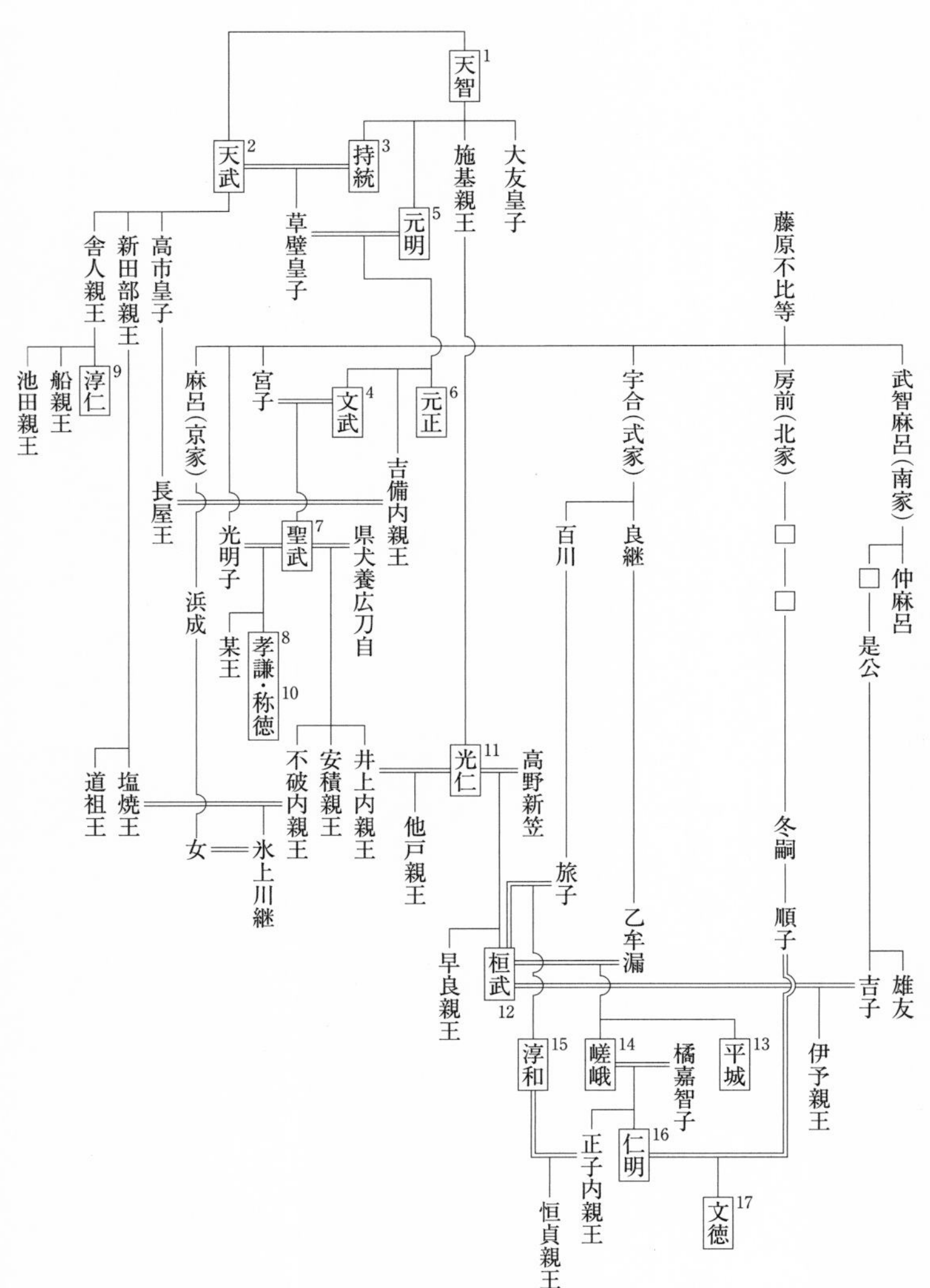

図5　律令国家の天皇略系図(天智—文徳)

れているので、その上位たる皇后も内親王であるべきとされる。これは律令制確立前後の元后妃(持統・元明)が皇女であったことの反映でもあった。天武・持統から始まる王権は、天智を国家の新段階の始祖に位置づけたので[藤堂、一九九八]、天智の皇女も高い権威を持つ。こうした背景のもと、子や孫を即位させて皇太妃や皇太后等として執政するのではなく、子・孫を太子としたまま自身が即位するという例が生まれた。王族出身の女王と太子という組み合わせは、実際に斉明─中大兄という例が過去にあった。また実現はしなかったが、大海人皇子が最晩年の天智に、天智后の倭姫王の即位と大友皇子の立太子を勧めたという記事もある(『書紀』)。これらの例も内親王皇后の規定の背景にあったと思われる。内親王皇后から天皇即位の「キャリア・パス」は政治状況の偶然のみから生まれたものではなく、法と伝統からも導かれた。

なお、文武没後に異例の即位をしたその母元明と、元明から譲位を受けたその娘で聖武天皇の血縁上の伯母の元正は立太子を経ていない。孝謙(こうけん)は経ている。これについて仁藤敦史は、元明・元正は、首皇子の「ミオヤ」として即位したのだから立太子は不要であり、一方孝謙は聖武の子なので立太子が必要だったのだとしている[仁藤敦史、二〇〇六]。

仁藤はまた、当時の「直系」の双方的性質についても論じ、正統な直系継承者として男女に差はなかったとする。双方的性質の指摘は卓見で、天武×持統、聖武×光明子など、この時期の直系は男系・女系の両祖併記でないとうまく表現できないことにも表れていると思う。ただ、君主として即位する際の事情には、明確な性差があったと考える。

図6　平城宮中央区大極殿内の高御座(復元)．天皇は即位儀で，この高御座についた．

女帝論は近年特に深められた分野である。推古や皇極の即位時には、有力な男性王位継承者が複数存在していたので、王位継承上の問題が解消するまでの調停的性格が看取しうる。また、持統・元明・元正の場合には、草壁・文武・聖武という、譲位すべき男性子孫(擬制含む)が明確に存在した。これらから、女帝はいわば、調停や猶予が必要な特殊状況下において、男性相承の皇統の中に変則的に現れる単なる「中継ぎ」のようにみられがちだった。しかし、義江明子らの優れた研究により〔義江、二〇二一など〕、単なる「中継ぎ」として担ぎ出されて他律的に即位・国家運営をしたかのごとき偏見は払拭され、十分な執政能力を持って即位し、主体的判断にもとづいて国家を主宰する姿が鮮明となった。

しかし、持統・元明・元正に共通する、皇位を譲るべき男性子孫を明確に有し、譲った後には太上天皇としてこれを後見するパターンからすれば、皇位継承上果たす機能はやはり男帝とは異なっていると言わざるを得ない。近年の研究により順当に斥けられたのは統治者としての資質や実績を軽視した「単なる中継ぎ」論であり、それは当然のことであったが、皇位継承上果たす役割における性差はあったと考えたい。

日本の太上天皇制は、律令編纂期に持統が文武に譲位し太上天皇としてこれを後見した方法の法制化と目されるが、より普遍的には女性君主―皇太子の組み合わせの延長として、女性先君―現君主の体制を法制化したと表現すべきだろう。実際に持統・元明は譲位し女性の太上天皇による現天皇後見の実例をつくり[30]、元后妃ではない元正や孝謙にも受け継がれる。法令に記載された時点でその慣習や規範は普遍的妥当性を要求され、また時代の変化と共にその運用も変わるけれども、そもそもの法制化の動機は、特定の現実の政治過程の中から生まれてきたのである［吉川、二〇二一a］。

太上天皇には天皇と同等以上の権威が伏在し、これが表面化して権能に転化すると、大権を保持する現帝の対抗者の様相を呈するが［春名、一九九〇］、これが制度化されるに至った実際の経緯からすれば必然、現帝の庇護者・後見としての言動が基本である［中野渡、二〇一七］。

なお元正の即位は、皇女であるために皇太后になるより自ら女帝となって既に皇

(30) これらを日本型皇太后臨朝と表現することも可能だろう［神谷、二〇二二］。

位継承が確定している子・孫を保護し、生前に譲位して新帝を後見するという持統・元明の先例を踏襲するものでありつつ、しかし彼女は皇后を経験しておらず、首皇子の実母でもないので、そのために宣命等の中で首を擬制的な「子」と表現することもよく理解できる[仁藤敦史、二〇〇六]。しかし元正自身の子が別にいると、皇位継承確定者を保護するという当時の女性天皇の重要な役割を阻害しかねない。『続日本紀』には、元正の婚姻と子女のことはまったく触れられていない。生涯婚姻はせず、ゆえに子もないと考えられている。それが、元正即位を見越して今述べたような事態を回避するために予定されたことだったのか、それともたまたまそうであったから元正女帝という方法が選ばれたのか、正史は語らないが、前者であったと考える[荒木、一九九九]。彼女は皇族内の近親婚で純化されてきた王統の直系の一員でありつつ、後述のように藤原氏を新たな特権的パートナーとする聖武の保護者という複雑な立場でもあった。

現実の政治過程や、その時期の王権の思惑を色濃く反映して成立したという点では、太上天皇制と連動する生前譲位の慣習も同様である。日本の天皇制においては、生前譲位の例が多いと言われており、実際その通りだと思うが、古代から近世まで一貫した背景でなされていたわけではない。生前譲位が天皇制の前提にさえ思えるようなあり方は、むしろ院政期以後のことであって、古代ではそれぞれの時期における状況、個別の政治事情により譲位の理由は多様である。譲位については最近でも優れた専論が多いが(「引用・参考文献」参照)、筆者なりの考えを略記しておこう。

いわゆる飛鳥・奈良時代の範囲では、先述の女帝―皇太子の関係性を女性太上天皇―現帝にスライドさせていくタイプの譲位が、持統、元明、元正、孝謙だと考える。ただし、元正・孝謙は現帝にとって実の祖母・母ではなく、元皇后でもないが、持統・元明の例を前提にしている。一方、男帝聖武の譲位には、彼自身の個人的意志と、譲位に連動する光明子の皇太后遷位により孝謙の後見を整える目的、のふたつがあったと考える。後者を取り出せば、皇太后光明子には、先立つ女性太上天皇の実質的後継の面があると言える。光仁から桓武への譲位は、光仁の遠からぬ死去を前提に、成立間もない新王統の代替わりを確実に行うためのもので、長期にわたる太上天皇の存在を想定した譲位とは性質を異にする。

直系論理の修正――外戚藤原氏と律令制的多重構造の完成

時代を遡るが、舒明、皇極(斉明)、孝徳、天智、天武は、王族・皇族出身者を母とする。ところが文武天皇が死去した時点で、所生の皇子に皇族を母とする者はいなかった。文武即位に際して三人が配偶者とされたが、その時点で皇女は入っていない。同時期に編纂されていた令の規定との関係が気になるところだが、草壁皇子の異母兄弟たちが即位しなかったため、一世皇族の女性が少なくなってしまったのが直接の理由だろうか。しかし、聖武が生母の出自をコンプレックスにし続けたとよく説かれるほど重い問題にしては、二世以下の皇族を探るなどの万策をめぐらして尽きた結果のようにも見えず、正確な事情はよくわからない。やはり藤原不比等の戦略等を推測するしかないのかもしれない。

　ともあれこうして不比等の娘宮子を母とする首皇子が皇太子となったが、その首は、やはり藤原不比等の娘光明子と婚姻し、やがては皇后に立てることになる。皇族の血を凝縮して隔絶した一統をつくるのではなく、皇族とは別の特定血縁集団を婚姻の相手としながら他の諸皇族と隔絶した一統を確立する戦略に修正がされたのである。もともと、皇族から皇后を迎えて外戚皇族をつくることは、そうして権威が増す外戚に皇位が移る危険性をはらむ。ある一統の皇族を隔絶的にするためには、皇族以外に特別な一統をつくって配する方が実は安全なのだろう。こうした原理的理由の上に、文武の配偶者がすべて非皇族であったという現実の事情があって、戦略の修正がなされたのであろう。他の皇族との差別化を企図した天武×持統系王統と、その特権的パートナーになることを望んだ不比等系藤原氏の結合である。神亀元年(七二四)、聖武の母宮子が変則的処遇になるなど経過は単純ではなかったが、結局宮子は「皇」を付された皇太夫人になった。この戦略は着々と進み、天平元年

(31) 神亀六年(七二九)二月に起こった有名な長屋王の変では、王自身と室の吉備内親王、吉備内親王所生の膳夫(かしわで)王、葛木王、鉤取(かぎとり)王と、石川虫麻呂の娘所生の桑田王が自尽した。吉備内親王所生の三人は、母を通じて草壁皇子の血統を引いている男性である。彼らが排除された結果、この時点で草壁皇子の血統を引く男性は聖武と、彼と県犬養広刀自(あがたいぬかいのひろとじ)の間に生まれた安積(あさか)親王だけとなったのである。これは、この時には聖武の隔絶性を強化したが、結果として、安積が子を残さずに早くに亡くなったこともあり、草壁子孫の皇統の廃絶を促進する事態となってし

（七二九）の光明子立后に至る。

天武×持統系の隔絶性の持続という個別具体的な大目的のための手法を、普遍的な法に制度化してきた王権であったが、状況が変わり別の政治的状況になれば、大目的のためなら、一度定めた制度の棚上げや拡大解釈も辞さなかった。不比等系藤原氏を特殊なパートナーとする新戦略もその一環であろう。一方藤原氏側の戦略は、かつての蘇我氏のそれを踏襲しているようにみえる。実際、藤原氏はその初期において蘇我氏と重要な婚姻関係を結んでおり、隔絶した外戚氏族としての権威を吸収しようとしていたらしい［倉本、二〇一七］。

こうして天武×持統系（＝ふたりの間に生まれた草壁系）が聖武×光明子系にスライドしつつ、国家を全体として継承する王統の単一化、絞り込みはさらに推し進められていく。その意思の強さは、聖武天皇と光明子の間に生まれた皇子が、神亀四年（七二七）に嬰児の段階で皇太子に立てられたことや、天平一〇年（七三八）に光明子の産んだ阿倍内親王（後の孝謙）を、他を母とする男性安積（あさか）親王より優先して皇太子にしたことなどに、端的に表れている。

現実の政治過程の複雑さから、いわゆる奈良時代には律令制が本来企図する天皇・皇后・皇太子の三極構造が純化して見えない。しかし「安定して恒常的に回転すべき国家の頂点に立つ王権は、国家機構の制度的保障を受けて安定して恒常的に

まった。

(32) この皇子の名については、『一代要記』等により「基王」とする説もあるが、不詳としておくのが穏当であろう。

(33) 文武とその夫人石川刀子娘（とねのいらつめ）との間に広成（広世）という皇子がいたが、和銅六年（七一三）に母が嬪の称号を剝奪された際にこの皇子も皇族から排除されたという説があるが、これを否定する説もある［河内祥輔、二〇一四］。また広成、広世を別の人格（兄弟）とする説もある。いずれにしても、表だって草壁―文武の子孫を名乗っておらず、同時代人が顧慮した形跡もない以上、考慮には入れない。

継承されていくべきだ」という理想的観念を現実の制度も実装して打ち立てた国家史上の意義は大きいし、実際光明子立后を経て阿倍内親王立太子の時点で、天皇・皇后・皇太子という理想的な三極構造が実現している。この意義を見えづらくしているのは、現実の政局の複雑さとともに、光明子が令の示唆する原則を破った藤原氏皇后であり、阿倍が異例の女性皇太子だからであろうが、こうした理由でこの構造の実現の意義を低く見積もるのは適切ではない。

　長期に及ぶ皇太子空位等、その運用上に異例・逸脱と見られる事象があったことを軽視もできないが、現実の政治過程において、律令制的な皇位継承制度が著しく揺らいでいるようにみえる際にも、単に異例や逸脱として評価するのは生産的ではない。王権構成員の主観的な視点からは、皇位継承制度も自己保存のための一手段であり、運用上の融通無碍は織り込み済みだったという観点から考察すべきであろう。王権の自己保存の手段と国家安定の普遍的な装置とが重なった皇位継承制度においては、複雑な運用が常態なのである。複雑さに飲まれて単なる政局史になるのを避けるためには、原則を保持しつつ柔軟に運用され、運用の限度を超えれば原則自体を変化させる常時運動体としての広義の制度を追わなければならないが、なかなか難しいところではある。この間の皇位継承の経緯に関する研究成果は膨大であり、しかも要所でも定説を見ず諸説並立が実際のところだ。本章の叙述も一案に過

(34) 聖武と県犬養広刀自との間には、井上内親王・不破内親王が生まれていた。

(35) 「岡宮に御宇しし天皇(草壁皇子)の日継は、かくて絶えなむとす」は、『続日本紀』天平宝字六年(七六二)六月庚戌条に見えるもの。これは、当時の孝謙太上天皇が、淳仁天皇を批判しつつ自らの立場を宣揚した宣命だが、当該部分は孝謙が立太子した際の光明皇后の言葉の回顧なので、実際にあったとすれば、この発言は天平一〇年(七三八)のこととなる。「皇嗣立つること無し、恐らくは変あらむか」は、同書の天平宝字元年(七五七)七月庚戌条に見える、橘奈良麻呂らの謀議の際に発せられたことになって

ぎない。

絞り込まれすぎた血縁原理の危機

天武×持統から聖武×光明子系統への流れで極限に達した王統の単一化・絞り込みは、同時に安定した国家の確立にも寄与するはずだった。しかし、安定した国家において安定的に継承される君主制を確立することと、天武×持統系の王統に皇位を絞り込むということとがうまく一致している分にはいいが、後者が優越するように感じられる局面も少なくない。国家全体の安定より特定の一統の利害が優先されたと感じられて支配層の中に不満がくすぶり、いわゆる奈良時代の政争の火種になることが多いのだ。

それでも血縁上の極端な絞り込みは、長屋王などの犠牲者を出しつつ成功したが(31)、成功したからこその脆弱性をはらむことになった。皇位継承可能な人数が絞り込まれるほどに危機は起こりやすくもなる。聖武×光明子の場合、その危機の根本とは、二人の間に生まれてすぐに皇太子となった幼児(32)が夭折した後、阿倍内親王の他に所生子がなかったことである。王統がひとつに絞りきられているからこそ、その一点に起こる血縁関係上の偶然は、国家を揺るがす危機を惹起する。王統の絞り込みに執着するあまり、そもそも婚姻関係や所生子の数を抑制しようという意識が働いて

いる言葉である。前者では、草壁皇子の王統が絶えようとしているので、女性ながら阿倍内親王(孝謙)を立太子するという文脈だから、これだけからならば、孝謙の子孫により草壁皇統が続く期待を含意しているととれなくもない。しかし先述したように孝謙の実子を実現しようとした形跡は全くないので、その含意は認めがたいだろう。およそ二〇年間にわたって、草壁系皇統のゆくえは混沌とし続けていたと見るべきである。

(36) 聖武と県犬養広刀自の娘である不破内親王は、天武の皇子新田部親王の子の塩焼王と婚姻した。塩焼王は、聖武によって孝謙天皇のもとの皇太子に定められた道祖王

いたとすれば、単なる偶然でもない。

聖武×光明子系統への王統絞り込みの意思を何よりも優先した結果である阿倍立太子の時点ではまだ、聖武×光明子の間に新たな子が生まれる可能性はあったかもしれないが、結局実現しないまま明確な打開策が打ち出されることはなかった。聖武×光明子を承けた唯一の人物である孝謙にも婚姻・出産がなかった以上、その後の皇位継承候補者は、必然的にこの系統の外で探ることになる。これは、長きにわたる皇統絞り込み戦略の行き詰まりを意味する。

光明子所生に限定しなくても、安積没後、聖武の子に男性はおらず、聖武の父文武や祖父草壁まで遡っても、それらの系統を引く男性はもはやいなかった[33]。さらに、草壁の母である持統の血を引く男性もいなかった。つまり、聖武×光明子系統の男系での行き詰まりは、天武×持統系統まで遡る問題なのである。天武×持統の血を引く女性はいたから[34]、男系の断絶必至のみをもって皇位継承戦略の完全な破綻と断言するのは乱暴かもしれないが、孝謙に男女かかわらず実子がいなかった、というより実子を儲けようという気配すら見えず、光明子の実子ではないものの聖武の血を引く女性の不破・井上両内親王即位実現の機運もこの時期にはない。王権自らが「絶えなむとす」と嘆き、朝廷の一部に「皇嗣立つること無し」という雰囲気が広まっていたことは確かで[35]、やはり根本的な方向転換が必至と受け止められていただ

が廃太子された際に一度皇位継承候補となったが実現せず、奈良麻呂の乱に連坐するも赦されて官界復帰するが、逆に仲麻呂の乱の際に仲麻呂から「今帝」に祭り上げられたあげく、敗死した。不破内親王自身も、親王号を削られたりと浮沈の後、異母姉称徳の神護景雲三年(七六九)には、息子の氷上志計志麻呂を皇位に就けるために天皇を呪った廉で、改名のうえ京から追放となった。光仁天皇の時代になると赦されて復帰するが、桓武天皇が即位してすぐに、息子の氷上川継(志計志麻呂と同一人物か)の謀反に連坐して流罪となった。一方、その同母姉の井上内親王は、天智の孫白壁王(後の光仁)と婚姻した。光仁の即位自体もこの関

ろう。ただし、不破・井上やその子（聖武の外孫）たちはその後の皇位継承問題に絡んでいく[36]。なお、聖武自身が外孫への継承を構想しつつ現実にはうまくいかなかったという説もある［遠山、二〇〇七］。聖武や光明子らの表面化していない心中まで推測すれば、彼らが抱いた将来構想の可能性は無数に推測できてしまうが、結果としてうまくいかなかったことが重要であろう。

国家機構を全体として継承する、ごく狭く限定された皇族とこれと特権的に結合した外戚氏族による一統という構想は、その範囲をあまりに厳格に狭く限定したことを主因として行き詰まったのである。聖武×光明子が獲得した隔絶した尊貴性は、天平勝宝元年（七四九）に即位した孝謙の身に保たれたが、女帝生前譲位の慣習はここでも生き、天平宝字二年（七五八）、皇位は持統・聖武・光明子の血を引かない淳仁（じゅんにん）天皇[37]に移った。孝謙と淳仁との関係は、ここまでの女性太上天皇の例を踏めば、尊属・卑属になると思われるところだが、淳仁は、聖武の皇太子として表現されたこともあり[38]、擬制的な入り婿が意識されたとする説もある［仁藤敦史、二〇〇六］。どちらにしてもそれが擬制的に果たされてしまうのだとすれば、観念上の母子擬制等を儀礼的に行いつつも、現実には実際の血統にあれほど執着してきた持統以来の方針の大転換であることに変わりない。

客観的に見たときの孝謙太上天皇の権威は当初必ずしも高くなく、光明皇太后や

係によるところが大きいとみられる他、子の他戸（おさべ）親王が皇太子となったので、順調にいけば、草壁…聖武の皇統は女系では後世につながるはずであった。しかし井上内親王は、宝亀三年（七七二）には天皇を呪ったとして皇后を廃され、続いて廃太子となった他戸とともに幽閉されて、宝亀六年（七七五）、母子同日に没した。

（37）「淳仁」という漢風諡号は明治になってから付せられたもので、それまでは「廃帝」「淡路廃帝」等と称される。ただし宝亀九年（七七八）にはその墓を山陵としている。

（38）『続日本紀』天平宝字三年（七五九）六月庚戌条、『日本霊異記』下巻

大師（だいし）藤原仲麻呂の存在から制約を受けたとされるが［上村、二〇二三a］、やがて、聖武×光明子から承けた根強い尊貴性の主張を抑えきれない孝謙太上天皇と淳仁との関係はきしみ始める。皇位継承者に一時擬せられながら政争の犠牲になるなど、天武諸皇子の子孫たちはめまぐるしく浮沈する。

天武×持統系の血縁的先細りは、国家的制度をも手段と見なすまでに強固だった大目的を見失わせてしまった。ここまでの運用上の経緯において、国家の制度や利害よりも天武×持統系あるいは聖武×光明子系の利益という大目的を優先することで波紋が生まれることは多々あったが、その大目的自体が文字通りの形では失われてからの皇位継承をめぐる動揺はさらに大きかった。

ただ、そうした時期でも、律令制下の王権が獲得した皇位継承の原則の一端は生かされている。孝謙後の継承候補者の選択の理由として、王権側の意思以外のことを見いだすのは難しい。聖武の遺詔により皇太子となりながらあっという間に廃された道祖王（ふなど）(39)や、藤原仲麻呂と密接だった大炊王（おおい）（後の淳仁）(40)が選ばれたのは、（仲麻呂等臣下からの推薦があったとしても）最終的には天皇・皇太后といった王権中枢側の意思によるのである。(41) 血縁原理を放棄して、仏教上の法脈による皇位継承の可能性が探られたとも言われるが、これが事実だとして、そのような極端な破格に見える皇位継承構想であってさえ、王権側の意思を第一とする点は貫徹されているのである。

三八話。

(39) 道祖王は、天武の孫で新田部親王の子。天平勝宝八歳（七五六）に、聖武の遺詔によって皇太子となったが、翌年、品行の悪さなどを理由に廃された。同年の橘奈良麻呂の変の際に奈良麻呂に与したとして捕えられ、拷問死した。

(40) 大炊王は、天武の孫、舎人親王の子。藤原仲麻呂の子真従（まより）と婚姻を結んだが真従に先立たれた粟田諸姉（あわたのもろあね）の新たな配偶者として、仲麻呂の田村第に住んだ。天平宝字元年（七五七）に廃された道祖王に代わって皇太子に立てられ、翌年、孝謙の譲位を受けて即位した。

(41) 大炊王が皇太子に

ただし、王権の内実はあくまでも多重的であったから、王権側の意思イコール天皇その人の意思ではないところに現実の複雑さがある。具体的に言えば、孝謙太上天皇が、女性太上天皇による現天皇後見の伝統を、実子ではないが淳仁に対して施していたものの、王権の意思ははじめ光明皇太后の主導のもとにあり、光明子没後は大師として王権の一角に入り込んだ［上村、二〇二三b］藤原仲麻呂の意思に転化されつつあったと言えよう。最終的には、この転化への、他ならぬ孝謙太上天皇の抵抗により、天平宝字八年（七六四）、仲麻呂は滅びた。同時に、淳仁を起点とする新たな王統に拠った皇位継承プランの仕切り直しの可能性も潰えた。

皇位継承上の異例は、孝謙太上天皇の重祚（称徳天皇）にまで極まった。太上天皇と皇太后が共におらず、庇護すべき皇太子もいない状態での女帝という律令制国家初の状況のもと［荒木、二〇一三］、称徳は皇位継承決定権を含む王権の重要権利を独占した。聖武×光明子の系統をひとりで承けた尊貴性の主張は、復位後こそ高揚したともいう［上村、二〇二三c］。だが聖武×光明子系統、遡って持統—草壁系統の男系断絶という事態への対応策が確定しないまま、称徳は没する(42)。専制を極めた王権の意思が空白になり、群臣の合議が一時的に息を吹き返す(43)。宝亀元年（七七〇）、光仁天皇が即位する。この途上で、称徳自身が、道鏡を中継ぎとして異母妹井上内親王と光仁の間に生まれていた他戸王の即位を企図したとの説もあり［河内祥輔、二

立てられる際には、高官に孝謙からの諮問があり、複数の候補も上がった。しかし、仲麻呂が孝謙の考えを示すように促し、孝謙がこれに応えて、大炊王を立てるべしとし、異論はやんだ。孝謙が述べる大炊王を最適とする理由は、若いが悪評がない、という主旨のもので、内実を欠くように見えるが、それこそが、諮問以前に決せられていたであろう王権側の意思そのものが最大の理由であるということを示す。

(42) かつての聖武の心中と同様、皇位継承をめぐる称徳の心中をさまざまに推測する諸説も存在する。それぞれ興味深いが確たるものはない。少なくとも『続日本紀』等が描く経緯は、前帝の遺

〇一四など]、興味を惹くが確実ではない。

桓武とその息子たち、その後

かくして光仁が即位した時点では、聖武の娘である井上内親王が皇后となり、翌年、その所生の他戸親王が皇太子とされた。この時点では、光仁×井上の系統を他に隔絶する特別な皇統とした上での皇位継承、すなわち、聖武×光明子時代の方法の踏襲が企図された可能性がある。

しかし、宝亀三年(七七二)に井上・他戸は排除され、代わって皇太子となった山部親王(後の桓武)が天応元年(七八一)に皇位を継承する。桓武自身の聖武系からの継承意識と新王統樹立意識との関係はさまざまに論じられてきたが、比較的早くから、後者に傾いた正統性を志向することになったとみられる(44)[川尻、二〇一一／吉川、二〇二一b]。母方の系譜に百済王氏を結びつける努力も注目される[西本、二〇二二a]。

桓武期の最初の皇太子は、同母弟早良親王であった。ここまで天智→天武を最後に、兄弟間の皇位継承はない(しかも天智・天武の兄弟継承は内乱を経た特殊例である)。草壁は自身即位していないが、その皇位継承予定者としての属性は異母兄弟たちには移らなかった。また、聖武皇子の某王の皇位継承予定者としての属性も、異母兄

志がはっきりしないのでさまざまな思惑が交錯し、場合によっては諮問や合議もなされたというものである。

(43) 称徳が没すると、議政官の中枢に属する面々が合議に入った。『続日本紀』は「定策禁中」と記すが、『日本紀略』が引く「百川伝」(藤原百川の伝記)によると、天武の孫、長親王の子である文室浄三、その弟の文室大市を推す吉備真備に対し、藤原永手・藤原宿奈麻呂は、称徳の偽の遺詔を提示して、白壁王(天智の孫、施基親王の子にして、聖武の娘井上内親王と婚姻を結んでいた)の立太子を主張し、実現させたという。大炊王立太子の際の諮問に比べれば、合議の実質はま

弟には移らず、同母の姉妹に移った。やはり、天武×持統、聖武×光明子という、父母で二重にフィルターがかかる極度に狭い限定が再確認されるところだが、もし草壁、文武、聖武、某王に同母の男性兄弟がいれば、彼らが皇位継承者に擬せられることがあったのかどうか問題にはなる。もしいれば可能性はあっただろう。淳仁期には、同母兄弟の船・池田の両王が親王になっている。ただし両親王は皇太子になったわけではない。

いずれにしても久しく兄弟相続の例はなく、桓武から早良へと久しぶりの兄弟間継承になりかけたものの、延暦四年(七八五)の政変[45]のため実現しなかった。しかし大同元年(八〇六)に桓武の子平城天皇が父の死没により即位した後は、平城から嵯峨天皇(大同四年〈八〇九〉即位)、そして淳和天皇(弘仁一四年〈八二三〉即位)と兄弟間で譲位による継承が続く。しかも、平城・嵯峨は同母だが、嵯峨・淳和間は、彼らの母の属性には共通点が多いとはいえ、異母兄弟である[46]。彼らは皇太弟になった上で即位していて、突発的に相続したわけではない。予定された兄弟相続なのだ。

光仁天皇以後、桓武―早良、平城―嵯峨―淳和の兄弟間継承が想定あるいは実行されたのには、兄弟間継承を実現できるだけの人員が存在したという血縁関係上の偶然もあるが、さらに、天武×持統、聖武×光明子のような極端に限定された範囲に固執した皇統が結局行き詰まってしまったことを教訓に、皇位継承可能な系統を

だしもあったかに見えるが、結局、決め手になったのは、偽とはいえ王権の意思を示す遺詔であった。

(44) 井上内親王の血を引く、すなわち聖武の血を引く女系はなおも残っていた。他戸親王の同母妹酒人内親王は、母井上内親王と同様に伊勢斎王となった後、帰京して桓武の妃となった。その間に生まれた朝原内親王は、やはり伊勢斎王となった後に、平城の妃となった。聖武の血を引く三代の内親王の待遇には、何か特別なものが感じられなくもなく、仮に彼女らと桓武や平城との間に親王が生まれていたらどうなっていたか、という想像をかき立てる面がある。実際、河内祥輔は、朝原内

広く、あるいは複線にしておこうという戦略もあったと思われる。この戦略がどこまであらかじめの計画によるものであったかは議論が分かれるが、興味深い論点である［西本、二〇二二b］(47)。ただしここに至るまでに井上皇后系、早良親王系、不破内親王系が排除されていることからもわかるように、あくまでも桓武に端を発するという条件の上での複線化であった。

先述の早良立太子は、光仁が自らの皇統の選択肢を増やそうとする意向によるものだという説があり［春名、二〇一九］、だとすれば、光仁から見た場合と桓武から見た場合の「自らの皇統」の範囲が異なるために早良の悲劇が生まれてしまったとはいえ、光仁・桓武父子は同様の皇位継承構想＝複線化による強化構想を持っていたのかもしれない。ただ、早良親王立太子はむしろ桓武の主導であり、最初から安殿親王（後の平城）への引き継ぎが計画されていたという説もある。桓武の主導だった場合の動機のひとつとして、より母の地位の高い兄弟がいる中で、高野新笠を母とする兄弟の優位性を高めておくためだったとする説も魅力的である［西本、二〇一九］が、聖武×光明子系統の行き詰まりへの反動が光仁期からあったとする方がわかりやすい面はあり、決めがたいところだ。

兄弟相続の頻出の理由に話を戻すと、それにはもうひとつ、特に桓武天皇とその息子たちに見られる、天皇自ら政務を強力に主導しようとする姿勢を実現・維持す

親王を迎えた平城について、「直系皇統（聖武）の権威の継受」なる特色を見ている［河内祥輔、二〇一四］。その当否は措くとしても、桓武の正統性の根拠の根幹が固まっても、なお、聖武系を取り込めるなら取り込んでおこうという意識は看取できるように思う。しかし朝原内親王所生の子の記録はなく、先に朝原内親王が、ついでその母酒人内親王が、弘仁・天長年間に没して、聖武系は女系でも絶えた。

(45) 延暦四年（七八五）九月、藤原種継暗殺事件への関与が疑われた早良親王は、幽閉されて淡路島に移される途上で、飲食を断ち（あるいは断たれ）、死亡した（［西本、二〇一九］を参照のこと）。

るため、十分な判断能力を持つ後継者を常時用意しておくべきだと考えたという理由もあろう。血縁関係の範囲を多少広げても実力を重視する理念の一部復活、一時的高揚を見ることも可能かもしれない。これは、天皇としての資質能力がまったく不明な嬰児を、血縁原理のみで皇太子にした聖武朝のやり方と対照的である。

　平城天皇から嵯峨天皇に皇位が譲られた際に皇太子になったのは平城の子高岳(たかおか)親王であって、その時点では嵯峨から淳和天皇への兄弟相続は確実ではなかったことや、高岳親王が廃され嵯峨にまだ男性の実子がいない時期に大伴親王(後の淳和)が皇太弟になり、その後に嵯峨に実子正良(まさら)親王(後の仁明(にんみょう))が生まれているという順番の問題などもあり、さまざまな偶然も否定はできないが、実子が生まれるのを待たず即時に執政可能な継承者を立てておいたのであるから、やはり天皇政務の継続を重視した継承観念が兄弟相続に結びついた面はあったと思われる。ただし、桓武の皇子の中でも生母の出自などで限定があり、兄弟全員の中から純粋に実力で選んだということではない。

　譲位の頻出は、前帝逝去間際の駆け込み型でない限り、太上天皇制の運用を問題化する。奈良時代の、現実の政治過程の中から生まれた女性太上天皇の後見を典型とする奈良時代の太上天皇とは、同じ身位ではあっても出現の背景を異にするのである。したがって、男性兄弟間の譲位により太上天皇制も変質した。奈良時代型の

(46) 嵯峨は桓武とその皇后藤原乙牟漏(おとむろ)との間に生まれた。淳和は桓武と夫人藤原旅子の所生。乙牟漏は藤原式家良継の子、旅子は良継の弟百川の子であり、いとこ同士である。

(47) 上村正裕は、平城・嵯峨・淳和の三人に加えて伊予親王も皇位継承の有資格者として桓武天皇の構想内にあったと見る[上村、二〇二三d]。一方、例えば神谷正昌は、平城・嵯峨・淳和の三兄弟継承は結果論に過ぎず、この時期の皇位継承の実態はきわめて不安定だったとする[神谷、二〇二二]。

(48) 平城は嵯峨に譲位後、旧都平城京に遷った。

太上天皇は、現帝に最親近の女性尊属として後見するのが前提であって、現帝との関係に制限を明記する必要も感じられていなかったと考えられる。しかし女性太上天皇と現帝の関係がもともと最親近とは言いがたかった孝謙―淳仁間に問題が生じ、さらに、制度・慣習を明示的に調整しないまま、兄弟間譲位にもこの制度を流用したため、混乱が生じた。弟に譲位した兄は、母が子を保護するような後見はできない。さりとて現天皇と同等・同様な行動を取れば混乱を招く。(48) こうした経緯から、太上天皇は、譲位後自動的になるものではなく、現帝から尊号を宣下されてなるものとなり、官僚制から距離を置いた権威的存在に転化していくとされる［春名、一九九〇］。一方皇后制は、皇太子が直系でないのを補って所生子の尊貴を固めるために立后するという意義もあり、運用が続く［並木、一九九五］。しかし、光明子の場合にはあった、王権そのものの双方的直系観念を構成する一翼というほどの重みを失っていく。(49) 直系観念のさらなる男系化であろう。

比較的広い範囲から、深化した律令体制を運営する能力を持つと目される者を、切れ目なく皇位継承者にできるという利点を持った平安初期の兄弟等間相承だが、副作用があった。兄弟の子の世代でも両系統を生かすと、皇位継承可能な血縁範囲は次第に広くなり、また互いに遠くなる。(50) 必然的に王統の分立、相互対抗が惹起されるということは予想されただろうが、結局防げなかった。対立が表面化して政争

弘仁元年（八一〇）九月に、平城が平城京への遷都を命じたのをきっかけに嵯峨側も動き、対立は決定的となった。最終的には、平城側が政治的に完敗して平城自身は出家し、子の高岳親王は皇太子を廃されて、大伴親王が皇太子となった。従来はこの事件を平城側の有力女官の名を取って「薬子の変」と呼んでいたが、「平城太上天皇の変」等と呼ぶことが増えている。

(49) 橋本義則によれば、光明子は独立の皇后宮を持っていたが、井上内親王から皇后宮は天皇の内裏に包摂されるようになる［橋本、二〇一一］。これも、王権の双方的直系性の一翼を担うような地位からの低下の一象徴であろう。

となり承和の変[51]を起こす。以後の皇位継承はしばらく父子相承原則に純化された。それが幼帝を在らしめ、摂政・関白の発生を導く[52]。一方で女帝は姿を消す［仁藤智子、二〇一九］。

その後また、兄弟間、いとこ間、いとこの子へ、等々と、皇位継承は複雑になり、結果的に両統迭立のような状態が現出する［神谷、二〇一九］。また、父子相承原則の貫徹を理由としなくても、幼帝即位が頻出するようになるが、その主因は新たな形で王権に関与した摂関や院の思惑による皇位継承の複雑化である[53]。また、院政期においては、最上位の上皇＝いわゆる治天の視点から見た直系子孫と、その下の世代の上皇・天皇から見た直系子孫は範囲を異にするから、治天の視点から直系でありさえすれば、兄弟等の間での皇位移動に躊躇がなくなった[54]。

かくして、父子相承や兄弟間等継承は、この後も皇位継承の種別として普遍だが、それらが現れる理由は、時代により異なる。

おわりに

世界史上に見られる王の継承は必ずしも血縁原理によるものだけではない。倭においても、四・五世紀にはむき出しの「実力」重視の王位継承が行われていた可能

(50) 嵯峨から淳和は兄弟間継承となるが、淳和から仁明は叔父甥間、仁明から恒貞親王はいとこ間になる。ただし、このように代々親族関係が離れていくことへの対策もおそらくあって、両系統間の婚姻も行われた。嵯峨の子にして仁明の同母姉妹である正子内親王が淳和と婚姻し、そこに生まれたのが恒貞なので、嵯峨から見て恒貞も孫であることになる。それでも結局、嵯峨没後に両統の協調は破綻した。

(51) 承和七年(八四〇)に淳和太上天皇、承和九年(八四二)に嵯峨太上天皇が没した。嵯峨没後すぐに、皇太子恒貞を担いだ反乱計画が告発され、関係者が罰せられると

性が高い。前王との血縁関係への配慮もひとつの重要な要素ではあったろうが、それが比重を増してくるのは、五世紀後半と考えられる。したがってそれ以前の諸王に関する『書紀』の血縁的系譜関係は、原型である「帝紀」の成文化の発端が五世紀に遡るとしても、世襲王権の視点とその正統性担保の目的から、六世紀以後に何段階かにわたり整理が加えられた結果として見るべきである。仮に実際、前王と新王の血縁上の続柄が親子や兄弟だったことがあったとしても、後世の王家内の親族関係におけるそれとは異なる基盤の上のものである。

五世紀後半の過渡期を経て、六世紀の世襲王権成立後、九世紀までの王位継承について巨視的に言えば、以下のようになる。すなわち、制度的な国家機構の回転の中心であることが、むき出しの実力より重視され、それゆえより安定的に継承できる世襲王権が成立する。その隔絶性を高めてこれを持続させるため、群臣の関与や王統の分散化を克服しつつ、特別な血統のみを世襲王位を負うべき直系として確立させる方向に進み、その直系と絡み合う特別な外戚氏族も生まれたが、そのため血縁的に孤立して細くなった直系が行き詰まった。その反動で複数の系を束ねた太い皇統が一時企図されたものの、王統分立の不安定性が副作用として表れ、父子直系志向に戻った。しかしその後の経緯も単純ではなかった、ということになる。

日本の王位・皇位継承でも、親子や兄弟等、人類史にとって普遍の血縁関係の類

もに、恒貞は廃太子となった。かわって皇太子となったのは、仁明天皇の子道康親王(後の文徳)であり、ここに父子間継承への転換がなされた。

(52) 文徳天皇が没したとき、皇太子が幼少のまま即位して清和天皇となったので、これを後見・代行する者として、外祖父藤原良房が事実上の摂政となった。追って摂政の語も定着していく。関白は光孝天皇即位の際に藤原基経に与えられた職権を事実上の嚆矢とし、こちらも追って関白なる語が熟していく。

(53) 村上天皇の後、村上―冷泉―花山・三条の冷泉系と、村上―円融―一条の円融系に皇統が分かれた感があるが、その

型が入れ替わり立ち替わり現れるが、それらが現れる理由には、当該期の社会構造とその構造を背景に生じる政治的諸事件や正統性概念等、それぞれの時代固有の事柄も大きく関わり、親子か兄弟かという、いつの時代にも普遍的な問題系だけでは歴史的に分析できない。

参考文献にはなるべく一般に入手しやすいものを選んだ。また、同様の内容ならばなるべく新しいものにした。これら最新の優れた研究から、過去の膨大な研究史を遡ることが可能だからである。関連研究のあまりの多さに驚かれるかもしれない。日本古代史、なかんずく政治史とは、すなわち皇位継承史に他ならないのか、と思いたくもなる文献の山積が、日本にとっての天皇制の意味を考え直すきっかけともなろうか。

主因は、藤原兼家が、円融系の外孫一条の次もまた外孫の即位を望んだためであり、そのゆえに兼家の外孫で冷泉系の三条を、一条より年上の皇太子に立てる等の異例が重なっての結果であろう。

(54) 鳥羽院政期の、崇徳から近衛の継承、後白河院政期の、六条から高倉への継承などが、そうした例の典型と言えよう。

引用・参考文献

荒木敏夫、一九八五年『日本古代の皇太子』吉川弘文館

荒木敏夫、一九九九年『可能性としての女帝――女帝と王権・国家』青木書店

荒木敏夫、二〇一三年「古代王権の多極構造」『日本古代の王権』敬文舎

井上光貞、一九六〇年『日本国家の起源』岩波新書

上村正裕、二〇二三年ａ「八・九世紀王権構造の変質過程と政治史の展開」『日本古代王権と貴族社会』八木書店

上村正裕、二〇二三年ｂ「八世紀太上天皇制の諸相」『日本古代王権と貴族社会』八木書店

上村正裕、二〇二三年ｃ「称徳王権論」『日本古代王権と貴族社会』八木書店

上村正裕、二〇二三年d「桓武天皇の王権構想と平安初期の議政官」『日本古代王権と貴族社会』八木書店
遠藤慶太、二〇一二年『東アジアの日本書紀——歴史書の誕生』吉川弘文館
遠藤慶太、二〇一六年『六国史』中公新書
遠藤慶太、二〇一八年「古事記と帝紀」、遠藤慶太・河内春人・関根淳・細井浩志編『日本書紀の誕生——編纂と受容の歴史』八木書店
遠藤慶太、二〇二〇年「歴史叙述のなかの「継体」」『史学雑誌』129—10
遠藤みどり、二〇一五年a「女帝即位の歴史的意義」『日本古代の女帝と譲位』塙書房
遠藤みどり、二〇一五年b「〈大后制〉の再検討」『日本古代の女帝と譲位』塙書房
遠藤みどり、二〇一五年c「七、八世紀皇位継承における譲位の意義」『日本古代の女帝と譲位』塙書房
大津　透、二〇一〇年『天皇の歴史01　神話から歴史へ』講談社
大橋信弥、一九九九年「継体・欽明朝の「内乱」」吉村武彦編『古代を考える　継体・欽明朝と仏教伝来』吉川弘文館
大平　聡、二〇二〇年a「世襲王権の成立」『日本古代の王権と国家』青史出版
大平　聡、二〇二〇年b「日本古代王権継承試論」『日本古代の王権と国家』青史出版
神谷正昌、二〇一九年「摂関期の皇統と王権」仁藤敦史編『古代文学と隣接諸学3　古代王権の史実と虚構』竹林舎
神谷正昌、二〇二二年『皇位継承と藤原氏　摂政・関白はなぜ必要だったのか』吉川弘文館
川口勝康、一九八一年「五世紀の大王と王統譜を探る」原島礼二他編『巨大古墳と倭の五王』青木書店
川口勝康、一九八二年「四世紀史と王統譜」『人文学報』154
川尻秋生、二〇一一年『シリーズ日本古代史⑤　平安京遷都』岩波新書
岸本直文、二〇二〇年『倭王権と前方後円墳』塙書房
倉本一宏、二〇〇九年『持統女帝と皇位継承』吉川弘文館
倉本一宏、二〇一五年『蘇我氏——古代豪族の興亡』中公新書

倉本一宏、二〇一七年『藤原氏――権力中枢の一族』中公新書
倉本一宏、二〇二〇年『皇子たちの悲劇』角川選書
河内祥輔、二〇一四年『古代政治史における天皇制の論理【増訂版】』吉川弘文館
河内春人、二〇一八年『倭の五王――王位継承と五世紀の東アジア』中公新書
佐藤長門、二〇〇二年「倭王権の転成」鈴木靖民編『日本の時代史2　倭国と東アジア』吉川弘文館
佐藤長門、二〇一九年「六世紀の王権――専制王権の確立と合議制」仁藤敦史編『古代文学と隣接諸学3　古代王権の史実と虚構』竹林舎
篠川　賢、二〇〇一年a「六・七世紀の王権と王統」『日本古代の王権と王統』吉川弘文館
篠川　賢、二〇〇一年b「六・七世紀の「大兄」」『日本古代の王権と王統』吉川弘文館
下垣仁志、二〇一九年「古墳と政治秩序」『シリーズ古代史をひらく　前方後円墳――巨大古墳はなぜ造られたか』岩波書店
清家　章、二〇一〇年『古墳時代の埋葬原理と親族構造』大阪大学出版会
鈴木靖民、二〇〇二年「倭国と東アジア」同編『日本の時代史2　倭国と東アジア』吉川弘文館
関根　淳、二〇二一年『六国史以前』吉川弘文館
薗田香融、一九八一年「『日本書紀』の系図について」『日本古代財政史の研究』塙書房
田中良之、二〇〇八年『骨が語る古代の家族』吉川弘文館
塚口義信、一九九一年「〝原帝紀〟成立の思想的背景――「帝紀」「旧辞」論序説」『ヒストリア』133
塚口義信、一九九三年「佐紀盾列古墳群とその被葬者たち――四世紀末の内乱と〝河内大王家〟の成立」『ヤマト王権の謎をとく』学生社
津田左右吉、一九四八年『日本古典の研究　上』岩波書店（『津田左右吉全集　第一巻』一九六一年、岩波書店）
藤堂かほる、一九九八年「律令国家の国忌と廃務――八世紀の先帝意識と天智の位置づけ」『日本史研究』430
遠山美都男、二〇〇七年『古代の皇位継承』吉川弘文館
中野渡俊治、二〇一七年「八世紀太上天皇の存在意義」『古代太上天皇の研究』思文閣出版

並木和子、一九九五年「平安時代の妻后について」『史潮』37
西本昌弘、二〇一九年『早良親王』吉川弘文館
西本昌弘、二〇二二年a「長岡京前期の政治的動向」『平安前期の政変と皇位継承』吉川弘文館
西本昌弘、二〇二二年b「平安前期の政治的動向と皇位継承」『平安前期の政変と皇位継承』吉川弘文館
仁藤敦史、一九九八年「皇子宮の経営」『古代王権と都城』吉川弘文館
仁藤敦史、二〇〇六年『女帝の世紀――皇位継承と政争』角川選書
仁藤敦史、二〇一九年「七世紀の王権――女帝即位と東アジア情勢」同編『古代文学と隣接諸学3　古代王権の史実と虚構』竹林舎
仁藤智子、二〇一九年「平安初期の王権――女帝・皇后不在の時代へ」仁藤敦史編『古代文学と隣接諸学3　古代王権の史実と虚構』竹林舎
橋本義則、二〇一一年「「後宮」の成立」『古代宮都の内裏構造』吉川弘文館
花熊祐基、二〇二三年「人物埴輪の展開と構成」『季刊考古学163　埴輪からみた王権と社会』雄山閣
林屋辰三郎、一九五五年「継体・欽明朝内乱の史的分析」『古代国家の解体』東京大学出版会
春名宏昭、一九九〇年「太上天皇制の成立」『史学雑誌』99―2
春名宏昭、二〇一九年「古代の皇位継承」春名宏昭ほか『皇位継承――歴史をふりかえり変化を見定める』山川出版社
坂　靖、二〇一八年『蘇我氏の古代学――飛鳥の渡来人』新泉社
坂　靖、二〇二〇年「ヤマトの王から倭国の王へ」『ヤマト王権の古代学――「おおやまと」の王から倭国の王へ』新泉社
藤森健太郎、二〇一九年「即位儀礼と王権」仁藤敦史編『古代文学と隣接諸学3　古代王権の史実と虚構』竹林舎
古市　晃、二〇一九年「五・六世紀における王宮の存在形態――王名と叛逆伝承」『国家形成期の王宮と地域社会』塙書房
古市　晃、二〇二一年『倭国　古代国家への道』講談社現代新書

松木武彦、二〇一九年「国の形成と戦い」『シリーズ古代史をひらく　前方後円墳』岩波書店
水谷千秋、一九九九年a「大化前代の王族と皇親氏族」『継体天皇と古代の王権』和泉書院
水谷千秋、一九九九年b「五・六世紀の女王と后妃」『継体天皇と古代の王権』和泉書院
水谷千秋、二〇〇一年『謎の大王　継体天皇』文春新書
水野　祐、一九五四年『日本古代王朝史論序説』小宮山書店
義江明子、二〇〇〇年「「児(子)」系譜にみる地位継承」『日本古代系譜様式論』吉川弘文館
義江明子、二〇二一年『女帝の古代王権史』ちくま新書
吉川真司、二〇一一年『シリーズ日本古代史③　飛鳥の都』岩波新書
吉川真司、二〇二二年a「律令体制の展開と列島社会」『律令体制史研究』岩波書店
吉川真司、二〇二二年b「後佐保山陵」『律令体制史研究』岩波書店
吉田　孝、二〇一八年「古代社会における「ウヂ」」『続　律令国家と古代の社会』岩波書店
吉村武彦、二〇一九年『新版　古代天皇の誕生』角川ソフィア文庫
若狭　徹、二〇二一年「古墳時代後期の地域経営と屯倉の成立」『古墳時代東国の地域経営』吉川弘文館
和田　萃、一九九五年『日本古代の儀礼と祭祀・信仰　上』塙書房

コラム　正統性の自己主張

ある人物がなぜ即位したのか、総合的かつ正確に解明するのは至難である。だからこそ諸説があるのだし、織りなされる諸説の絡みの中で考え続けるほかない。

しかし、ある人物が即位する際にどんな正統性が主張されたのかを見ることは比較的容易である。正統性の主張は他者に対して伝わる形で外部に発せられなければ意味がないので、現実の複雑さはさておいて、輪郭のはっきりとした「理屈」として成文化され、多くは読み上げられ、史料としても残されるからだ。

天皇が皇位継承者に位を譲る際の言挙げである「譲位宣命」や、即位儀の時に読み上げられる「即位宣命」の範例が、平安後期成立の『朝野群載（ちょうやぐんさい）』という史料に残っている。前者では、譲位の旨自体と、皇位継承者の適性が優れていることのほか、新帝を助けよとの訓戒が述べられる。後者の「即位宣命」では、先帝が天智天皇の定めた法のままに即位をせよと命じたので懼（おそ）れつつも従うとの旨が述べられ、新帝（自分）を助け仕えてほしいと述べる。こうした書きぶりは平安時代以後の実例でほぼ踏襲されており、定型化されていたと言える。

宣命体で即位の正統性を主張する言挙げの記録は、『続日本紀』から見える。これはすなわち、いわゆる宣命体による君主の言葉が正史に記録されるようになるということと同義である。譲位や即位の正統性を長々と述べる言葉が豊富に残る。こうした言葉は、即位関連儀礼の中で多く述べられた。

それ以前のことは不詳なのだが、熊谷公男が説くように［熊谷、二〇〇二］、持統即位よりも前の諸即位における登壇の儀礼が天つ神からの「事依（ことよ）さし」を受けるものだとすると、「事」は「言」として天

御即位図(出典＝ColBase, https://colbase.nich.go.jp/, 東京国立博物館蔵). 江戸時代の即位儀を描いたもので, 会場が内裏紫宸殿になるなどの変化が見られるが, 即位の正統性の言挙げ(即位宣命)を読む役(宣命使)の姿が手前側中央左に描かれている.

孫に依せられるわけであるから、即位関連の儀礼的行為のどこかで言葉として発せられていた可能性もある(中臣寿詞奏上の前身のようなものも想定できる)。しかし、持統即位以前の即位関連史料の中で目立つのは、正統性の言挙げとは別の方向からの正統性付与で、吉村武彦が析出した、群臣からのレガリア奉献＝臣下からの推戴の行為である［吉村、一九九六］。

持統即位時からは、臣下からのレガリア奉献は忌部という特殊な氏族からの行為に変化する。これを、それでもなお畿内氏族からの奉献なのだからとして前代からの連続を重視するか［大津、一九九九］、臣下からの推戴＝皇位継承への介入の排除の象徴とみるか［熊谷、二〇〇二］、意見が分かれているが、象徴としてはともかく、群臣推戴の実質的意義は相当失われているとすべきだろう。

すると残るは天つ神からの事依さしになるが、天神から天孫への国土統治委任の旨は持統即位記事や神祇令践祚条にみえる「中臣寿詞」に内容的には継承される。しかし熊谷は持統以後の即位では事依さしの論理が大幅に後退し、血統と先帝の意思が決定的になっているとみる［熊谷、二〇一〇］。確かに、奈良時代の宣命では、天つ神からの委任の正統性は、君主に相応しい者というのではなく、天つ神の血を引く者の方に重点を置いているように思える。一方で早川庄八は、逆に後世との比較を通じて、奈良時代の諸天皇は後の諸天皇に比べれば高天原（たかまがはら）に端を発する王権神話に言及して即位の正統性を宣揚していると指摘した［早川、二〇〇〇］。熊谷説と早川説は排他的な関係ではなく、むしろ二説を総合して、君主に相応しい者への天つ神からの統治委任という（その点では中国の天命思想に比較的近い）正統性から、天つ神の文字通りの子孫である天孫としての正統性に軸足の中心を移しつつ、なお神話的論理は必要としていたというように奈良時代を見てよいのではないかと思う。そして、熊谷が指摘した傾向が平安時代には徹底するのだろう。先述した中臣の寿詞奏上や忌部の鏡剣奉上も、過渡期としての奈良時代のあらわれだろう。

奈良時代には、単に皇族であるというのではなく、天武×持統の子孫や聖武×光明子の子孫、のように極めて狭い範囲に皇統を固定しようとしていた。この観点からは、天つ神の血を引く天孫というだけでは血統重視でも範囲が広すぎる。制定主体が天智天皇に仮託される「不改常典」の内容には諸説あるが、いずれにしても皇族一般からさらに正統な皇統の範囲を限定する効果を持つものであったと考えたい。その他、日本的にアレンジされた天命思想や孝養観念など、さまざまな論理をも動員して正統性を補強しようと努力していたのが、奈良時代の諸天皇だと早川は評価する。

平安時代以後には、即位の宣命は、先述の『朝野群載』に見える範例のように簡略になって定型化していく。神話的起源を持つ文言（「天日嗣高座之業」等）や天智に仮託された法への言及は残るが、本来の意味が生きていたか疑問である。最重要となった先帝の意思に関する部分も簡潔で定型的だ。むしろ即位に先立つ譲位の宣命の方に、先帝が皇太子に位を譲る理由が、定型化しつつもそれなりに述べられている。

　即位宣命のこうした変化と無関係ではないのだろう、先述の中臣寿詞と忌部鏡剣奉上は大嘗祭関連行事に移され、後者はやがて廃される。レガリア移動はある意味事務的になり、皇位継承と即時になされるようになる。

　淡泊な即位の正統性の言挙げは、特に儒教的な大義名分による正統性に拘り、即位に当たってもそれを(もちろんかなりの程度定型的ではあっても)強調する王権と、場合によってはその正統性に疑義を呈することもある儒教的教養を基礎とする官僚集団との緊張関係がみられる他の東アジア諸国と異なる特徴ではないかと思う。

　本書で仁藤智子が説くように、日本の王権は中国の正統性論理を巧みに取捨選択・換骨奪胎して独自の論理を形成していると考えられる。それが最終的に完成して「皇族という血縁を大前提に「諸事情」で即位した王」がそれだけで事実上正統性を獲得できるようになったのが、平安時代以後だと考えたい。

◉大津透「天日嗣高御座の業と五位以上官人」『古代の天皇制』岩波書店、一九九九年
◉熊谷公男「持統の即位儀と「治天下大王」の即位儀礼」『日本史研究』四七四、二〇〇二年
◉熊谷公男「即位宣命の論理と「不改常典」法」『東北学院大学論集　歴史と文化』四五、二〇一〇年
◉早川庄八「律令国家・王朝国家における天皇」『天皇と古代国家』講談社学術文庫、二〇〇〇年(初出一九八七年)
◉吉村武彦「古代の王位継承と群臣」『日本古代の社会と国家』岩波書店、一九九六年

古代王権の由緒と正統性
――東アジアにおける国家祭祀と王権儀礼

仁藤智子

はじめに

開皇二〇年（六〇〇）に、中国・隋に派遣された外交使節である遣隋使が、隋の高祖（文帝）に「義理なし」と一喝されたことは周知であろう。この事件によって倭国は、東アジアにおいて自立した国家として認められるためには、礼(1)の継受と整備が喫緊の課題であると認識せざるをえなくなった。そのため、大王推古のもとで、王権秩序に資する装置として、それ以前に伝来していた仏教だけでなく、新たに礼秩序が積極的に受容されていくことになった。

そもそも仏教は、後漢時代に中国に伝播したとされているが、当該期の皇帝権力とは一定の緊張関係を持っていたようである。五胡十六国時代を経て、北魏が華北を統一してようやく仏教は公に受容される。これは、中華皇帝を相対化できるようになったことで、仏教を王権に取り込んでいく素地が形成されたためと考えられる［佐川、二〇二二］。古代朝鮮三国にも、中国北朝や南朝から仏教が伝来していた。そこでは仏教を受容するだけでなく、中国を見据えた礼秩序も形成されつつあった。このような流れのなかで、推古朝における仏教と礼秩序の受容は、王権の「東アジアを見据えた国際戦略」［鈴木、二〇〇九］の一翼を担うようになったということがで

（1）中国古代において、儒教の五常（仁、義、礼、智、信）の一つとして尊重された徳目。礼は、人のふみ行うべき道を指し、社会や国家において、人と人が守るべき制度や文物、儀式や作法等として表れるとされた。社会秩序を維持するために必要な規範とされ、『礼記』、『周礼』などの書物が編まれた。礼秩序とは、礼を体現する社会秩序・国家秩序を指す。

きる。さらに、この重責を担うためにたびたび派遣された遣隋使や遣唐使を考えるならば、彼らに随行した留学生・留学僧が果たした役割を評価することができる。それだけではなく、様々な渡航のルーツを持つ渡来僧や渡来系移住民が、七世紀の国づくりに大きく貢献したことは確かであろう。

本章の出発点は、このような国際的環境のもとで、古代国家の形成を志向するようになった推古朝（六世紀末）としたい。日本列島における国家の形成と古代王権の確立の歩みを、王権による儀礼と祭祀から俯瞰することを通して、日本列島における古代王権の特質を明らかにすることを課題とする。

「王を、王たらしめている由緒と正統性」を何に求めるかは、時代、地域を問わず、王にとって永遠の課題である。王の由緒と正統性を担保する祭祀と儀礼から、それぞれの地域の、それぞれの時代の王の在り方を明らかにすることができると考える。祖先祭祀としての宗廟（そうびょう）[2]は、王権の由緒をどのように語るのかという問題を端的に表す。また、天と地の祭りとしての郊祀（こうし）（昊天祭祀（こうてんさいし））は、王権の正統性を何に求めるのかという問題に直結する。そこで、「王の王たる由縁（正統性・由緒）を何に求めるのか＝権威表象の問題」として、特に、国家祭祀としての祖先祭祀（宗廟制）・祭天祭祀（郊祀）の継受やその展開に焦点を当てて、日本の古代王権の特質に迫りたい。なお、本書は、九世紀（平安初期）までをその範囲としていることから、本章の

（2）祖先祭祀の場所を「宗廟」というが、本章では、宗廟で行われる儒教的要素を含む祭祀儀礼を総じて「宗廟制」と呼ぶ。また、広く、天を祀ることを「祭天祭祀」というが、そのなかで中国において醸成された承天思想や天命思想などによって体系づけられた、天帝（昊天上帝）を祀る祭祀を「昊天祭祀（郊祀）」とする。

終着点もそこまでとすることを最初に断っておきたい。

1　祖先祭祀の在り方——宗廟の継受不継受をめぐって

中国（漢民族）の国家祭祀としての宗廟と祭天祭祀

中国の歴史は多様で複雑である。そのため、国家儀礼や祭祀も、国家の歴史的変遷や経緯から自ずと複層的構造を持つようになる。そこでまず、隋に続き、統一国家として成立した唐王朝時代に完成した礼制から考えてみよう。

『大唐開元礼』一五〇巻（七二六―七三二年）は、玄宗皇帝が編集を命じたものである。編纂過程において、『貞観礼』（貞観一一年〈六三七〉）と『顕慶礼』（顕慶三年〈六五八〉）を参照しつつ、唐礼として施行可能な礼文を選定・冊定したとされる。そこに定められる五礼（吉（祭祀）・凶（喪葬）・賓（賓客）・軍（軍旅）・嘉（冠婚）に関する五種類の礼）のうち、吉礼は国家祭祀の中核となる。吉礼には、四時祭祀として、春夏秋冬にかかわる礼目が、規模や重要度などに応じて大祀・中祀・小祀の三つのランクに分けられている。(3) このうち、最も重要な国家祭祀である大祀は、祖先祭祀である廟享と天と地の祭祀である郊祀である。

廟享は、孟春・孟夏・孟秋・孟冬に(4)、皇帝が自ら、祖先にあたる歴代皇帝の位牌

（3）『大唐開元礼』では、昊天上帝、五方上帝、皇地祇と神州宗廟は大祀とされる。また、中祀は日月星辰、社稷、先代帝王、嶽鎮海瀆、帝社先蚕、孔宣父斉太公、諸太子廟、小祀は風師、雨師、霊星、山林川沢、五龍祠と州県の社稷、釈奠と諸神祀とされた。大祀の昊天上帝以下は、祭祀の対象を指す。

（4）四時を孟・仲・季に分けて一二月を配すると、孟春は旧暦の一月、孟夏は四月、孟秋は七月、孟冬は一〇月にあたる。

を安置してある太廟において祭祀を執り行うこと（時享）である。もともと、君主が政を行う場所を朝といい、それに対して死後も政を行う場所を廟とし、霊が休息する場所を寝、霊のいる場所を陵墓とした。やがて、祭祀の場としての廟が墓域である陵墓から隔離され、さらに一人に限らず数代の位牌を安置（一堂多室）するようになる［江川、二〇一七］。王朝が興るたびに、太廟（宗廟）は都城内に設置されるようになった。都城内で行われる廟享は、皇帝の、「王の由緒」を可視化する役割を果たしていた。そのため、皇帝が自ら行う親祭として祭祀が行われる場である宗廟は、重要な政治儀礼の空間でもあった［金子、一九九八・二〇〇一］。

郊祀は、皇帝によって執り行われる天と地の祭祀である。正月と冬至は円丘[5]で天帝を、立春には都城の東郊にて青帝を、立夏には南郊で赤帝を、季夏には南郊で黄帝を、立秋には西郊で白帝を、立冬には北郊で黒帝を祀ることである[6]［佐川、二〇一六］。特に、冬至に円丘で行われる天と地の祭祀は、天命を受けた皇帝が天帝を祀るものであり、皇帝の「王の正統性」を発露する場であったということができよう。

このように、中国において、祖先祭祀である廟享（宗廟制）と天の祭祀である郊祀は、皇帝の由緒と正統性を担保する重要な祭祀であった。それぞれの儀礼が、歴代の王朝において変化を遂げながら、八世紀に『大唐開元礼』として整備されたことの歴史的意味は大きい。

（5）中国北京には天壇公園が残る。明の永楽年間（一四〇三—一四二四）に「天地壇」が円丘壇で祀られたが、嘉靖年間（一五二二—一五六六）になって別の場所に「方沢壇」が地壇として設けられた。円丘壇は清の乾隆年間（一七三六—一七九五）に増改築が行われた。

（6）儒教では、五方上帝（黄帝、白帝、赤帝、黒帝、青帝）とその上に昊天上帝（天帝）がある。五方上帝と天帝、地帝を合わせて七帝ともいった。

このことは、王権の権威を表象する装置としての都城制において、国家祭祀の中核を担う廟享と郊祀をどこで行うのか、ということにもかかわるようになる［妹尾、二〇一八］。『周礼』考工記(7)のプランには、宗廟と社稷はあったが、円丘はなかった。そのためか、円丘は王朝によって作られたり、作られなかったりした。西晋で一旦断絶した円丘が、北魏で復活すると、以後、円丘も宗廟とともに都城プランと結びついていくようになる。このような過程を経て完成した唐の都城制は、特定の民族性や伝統性を克服した普遍性を持つに至ったことを評価しなければならないであろう［佐川、二〇一六］。

このようにして、国家祭祀を行う皇帝とその祭祀空間としての宗廟や円丘がともに、都城の中に位置づけられたことは、王権そのものが可視化されることに大きな役割を果たした。都城における両者の位置づけは、中国歴代王朝の認識を示すものであり、近代中国に至るまで、各王朝を通貫する理念として、変容しながらも受け継がれていくのである。

古代朝鮮における祖先祭祀

中国において、儒教的色彩を多分に持つ、整備されて秩序化された祖先への祭祀を行う場を宗廟と呼び、その宗廟を成り立たせる諸制度や祭祀を総称して宗廟制と

(7)『周礼』考工記には、「匠人営国、方九里、旁三門。国中九経九緯、経塗九軌。左祖右社、面朝後(后)市」と記述されており、君子が南面すると、宮城の左(東)に宗廟、右(西)に社稷となるように置かれるべきであるとする。社稷とは、土地の神(社)と穀物の神(稷)を祀る祭壇で行われる祭祀のことである。

(8)大韓民国のソウル特別市松坡区には、百済の河南慰礼城に比定される南城・夢村土城と北城・風納土城の史跡が残る。前者のなかに漢城百済博物館がある。

呼ぶ。では、中国皇帝の由緒を可視化する祖先祭祀である宗廟制を、周辺諸国はどのように受け止めたのか、考えてみよう。

まず、中国大陸とは地続きになる朝鮮半島（韓半島）において、宗廟制はどのように継受されたのか、考えてみたい。

古代朝鮮において、高句麗、百済にはそれぞれ、天や始祖を祭る祭祀が存在していたことが知られる。『後漢書』東夷高句驪伝や『新唐書』東夷高麗伝などの記事から、高句麗では天を祭っていたことがわかる。しかし、後漢や唐など中国の王朝から見れば、これらの祭祀はいかがわしいもの、「淫祠」であると認識されていた。

また、百済では、特に始祖として東明王を祀るといった独自の祖先祭祀（「東明廟」や「国母廟」等での祭祀）が、五世紀後半までの漢城時代(8)に行われていたとされる［イ・ジャンウン、二〇二二］。こののち、百済の王都は、四七五年には熊津に、五三八年に泗沘に移り、王統も交替する。(9) そこでも、中国的な祖先祭祀である宗廟制を確認することができない。

このように高句麗や百済では、それぞれ固有の天の祭祀や祖先祭祀を行っており、中国の儒教的要素を含む宗廟制が継受されていたことは確認できないのである。

一方で、新羅ではどのように始祖や祖先が祀られてきたのであろうか。『三国史記』祭祀志には、その経緯が記されている。

漢城百済博物館（筆者撮影）

(9) 百済は、四世紀ごろに馬韓諸国のなかの伯済国を中心に成立したとされる。都のあった場所に基づいて、漢城時代（—四七五年）、熊津時代（四七五—五三八年）、泗沘時代（五三八—六六〇年）に分けられる。高句麗の攻撃によって、漢城（慰礼城）で蓋鹵王が殺害された。熊津に移った当初は混乱が続いたが、東城王と武寧王の代に百済を再編した。その後、聖王（聖明王）が泗沘に都新羅の宗廟の制を按ずるに、第二代南解王三年春、始めて始祖赫居世の廟を立て、四時之を祭る。親妹阿老を以て主祭せしむ。第二二代智証王、始祖誕降の地・奈乙に於て神宮を創立し、以て之を享る。第三六代恵恭王に至り、始めて五廟を定む。味鄒王を以て金姓の始祖と為し、太宗大王・文武大王の百済・高句麗を平らぐるに大いに功徳有るを以て、並びに世世不毀の宗と為す。親廟二を兼ねて五廟と為す。第三七代宣徳王に至り、社稷壇を立つ。また、祀典をみるに、みな境内の山川にて、天地に及ばずといへり。(後略)

これによれば、新羅の第二代南解王が初めて始祖である赫居世の廟を建て、その親族の女性の阿老をして祀らせたことが宗廟の嚆矢であるとする。その後、智証王(在位五〇〇—五一四)が、始祖降臨の地・奈乙に神宮を創立したとするが、神宮祭祀の詳細は不明である。智証王は、智証麻立干のことで、新羅を中興した人物とされている。二〇世紀末に発見された迎日冷水碑文(10)では、五〇三年九月の年紀とともに「葛文王」という称号が見えており、新羅における王号成立過程を考えるうえで重要である[武田、二〇二〇]。その後、恵恭王(在位七六五—七八〇)の時に五廟制が整備されたと記されている。この記事に見える祭主(主祭)や神宮、五廟の内実については、議論のあるところである。宣徳王(在位七八〇—七八五)の時代には、社稷壇も建てられた。このように、新羅では、宗廟と社稷が揃うといった、『周礼』考工記に

を移し、七世紀中葉に百済が滅亡するまで、この都は続いた。百済と倭国の交通・交流は『日本書紀』にも記されている。

(10) 一九八九年に、大韓民国慶尚北道迎日郡神光面冷水里(現在の浦項市)で発見された六世紀の碑。二三一文字が刻まれており、文中の「癸未」年が四四三年か五〇三年かが議論されたが、五〇三年が有力。ここに登場する「至都盧葛文王」が智証麻立干であるとされている。

記される、あるべき形で整備がなされたことが知られる。

統一新羅による宗廟制の継受

では、このような宗廟と社稷に象徴される中国的な礼を、新羅はいつ、どのような事情で受容したのであろうか。

『三国史記』新羅本紀には、このことを考えるうえで重要な記事が見られる。

> 四月。（中略）大臣を祖廟に遣はして、致祭して曰はく、「王某稽首して再拝す。謹んで太祖大王、真智大王、文興大王、太宗大王、文武大王の霊に言す。（中略）謹んで言さく」と。

神文王七年（六八七）に、神文王（在位六八一―六九二）が大臣を祖廟に派遣して祭祀を執り行ったと記されている。その祭文では、王としての道を誤ることなく、その治世が安寧であるようにと五人の祖先に祈っている。ここに見える五人とは、太祖大王＝味鄒尼師今、真智大王、文興大王＝金龍春、太宗大王＝武烈王、文武大王を指す。**図1**を見ていただきたい。太祖と、神文王の直系四尊属とで構成されている。

先に見た『三国史記』祭祀志では、八世紀後半の恵恭王時代に五廟制が整備されたとあった。しかし、この記事によれば、恵恭王をさかのぼる七世紀後半に、神文王によって、新羅王家・金氏の宗廟が創設されたと解することができるのである

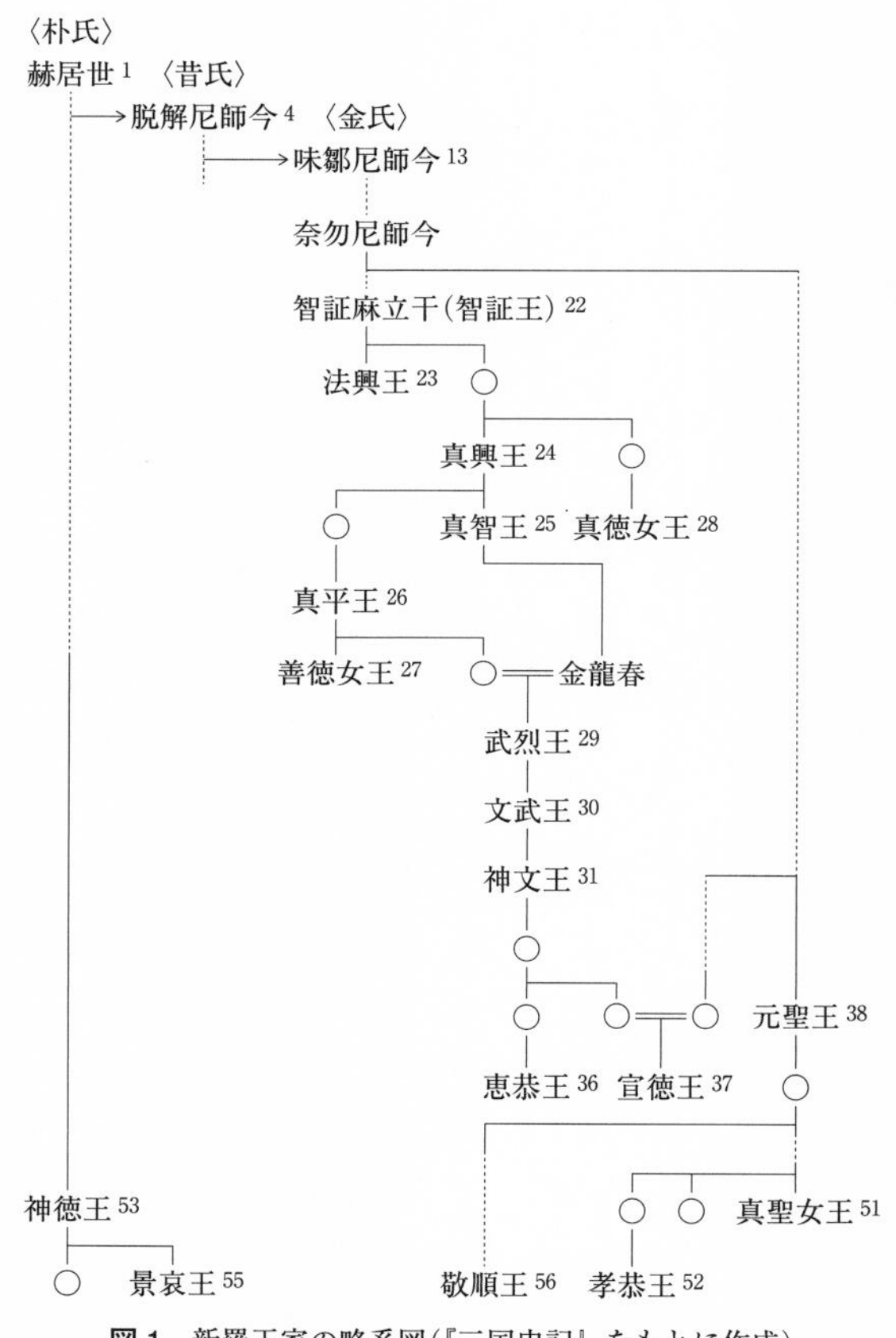

図1 新羅王家の略系図（『三国史記』をもとに作成）

〔田中俊明、二〇一一／李、二〇一七〕。このうち、神文王を含む直系、直近の、「武烈王（金春秋（キムチュンチュ））―文武王（金法敏（キムホッミン））―神文王（金政明（キムジョンミョン））」の三代は、三国統一戦争ののち統一新羅を確立した画期と位置づけられていることに留意したい。

武烈王（在位六五四―六六一）は、当時の国際状況に通じた人物で、新羅において親

（11） 新羅初の女王（在位六三二―六四七）。真平王の娘であり、聖骨（ソンゴル）（注13参照）であったため擁立されたとされるが、伝承が多い。その治世は、まさに東アジアの激動期であり、倭国では同時期に大王皇極（こうぎょく）がいる。新羅では、善徳・真徳（チンドク）・真聖（チンソン）女王の三人の女性君主を輩出した。

（12） 新羅の都であった慶州（キョンジュ）の寺院に建立されたが、一八世紀に発掘されて、拓本が伝わる。その後、碑文は所在不明となったが、一九六一年に慶州市内で一部が、さらに二〇〇九年に洗濯板として使用されていたのを発見された。現在、国立慶

唐政策を進めながら、王権の強化に努めた。善徳女王[11]亡き後、唐と新羅の同盟を推し進め、百済をくだし、さらには高句麗も勢力下におこうとしている途上で没した。その後、子の文武王(在位六六一—六八一)は、父の遺志を継いで三国統一を成し遂げた。しかし、その戦後処理と半島内に勢力を拡大しようとする唐との対立に悩まされた。その功績は、慶州の「文武王陵碑[12]」に記されている。さらにそのあとを継いだ神文王によって、唐の勢力は朝鮮半島から排除された。ようやくこの王の時代になって、統一新羅の国家と王権は安定したということができよう。

このような時代背景から、三国統一戦争以降の、新羅金氏の始祖＝味鄒尼師今と真智王から始まる男系王統を正統化するために導入されたのが、宗廟制であったと考えられる。そこでは、太祖大王＝味鄒尼師今から真智王への宗家の王統に、武烈王の父である文興大王＝金龍春を入れており、真平王とそれに連なる善徳女王や真徳女王の王統を排除する狙いがあったとも考えることができる。このことから、当該期の新羅の王権が、骨品制[13]による王位継承とそれに頼ってきた王権の基盤の脆弱さを克服し、王権自体の基盤を強化するために、中国の宗廟制度を採用した［李、二〇〇四・二〇二二］という新羅内部の事情があったことが看取できる。

先述の祭祀が行われた前年に当たる六八六年には、新羅から唐に使者が派遣されて礼と文章を求めたのに対し、唐の則天武后[14]から『吉凶要礼』が下賜されたことが

州博物館に所蔵されている。

(13) 新羅の身分制度。王の血統の濃淡で社会的地位や身分を表し、官職や婚姻の制約につながった。父母共に王族出身である聖骨を頂点とし、王族の血をひく者を真骨とした。支配者層は真骨が多かった。

(14) 中国・唐の女性君主。武則天とも。太宗(李世民)の後宮に入ったが、その崩御とともに道観(道教の寺院)に入ることを余儀なくされた。その後、高宗(李治)の皇后に立てられた(六五五年)。高宗の死後、六九〇年に登位し、自ら「聖神皇帝」を名乗り、国号を「周」に改めた。七〇五年に没。

知られる(『旧唐書』東夷伝新羅・垂拱二年条／『三国史記』新羅本紀)。『三国史記』には、

> (神文王)六年二月、(中略)使を遣はして唐に入る。『礼記』幷びに文章を奏請す。則天(武后)、所司をして、『吉凶要礼』幷びに『文館詞林』を写さしめ、その詞を採りて規誡に渉るまで、五〇巻に勒成しめ、これを賜ふ。

と記す。

この時に、『礼記』王制篇に見える中国の宗廟の規定を学んだと考えられる。唐が帝国の拡大を図るために、礼的秩序を周辺国に供用(強要)する状況は、しばしば見受けられる。新羅に対しても、唐からの積極的な関与によって、国家的な祭祀体系が継受された[李、二〇二二]という指摘は重要である。

一方で、旧高句麗や旧百済の人民を支配、統括し、統一新羅の支配集団を再編しなければならなかった新羅の王権にとって、三韓一統の象徴として新羅王室(金氏)を祀るということは、「王権の由緒」を表象するために必要なことであった。このような唐と新羅の双方向的な需要と供給が、新羅において中国的な祖先祭祀としての宗廟制を受容する歴史的な受け皿となったということができよう。

以上みてきたように、中国との冊封関係を基盤として、朝鮮半島では宗廟制が受容された。以後、朝鮮半島における宗廟及び宗廟祭祀・儀礼は、王朝の交替(新羅—高麗—朝鮮)を経ながら、その時々の「王権の由緒」を可視化するために、継承さ

(15) 毎年五月に、ソウ

れていく。今日においても、李氏宗廟は存続し、そこにおいて象徴的な儀礼として宗廟大祭(チョンミョテジェ)[15]が毎年挙行され続けている。朝鮮半島では宗廟制が受容された一方で、天を祀る昊天祭祀はより複雑な問題を内包することになる。そのことは後で述べることにしたい。

古代日本における天孫降臨神話による由緒と正統性の希求

七世紀後半の国際情勢の中で、朝鮮半島を統一した新羅は、唐からの要請という外的状況と、新羅王権をより強化しなければならないという新羅内部の状況のもとで、宗廟制を受容したことを先に述べた。では、海を渡った日本では、どうであったろうか。結論を言うならば、中国的な祖先祭祀としての宗廟制は、古代日本において継受されることはなかった。では、その理由はどこにあるのだろうか。

新羅に唐から『吉凶要礼』が下賜され、宗廟制が受容された神文王の治世は、倭国・日本ではちょうど天武(てんむ)から持統(じとう)天皇の時代にあたる。白村江(はくそんこう)の敗戦以降、三十年余にわたり唐との直接的外交(遣唐使)が断絶していた。そのため倭国は、唐と陸続きの新羅のように、冊封関係のもとで政治的な要請を直接受ける状況にはならなかった。おりしも、六七二年に起きた壬申(じんしん)の乱[16]において大勝を収めた大王天武は、実力によって王権を掌握したことを背景に、独自路線を展開していた。『万葉集』

ル特別市内の宗廟(世界文化遺産、一九九五年登録)にて行われる。この祭礼も二〇〇九年に無形文化遺産に登録された。

ソウルの宗廟(筆者撮影)

(16) 古代最大の内乱。天智(てんじ)の死後、天智の弟である大海人(おおあま)皇子(のちの天武天皇)が大津宮にいた天智の子・大友皇子らを武力で滅ぼし、飛鳥で即位した。

に散見する、

大君は神にしませば　天雲の雷(いかづち)の上に　廬(いほ)りせるかも（巻三・二三五番歌）

大君は神にしませば　真木の立つ荒山中に　海を成すかも（巻三・二四一番歌）＊

などの「大君は神にしませば」を枕とする歌の存在は、八世紀初頭に完成する『古事記』や『日本書紀』にみえる天孫降臨(てんそんこうりん)神話につながる王統の正統性を強烈に意識させた。「大君は神である」と言い切る背景に、壬申の乱で勝利をおさめ、超絶した軍事王としての天武の姿と、「大君—神—天」という独自の由緒と正統性を看取できるのである。出土したこの時期の木簡（飛鳥池(あすかいけ)遺跡北区出土木簡）には「天皇」という称号が見え、天皇号が成立していたと考えられるようになっている［森、一九九八／吉川、二〇〇一］。またこの時期に、倭国から「日本」という国号への模索が行われたことは、偶然ではない。天から降臨した天(あま)つ神(かみ)の子孫が、この地を統治する「天皇」となっている、という独自の世界観が醸成されている［神野志、二〇〇八・二〇一三］。この日本古代王権の由緒と正統性は、天武一代だけではなく、持統以降の天皇にも継承された［義江、二〇一四］。さらに、

大君は神にしませば　赤駒の腹這ふ田居を　都と成しつ（巻一九・四二六〇番歌）

大君は神にしませば　水鳥のすだく水沼を　都と成しつ（巻一九・四二六一番歌）＊

という歌は、大君は神であるので、湿地などの劣悪な環境を克服して、都（宮）を作

＊**（大意）** 大君は神であるから、天雲とどろく雷の上に、仮の住まいを作っていることよ（二三五番歌）。真木の茂る山の中に海を作ることよ（二四一番歌）。

＊**（大意）** 赤駒がはらばうような湿田を都としたよ（四二六〇番歌）。水鳥が鳴く沼を都としたよ（四二六一番歌）。

ることができたと大君の偉大さとその都の完成を寿ぐ。天武朝の飛鳥浄御原宮に続き、持統朝には中国の都城制を導入した壮大な都として藤原京が創出された。これらの宮都の造営は、「大君は神にしませば」というのにふさわしい国家事業であり、『万葉集』に収められている歌群はそれを遂行する天皇の権力・権威をほめたたえるものである。中国における、王権の権威を表象する装置としての都城制の形成と展開を考慮するならば、日本において、本格的な都城の最初と評される藤原京、それを継承・発展させた平城京、長岡京、平安京において、宗廟にあたる空間が存在しないことは、特筆すべき事実であろう。

遣唐使が途絶したこの時期に、「大君は神にしませば」とうたい、「天皇」「日本」の号を使いだすのは、中国とは異なる世界観を創り上げるひとつの段階であったと考えられる。やがて、天孫降臨神話と結びつき、後述の中国の承天思想あるいは天命思想とは明らかに異なる、日本独自の由緒と正統性を作り出していく［渡辺、二〇〇三／河内、二〇一五／冨谷、二〇二二］。

平安初期の延暦一八年（七九九）に、桓武天皇が諸国に本系帳の撰上を命じたことに始まり、嵯峨天皇の弘仁六年（八一五）に至って、『新撰姓氏録』(17)全三〇巻目録一巻として撰進された。平安京と畿内に居住する一一八二氏を、その出自により「皇別」・「神別」・「諸蕃」の三つに分類して、その祖先を明らかにし、氏名の由来、各

(17) 平安京と五畿内を出身とする古代の氏の出自を記した書。桓武天皇皇子の万多親王らが編纂にあたった。それぞれの氏が大王・天皇にどのように仕えてきたかという「奉事根源」が明記され、それぞれの氏の社会的地位を明らかにしている。

氏族への分岐などを記している。特に注目すべきは、「諸蕃」として記される渡来人系の氏族で、三二六氏を数える。ここに見る諸蕃氏族は、さらに五分類される。「百済」(一〇四氏)、「高麗」(高句麗四一氏)、「新羅」(九氏)、「任那」(加羅九氏)、「漢」(一六三氏)となっており、日本の中に、東アジアを内包する秩序が完成していることは重要である[田中史生、二〇二〇]。『新撰姓氏録』の完成によって、各氏族においても「奉事根源」が確認され記録されて、氏の神話も完結した[長谷部、二〇二〇]。そして、その頂点に君臨するのは、天孫降臨神話によって正統性を保証されている天皇・天皇家となり、ここに古代王権の由緒と正統性は一応の完成を見たのである。

このように、中国的な祖先祭祀としての宗廟制が、七世紀後半の日本において受容されなかった理由として、唐との国交断絶という国際情勢や、それを背景とする天武による独自の祖先観として「大君は神にしませば」に表わされるような由緒を形成したことが大きくかかわっていたということができる。

以上みてきたように、中国において宗廟及びそこで行われる祖先祭祀(宗廟制)は、「王の、王たる由緒」を可視化する国家儀礼として整備され、変遷してきた。七世紀末の対唐戦争の終焉にともない、新羅は唐に礼制の継受を求め、唐も新羅にその受容を求めた。三韓一統事業のなかで、新羅王権は宗廟制を導入し、自らの王権の強化を図ったと考えることができる。

しかし、倭国・日本には、宗廟制は受容されなかった⒅。当該期の倭国は、唐との直接的な交渉がないなかで、独自に天孫降臨神話に基づく王権の由緒を創出したことが一つの要因であると考えられる。それは、八世紀初頭に『古事記』『日本書紀』の編纂によって、より明確な形で示されるようになった。倭国・日本は、礼制（礼的秩序）の継受には慎重であり、冊封とは異なる外交路線を意識していたとも考えられる。

2　昊天祭祀・郊祀——天と地を祀るということ

中国における昊天祭祀

郊祀とは、天と地を祀るということであり、皇帝が自ら執り行う重要な国家祭祀である。王莽（おうもう）（紀元前四五—後二三）が、在来からあった天の祭祀を、天命をうけた天子・皇帝を北極星・太極として、それを中心とする秩序（承天思想⒆）に置き換えて昊天祭祀（郊祀）として成立させた（『前漢書』郊祀志下）。これによって、「承天の世界観」を、地上の国家秩序として表象することが可能となったとされる［渡辺、二〇〇三］。西周初期には、天の命（めい）を受けた王者が地上を治めるという天命思想が生じた。こ

⒅　平安中後期以降、香椎（かしい）廟や伊勢神宮、宇佐宮が宗廟と見立てられた神社宗廟観が創出されたとする説もある。中国的な国家祭祀としての宗廟制の継受がなされたかという観点からは慎重に考えなければならないであろう（座談会を参照）。

⒆　天命をうけた天子である皇帝のみが、北極星・太極を中心に整然と回転する天の秩序をわがものとすることができると考えた。皇帝の政治にとって、天の秩序を承けること（承天）より大切なものはなく、その祭儀である郊祀は宗廟と並ぶ国家祭祀であるとした。

の天命思想によって、上帝(天)と人間(地)との間は明確に分断されたといえる。すなわち、君主=天子・周王は、上帝に連なることによってではなく、地上における唯一の天命の受命者であることを示すことによって、自己の正統性を表わすことになる。

皇帝の由緒=「王の、王たる由緒」を表象する装置としての宗廟、可視化するための儀礼を廟享(宗廟制)とするなら、皇帝の正統性=「王の、王たる正統性」を表象するため、承天思想・天命思想に基づいて、天を承ける者である皇帝が行う、天帝を祀る祭祀儀礼が郊祀であるということができよう。この郊祀と廟享とが、皇帝の行う国家祭祀となり、後漢以降に「郊廟」と連称されて重要視される。

しかし、北朝には遊牧民族固有の祭祀があった。その北方民族の王朝が中原を支配した時には、固有の祭祀の保持と漢民族の祭祀の摂取とのあいだで葛藤が起こった。北魏・孝文帝(在位四七一―四九九)以降、鄭玄説[20]を借りつつ、承天思想と天命思想における天と遊牧民の天が結びつき、皇帝の権力・権威の表象として国家祭祀(郊祀)となっていく。こうして、後漢に成立した宗廟と、北魏において整理・整備された郊祀の祭祀形態は、それ以降の各王朝に継承されていく[金子、二〇〇一・二〇〇六/小島、一九八九・一九九一/佐川、二〇一六]。

北朝の流れをひく隋では、南朝・陳の礼官を採用して祭祀制度を整備したが、郊

(20) 後漢・三国時代の学者。経書に通じて、『周礼』『儀礼』『礼記』などの注釈書を著わした。特に礼に関する著書はその後も影響を与えた。

祀はたびたび断絶された。また、郊祀の正祭を皇帝が自ら行う形（皇帝親祭）で実施されることは少なくなっていくが、原則としては皇帝親祭で行うものと考えられていた。以後、清王朝に至るまで、歴代王朝において郊祀は執り行われていく。

このような経緯を持つ中国の郊祀は、周辺諸国にどのように継受、受容されたのであろうか。

古代日本における郊祀の実態

先にみたように古代日本における王権の正統性は、八世紀初頭に天孫降臨神話が完結する『古事記』・『日本書紀』の撰進を待って完成する。すなわち、天孫降臨によって、日本の天皇は天と同義となり、天つ神の子が地上にて天皇として君臨するという形で、承天の世界観をいただく中国文化圏と対峙できる論理を得た、と評価することもできる。『日本書紀』神武紀には、神武四年二月条に、上小野の榛原・下小野の榛原で皇祖である天神を祭ったという記事が見えるが、これは後世の脚色と考えられ、昊天祭祀とは全く異なるものである。

日本において昊天祭祀（郊祀）が実施されたのは、平安時代に入ってからのことで、独自の事情のもとで挙行されたとされる。実施された三例とは、**表1**にみえるように桓武天皇の時代の二例、桓武の曽孫にあたる文徳天皇の時代の一例である。

表1　日本における郊祀の実施

年	月日	天皇	場所	出典
延暦4(785)年	11月10日	桓武	交野柏原	『続日本紀』
延暦6(787)年	11月5日	桓武	交野	『続日本紀』
斉衡3(856)年	11月25日	文徳	河内国交野郡柏原野	『文徳実録』

この中国に淵源を持つ国家祭祀の一つである郊祀が、日本にもたらされた時期については諸説がある。

A　天平三年(七三一)段階で官人たちがこの儀式の存在を知ったとする説[佐野、二〇一九]

B　天平勝宝年間(七四九―七五七)に『大唐開元礼』によって伝来したとする説[弥永、一九八八／古瀬、一九九八]

C　宝亀年間(七七〇―七八一)に伝来したとしてもよいとする説[河内、二〇〇〇]

早いものでは天平年間、遅くとも宝亀年間の半世紀の間に、中国からもたらされたとする。いずれにせよ、儀礼が将来されたからと言って必ずしも直近の実施に結びつかないことには留意すべきであろう。将来と実施の間にどのような時間的な経緯があり、何を契機として実施に結びついていったのかという点こそが重要である。そう考えるならば、八世紀半ばのいずれかの時期に将来した郊祀が、なぜ八世紀末の桓武天皇の時代に至って実施されたのであろうか。また、平城(へいぜい)から仁明(にんみょう)天皇までの四代を経て、なぜ九世紀中葉の文徳天皇の時期に再度挙行されたのであろうか。それこそが問われるべきであろう。そこで、三つの実施例を見ていこう。

まず、日本で最初に郊祀が行われたのは、延暦四年(七八五)一一月のことである。

壬寅(一〇日)、天神を交野の柏原に祀る。宿禱を賽ひてなり。

河内国交野郡柏原(現在の大阪府枚方市付近)で、長年の念願(「宿禱」)だった天神の祭祀を行ったと『続日本紀』に見える。短い記事で具体的な内容が分かりにくいが、次の延暦六年(七八七)の記事は詳細に記録されているので見てみよう。

まず、郊祀を行う半月ほど前に、桓武天皇は斎場となる交野近郊に行幸している。その目的を鷹狩りと記しているが、四日ほど現地にある藤原継縄(21)の別業に滞在し、長岡宮に還った。

(一〇月)丙申(一七日)、天皇、交野に行幸し、鷹を放ちて遊したまふ。大納言従二位藤原朝臣継縄の別業を行宮としたまふ。

己亥(二〇日)、主人(藤原継縄)、百済王らを率ゐて種々の楽を奏る。従五位上百済王玄鏡・藤原朝臣乙叡に並に正五位下を授く。正六位上百済王元信・善貞・忠信に並に従五位下。正五位下藤原朝臣明子に正五位上。従五位下藤原朝臣家野に従五位上。无位百済王明本に従五位下。是の日、宮に還りたまふ。

桓武天皇の滞在中に、継縄は交野周辺に拠点を持つ百済王氏を率いて、舞楽をもって桓武天皇に奉献している。その褒賞として、継縄に連なる藤原氏である、子息

(21) 南家・武智麻呂の孫、豊成の子。桓武朝には右大臣まで登った。妻の百済王明信との間には乙叡を儲けたが、明信は桓武の寵愛を受けるようになった。乙叡は伊予親王の事件(後述)に連坐して失脚。

の乙叡、女官として出仕している明子や家野に叙位がなされた。百済王氏では、百済王玄鏡をはじめ、百済王元信・善貞・忠信ら男性と、女性とみられる百済王明本に叙位がなされている。彼らは、継縄の室・百済王明信の親族と考えられる［大坪、二〇〇八］。桓武が長岡宮に帰還後の一一月に、二度目の郊祀が挙行された。枚方市にある禁野本町遺跡(22)は、桓武朝の郊祀との関わりが想定される［山中、二〇一二］。

十一月甲寅（五日）、天神を交野に祀る。その祭文に曰はく、「維れ延暦六年歳丁卯に次る十一月庚戌の朔甲寅、嗣天子臣、謹みて従二位行大納言兼民部卿造東大寺司長官藤原朝臣継縄を遣して、敢へて昭に昊天上帝に告さしむ。臣、恭しく睠命を膺けて鴻基を嗣ぎ守る。幸に、穹蒼祚を降し、覆燾徴を騰ぐるに頼りて、四海晏然として万姓康楽す。方に今、大明南に至りて、長晷初めて昇る。敬ひて燔祀の義を采り、祇みて報徳の典を脩む。謹みて玉帛・犠斉・粢盛の庶品を以て茲の禋燎に備へ、祇みて潔誠を薦む。高紹天皇の配神作主、尚はくは饗けたまへ」とのたまふ。*

前にみた行幸と還宮記事から、この郊祀は桓武天皇による親祭ではなく、藤原継縄を派遣して執り行った（有司摂事）と考えられる。この最初の祭文は昊天上帝に奉じるものであるが、「（嗣）天子臣某」（某は本人の諱）とは名乗らず、「嗣天子臣」とある点が気になる。また、唐での高祖に対して、「高紹天皇」こと光仁天皇が配享(23)とさ

(22) 六世紀と、八世紀後半から一〇世紀の住居や掘立て柱建物跡、土坑などが出土。南側に、百済寺跡がある。百済王氏との関係が推測される。

***（大意）** 天帝への祭文。延暦六年一一月一日に、天命を受けた者として、藤原継縄を遣わして、昊天上帝に申し上げる。私（桓武）は、天命を受けて、皇統を継いだが、おかげさまでうまく統治ができている。ここに、供物をささげて、光仁天皇を配享（注23参照）として天帝をお祀り申し上げる。

(23) 祭祀の際に、主神と合わせて他神を祀ることを配享というが、郊祀において、天帝と一緒に、その王朝の始祖を祀る。唐の場合、初代皇帝の李

れている。

また曰はく、「延暦六年歳丁卯に次る十一月庚戌の朔甲寅、孝子皇帝臣諱、謹みて従二位行大納言兼民部卿造東大寺司長官藤原朝臣継縄を遣して、敢へて昭に高紹天皇に告さしむ。臣、庸虚を以て添しく天序を承け、上玄祉を錫ひ、率土心を宅す。方に今、履長伊れ始めて、粛みて郊禋に事へ、用ひて燔祀を昊天上帝に致す。高紹天皇、慶は長発に流れ、徳は思文に冠とあり。対越昭に升りて、永く言に命に配す。謹みて幣・犠斉・粢盛の庶品を制して、式て明薦を陳ぶ。侑神作主、尚はくは饗けたまへ」とのたまふ。*

もう一つの配享への祭文では、「孝子皇帝臣諱（＝桓武）」から配享とされた「高紹天皇（＝光仁）」への告知となっている点は注目される。

中国では、皇帝は郊祀で天や地を祀る時には「天子臣某」と自称し、宗廟の祭祀では各神主に対して「皇帝臣某」と称する。つまり、天地や祖先に対して臣下として仕えると表明するのである。一方で、「天子臣某」と称する皇帝は、郊祀に際して、自分の臣下には「臣某」と称することを強要して、排他独占的に天を祀るのである。こうして臣下の上帝（天）に対する隷属性は極度に強められ、天の祭祀を通じての皇帝（天子）による地上の支配が形式的に完成する〔金子、一九九八〕とされる。この記事に見える祭文と『大唐開元礼』、『大唐郊祀録』（成立は貞元年間〈七八五―八〇

淵が高祖と称された。

＊**（大意）** 配享（高紹天皇＝光仁天皇）への祭文。延暦六年一一月一日に、孝子である皇帝臣諱として、藤原継縄を遣わして、高紹天皇に申し上げる。私（桓武）は、天命を受けてうまく統治している。ここに、天帝をお祭りした。供物をささげて、光仁天皇をお祀り申し上げる。

五〕)の祝文(中国では祭文とは言わず、祝文とする)を比較すると、郊祀という儀式の形は継受したものの、その主体である桓武天皇は諱を名乗らないことで、中国皇帝が行っていた郊祀とは本質的に異なっていた〔河内、二〇〇〇〕という指摘は重要である。このことはアジアにおける古代日本の王権の立ち位置を端的に物語っていよう。

最後となった郊祀

さらに中国の郊祀との違いを考えるために、最後の昊天祭祀となった文徳朝の斉衡三年(八五六)の様子を見てみたい。桓武朝より約七〇年の時間がたっている。『日本文徳天皇実録』にはその様子が次のように記されている。

十一月辛酉(二二日)。権大納言正三位安倍朝臣安仁、(24)侍従従四位下輔世王等を遣はして後田原山陵に向かはしむ。告ぐるに配天之事を以てなり。策命に曰く。「天皇が大命らまと、掛まくも畏き平城宮に天下に知らす所の倭根子天皇御門に申し賜へと奏す。今月廿五日河内国交野の原に昊天祭る為めとして掛まくも畏き御門に主と定め奉りて祭るべき事を畏む畏むも申し賜はくと奉る」と。*

(中略)

壬戌(二三日)。新成殿の前において大祓す。諸陣警戒す。帝、庭中に進出し、大納言正三位藤原朝臣良相跪きて郊天祝板を授く。左京大夫従四位下菅原朝

(24) 嵯峨・仁明・文徳の三代に仕えた官人。文徳の皇太子時代の春宮大夫で、政務に熟知し、人柄も思慮深く、謙虚であったと伝わる。

***(大意)** 光仁天皇陵への告文。今月二五日に河内国交野で、光仁天皇を主神として郊祀を行う。

臣是善(25)筆硯を捧ぐるに、帝、其の諱を自署し訖んぬ。珪を執り北面にて天を拝す。乃ち大納言正三位藤原朝臣良相、右大弁従四位上清原真人岑成、左京大夫従四位下菅原朝臣是善、右中弁従五位上藤原朝臣良縄等を遣はして、河内国交野郡柏原野に向かはしめ、蕝を設けて礼に習ふ。祠官尽く会す。

甲子(二五日)。円丘に事ふることあり。夜漏、上水一尅。大納言藤原朝臣良相等帰り来りて胙を献ず。

一一月二二日に、文徳天皇(26)は安倍朝臣安仁と輔世王等を遣わして、後田原山陵(光仁天皇陵)に郊祀(昊天祭祀)を行うことを報告した。これは、先の桓武朝の郊祀で配享を光仁天皇としていることを踏襲している。その翌日、平安宮外の新成殿の前において大祓を行い、文徳天皇がその庭中に出て、勅使として交野に派遣する藤原朝臣良相に、自分の諱を自署した郊天祝板を授けた。その後、文徳天皇は珪(祭祀に用いる玉)を執って、北面して天を拝したとあるが、これは唐では皇帝親祭の時の所作である[河内、二〇〇〇]。文徳天皇の命を受けた藤原良相・清原岑成・菅原是善・藤原良縄らは、派遣当日に交野にて祭壇などの設営を終えたようで、祀官たちがみな集まり、予行演習も行った。そして、二五日に交野の円丘にて祭祀を執り行ったと見えるので、今回の昊天祭祀は有司摂事であったということになる。つまり、平安京での天皇による所作と交野での有司摂事という形で挙行されたということに

(25) 仁明・文徳・清和の三代に仕えた学者。文章博士。文徳の皇太子時代の東宮学士の一人。『日本文徳天皇実録』や『貞観格式』の編纂に従事。子に道真がいる。

(26) 父は仁明天皇、母は藤原順子。順子は北家・冬嗣の娘で仁明天皇女御であった。八四二年承和の変にて、淳和天皇皇子の恒貞親王に代わって、皇太子とされた。八五〇年に即位するも、内裏正殿に入ることなく、八五八年に没する。

表2　日本と中国における昊天祭祀の相違

	中国(唐)	日　本
①主体及び挙行形態	皇帝親祭・有司摂事	有司摂事
②実施状況	継続的に実施	単発，特異な歴史事情によるか
③祝文・祭文における位置づけ	「(嗣)天子臣某」	「嗣天子臣」
④配享	高祖また唐国公	光仁天皇

なろう。

以上、三度にわたり日本古代に行われた郊祀を見てきたが、唐と比較してみると**表2**のようになろう。

挙行形態で注目すべきは、日本では円丘にて天皇が執り行う天皇親祭ではないということである。中国では、皇帝親祭を本来的な在り方としていたものの、時代が下るにつれて皇帝が派遣した有司による摂事へと変化している。一方、日本では、慎重に天皇親祭を避けて有司摂事で行われている。また、祭文と祝文の比較から、「天―高祖―皇帝(臣)」とする中国的な礼的秩序を避けて、日本は「天・高紹天皇―天皇」と位置づけたことが明らかである。

このように、日本古代における郊祀の実態は、主体や挙行形態、祭祀における皇帝と天皇の位置づけにおいても、唐のものとは根本的に異なるということである。日本の古代天皇において、天孫降臨による正統性(由緒)を損なわないことこそが重要であり、「天帝―(高祖)―皇帝―臣」という君臣秩序の表象を目的とした中国の昊天祭祀は、その論理にそぐわなかったと考えられる。また、配享とされたのが高紹天皇（光仁）であることには、二重の配慮が働いたと考えられる。天孫降臨神話に基づけば、配享は皇祖とされたアマテラスか、それに連なる降臨したニニギノミコトなどとなる。そうなると天つ神の上に、天帝が存在することになり、天孫降臨神話自体と齟齬をきたす。一方で、これらの祭祀を通じて、桓武天皇や文徳天皇が、みずからの王統の始祖として高紹天皇を強く意識して顕彰していることは注目される。さらに、山陵に郊祀を告知するという形で、山陵祭祀が同時に行われている点も留意しておきたい。山陵祭祀については、後ほど考えてみたい。

なぜ、中国とは似て非なる郊祀（昊天祭祀）が、平安初期に行われたのであろうか。いろいろ特異な事情が考えられる。延暦四年については、長岡移幸、その後の藤原種継（たねつぐ）射殺事件（後述）と早良（さわら）廃太子・安殿（あて）立太子が注視される。桓武天皇による新しい都の造営と実子への皇位継承を正統に位置づけようとしたのだろうか。また、延暦六年については、安殿（のちの平城（へいぜい）天皇）の帯剣や元服など、皇太子としての安殿の正統性を確保するためであったと考えられる。斉衡三年については、度重なる自然災害など文徳治世の不安定さや、そのなかでの皇太子惟仁（これひと）（のちの清和（せいわ）天皇）の正統性を確保するためであったとされる。いずれも王権が不安定であったことが、その要因としてあげられる。

国家形成期における律令の継受の際には受容されなかった郊祀が、平安初期の桓武朝に至って実施された。しかもややもすれば、日本天皇の由緒と正統性を否定（破壊）しかねない昊天上帝との関係を取り結ぶ祭祀である郊祀を、中国の祭祀の本質とは慎重にずらす形で、国家祭祀・儀礼として挙行した。個別の事情を踏まえたうえで、桓武天皇と文徳天皇が郊祀を行うことによって目指した「天皇の由緒と正統性」とは何であったのか、挙行せざるをえなかった王権の切実な理由が求められる。この三例以降、日本において再び昊天祭祀が行われることはなかった。

古代朝鮮における祭天祭祀の変容

では、古代朝鮮ではどうであろうか。

先にも触れたように、高句麗や百済には、天を祭る習慣があった。百済では、『三国史記』百済本紀(27)には、

温祚（オンジェ）王二十年春二月、王は大壇を設けて親（みずか）ら天地を祠（まつ）った。異鳥五（羽）が来翔した。

という記事以降、たびたび百済王が天を祭ったとする記事が見える。また、

多婁（タル）王二年春正月、始祖である東明（トンミョン）廟も謁する。二月、王は天地を南壇に祀る。

とあるので、始祖廟の祭祀と天地の祭祀が異なることと、宮の南に壇を設けて天地

（27）『三国史記』によると、百済は温祚王を初代王とする。多婁王は二代、古爾王は八代を数える。

を祀ったことが知られる。やがて、古爾王の時には、天地とともに山川も祭祀の対象とした。しかし、これらは習俗的な祭祀であり、中国の昊天祭祀とは全く異なるものであった。百済は、都を漢城から熊津、泗沘に移し、六六〇年に滅亡した。高句麗も六六八年に、新羅によって滅ぼされた。では、このような百済や高句麗で行われていた天の祭祀や山川河海への祭祀は、統一新羅に継承されたのであろうか。新羅の様子を見てみたい。

『三国史記』祭祀志には、新羅の国家祭祀として宗廟以外に、山川河海を対象とした祭祀が存在していたことが記されている。それらは、中国の制に従って、大祀・中祀・小祀の三つのランクに分類される(28)。

先に見た『大唐開元礼』の祭祀と比べてみると、これらの祭祀は唐の制度に倣っていることが明らかである。この中で注目に値するのは、大祀のなかに天の祭祀が入っていないことである。先述したように高句麗や百済で行われていた祭天祭祀が消滅している。一方で、山川河海を対象とする祭祀は新羅に継承されている。例えば、五岳のうち、吐含山（慶尚南道慶州市）と父岳（八公山・慶尚北道大邱市）は新羅、地理山（智異山・慶尚南北道）は加羅故地、鶏龍山（忠清北道太田市）は百済故地、太伯山（太白山・慶尚北道栄州市）は高句麗故地に存在する。これらの五岳に対する祭礼を新羅の国家祭祀の中祀としていることは、百済や高句麗の山川河海に対する祭祀が新

(28) 大祀として、唐では先述したように昊天祭祀や宗廟などをあげており、日本では養老神祇令や『延喜式』において践祚大嘗祭としている。新羅では、大祀として、三山（一・奈歴、二・骨火、三・穴礼）をあげる。中祀として五岳（東・吐含山、南・地理山、西・鶏龍山、北・太伯山、中・父岳）と四鎮、四海、四瀆および五山、一鎮、小祀として二四カ所の山岳・城があげられる。いずれも領内の山川河海である。三山の比定地としては、奈歴を明活山（慶州市）、骨火を金剛山（北朝鮮）とするなど諸説ある。

羅に吸収されていることを示している。しかし、天の祭祀はすべて排除されている。これは、どのように考えるべきであろうか。

新羅の祭祀形態が整備されたのは、六七六年の三国統一後から、典祀署が設置された七一三年ごろまでの間と考えられる。

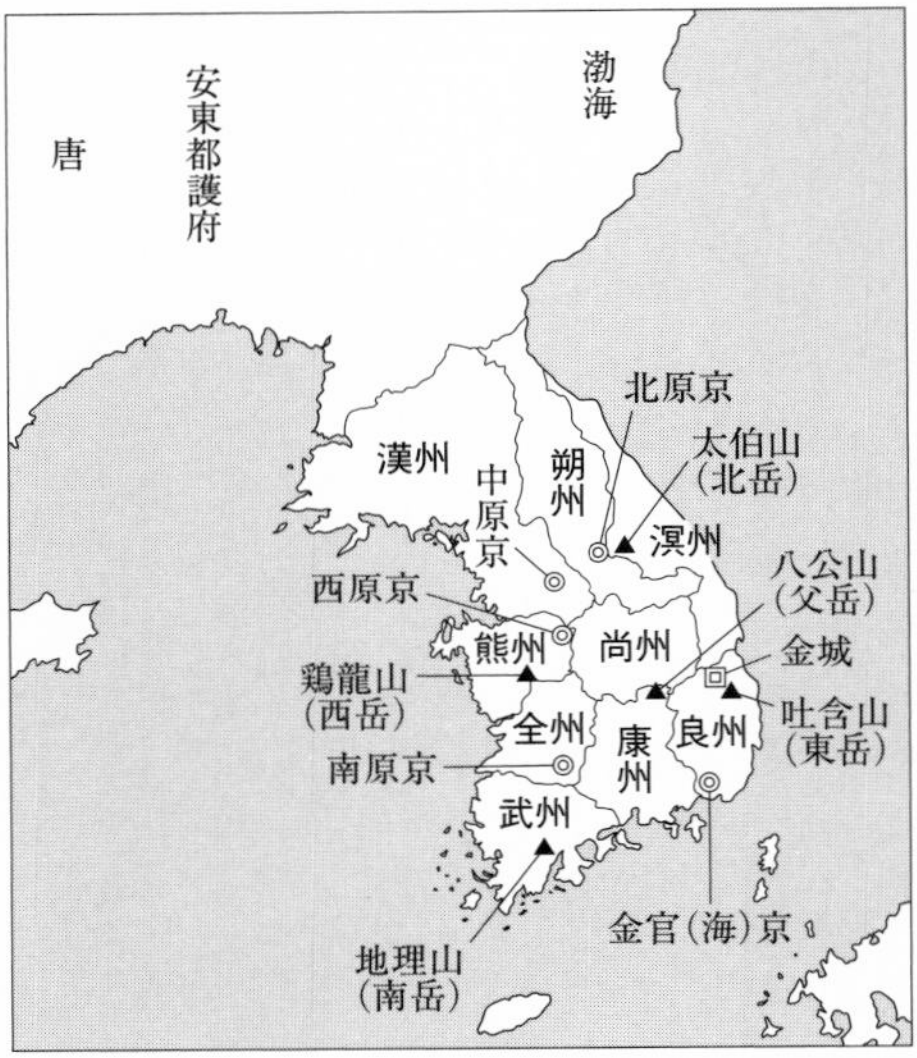

図2　新羅の行政区分と祭祀対象

この時期、統一新羅において、金城(クムソン)（慶州）を中心に五京(29)を定め、全国を九州（新羅三州と旧高句麗三州、旧百済三州）(30)にわける五京・九州制が完成し、そのもとに一一九の郡と二九〇余の県が配置された。中祀および小祀に見える山川河海の祭祀は、この行政区分に基づいていることになる（**図2**参照）。

このように、朝鮮三国の在地で行われてきた土着的な信仰は、百済・高句麗滅亡後に唐礼を受容することを通して、統一新羅によって祭祀体系に再編された〔李、

(29) 五京とは、金官京（旧金官伽耶、良州、慶尚南道金海市）、南原京（旧百済・古龍郡、全州、全羅北道南原市）、西原京（旧百済・娘臂城、熊州、忠清北道清州市）、中原京（旧高句麗・国原城、漢州、忠清北道忠州市）、北原京（旧高句麗・平原城、朔州、江原道原州市）を指す。

(30) 九州は神文王の時に整えられたが、景徳王(キョンドク)によって、七五七年に改称された。尚州・良州・康州・漢州・溟州・朔州・熊州・全州・武州の九つである。

二〇一七・二〇二二]ということができよう。それにも関わらず、天の祭祀は継受されていない。中国で行われている昊天祭祀も見えない。同じ時期に宗廟制が導入されていることを考えると、昊天祭祀が新羅に受容されていないことに留意したい。その背景のひとつは、新羅が中国(唐)の冊封下に置かれていることと不可分の関係にあると考えられる。冊封とは、周辺諸国・諸地域の王や首長が、中国の皇帝を君主と仰ぎ、自らをその臣と位置づけることで形成される関係である。承天思想と天命思想によれば、天を祀ることができるのは、唯一中国(唐)皇帝だけになる。そうなると新羅は、唐の冊封に入ったことにより、昊天上帝のいる天を中国皇帝の臣下として共有するため、独自に郊祀を行えなくなったと考えられるのである。一方で、新羅としては、中華を具現する郊祀は必要のない祭祀であり、この段階で継受することはなかったとも言える。

昊天祭祀を行うことができないということは、新羅から高麗、そして朝鮮王朝に至るまで、通貫する理念として継承されていく。高麗や朝鮮王朝において、郊祀は幾度か挙行されるが、国家祭祀として連続して行われることはなかった。また行われる祭祀自体も変質し、朝鮮時代には祭天祭祀は祈雨儀礼を主眼とするものへと変化した[平木、一九九二]。

近代になって、朝鮮王朝が大韓帝国として独立を果たした時、高宗(コジョン)(31)は自らの即位

(31) 李氏朝鮮の第二六代国王(在位一八六三―一八九七)で、大韓帝国初代皇帝(一八九七―一九〇七)。父は、李昰応(イハウン)(興宣大院君)。正妃は閔妃(ミンビ)(明成皇后)。一九〇七年に子の純宗(スンジョン)に譲位。一九一九年死没。

図3 ソウルの円丘壇(筆者撮影)

式において、昊天祭祀を復活させる。前近代化・西洋化を国是としながら、前近代の昊天祭祀によって、自らの正統性を確立しようとしたことは興味深い。このことについては、本章末のコラムに詳述したので、参照していただきたい。

ここまで述べてきたことをまとめてみたい。昊天祭祀は、中国の王朝交替の中で生まれてきた皇帝・王権を正統化するための国家祭祀であった。昊天上帝と皇帝が君臣関係を築き、そのもとで皇帝が統治を行う。承天思想と天命思想を柱として創始された国家祭祀は、まさに中国皇帝の正統性を可視化する、不可欠の儀礼となった。

一方で、唐との連合によって三国統一を成し遂げた新羅では、土着的な習俗として行われていた各種の祭祀を、唐の制度に倣って収斂し、再編した。この時新たに、儒教的な要素を持つ祖先祭祀として宗廟制が導入されることになった。これは、新羅の王権にとって、「王権の由緒」を可視化する儀礼・装置となり、現代まで継承されている。一方で、昊天祭祀は受容されなかった。

日本では、八世紀以降に郊祀という儀礼そのものは将来していたと考えられるが、「天孫降臨神話」に天皇の由緒と正統性を結びつけているため、承天思想に基づく「易姓革命」(32)論も天命思想も受容しなかった［妹尾、二〇一八］。そのため、平安初期に行われた郊祀は、『大唐開元礼』や『大唐郊祀録』を参照しつつも、天皇と昊天上帝との関係を、きわめて注意深くずらして挙行されており、唐のそれと似て非なる内実を有していた。昊天祭祀の儀式を踏襲しながらも、日本の実情に合わせて慎重に執り行っていたのである。

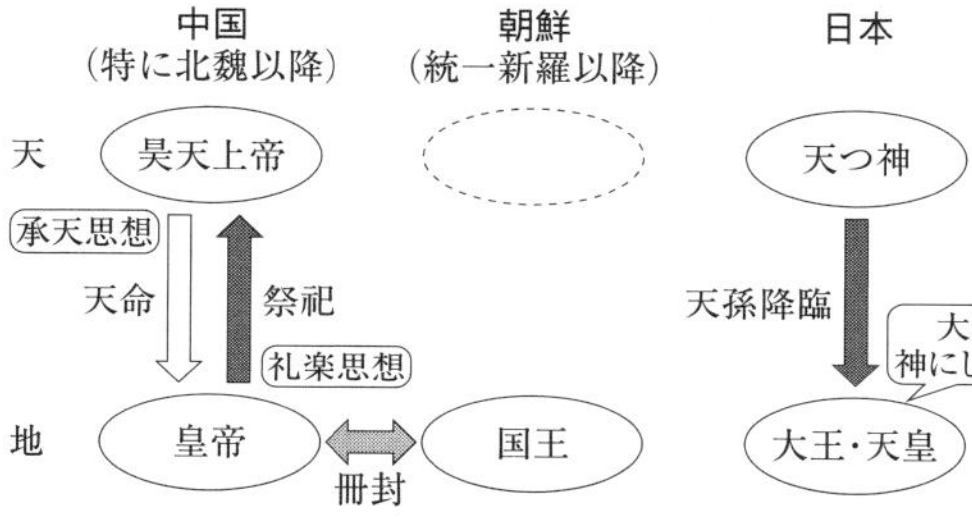

このように、宗廟制と昊天祭祀に限ってみても、中国文化「礼」の継受と受容の在り方は、同時代の日本と新羅でも違いがあった。それは、古代王権が形成される過程で、「その由緒と正統性を何に求めるのか」ということに起因しており、それぞれの王権は、種々の制約のなか、その時の必要に応じて取捨選択していた状況を物語るのである。

図4　中国・朝鮮・日本の天下概念図

(32) 中国で、王朝交替することを皇帝の「姓が易(か)わる」という。天命が革(あらた)まったことによって、王朝が交替すること。

3 古代日本の王権は何に由緒と正統性を求めたのか

では、日本の古代王権はどのような国家祭祀を通じて、自らの「由緒と正統性」を表象し、可視化したのであろうか。そのことを考えるために、山陵祭祀を取り上げて考えてみたい。

古代王権と陵墓の転換

先に明らかにしたように、中国皇帝や朝鮮の王たちは、自らの「由緒」を明らかにするために、都城内に宗廟を建て、国家儀礼を執り行ってきた。しかし、このような中国の宗廟制を日本が継受することはなかった。

では、何をもって、王権の「由緒」を語ったのであろうか。そのために必要とされたのが大嘗祭や大王のミユキ・天皇の行幸などの王権儀礼で、また重視されたのが、祖先王の奥津城（おくつき）(墓所)としての山陵(陵墓)の存在であったと考えられる。そこでまず、古代日本における祖先祭祀としての山陵儀礼から展望してみよう。

令制以前においては、大王や王族の墓を陵と称するのに対して、豪族などが設けたものを墓としていた。政界の要職を務めた有功臣墓や鎌足を始祖とする藤原氏先祖墓が、それにあたる。豪族の墓は、氏々祖墓として、氏の祭祀対象として継承されたと考えられるが、九世紀に入るころには、その意識はかなり薄れてきたようである。そのなかで、平安初期以降の藤原氏だけは様相をことにした。天皇の外祖父母として顕彰されるようになると、外祖父母墓として荷前(33)の対象となったためである。これらの墓は一〇世紀以降にもつながっていく[服藤、一九九一/北、二〇一七]。では、大王・天皇などの陵はどうであろうか。**表3**を見てほしい。

墳丘を持つ大きな墓を作ることによって支配者の権力を示すこと、墓の祭祀を通して、被葬者によって権威づけられる子孫の権力を表象することは、どの時代でも、どの地域でも行われている。古代日本において大王の陵に対する意識が変化したのは推古朝のことである[田中聡、一九九五]。そのなかで特に、六二〇年に欽明陵のもとに氏族が結集し、祭祀を執行したことが注目される。『日本書紀』推古二八年(六二〇)一〇月条には、

十月に、砂礫を以て檜隈陵の上に葺く。則ち域外に土を積みて山を成す。仍りて氏毎に科せて、大柱を土の山の上に建てしむ。時に倭漢坂上直が樹てたる柱、勝れて太だ高し。故、時の人号けて、大柱直といふ。

と見える。檜隈陵(欽明)(34)に葺石をして、その周りに氏ごとに大柱を立てさせた。そのなかで倭漢坂上直が優れて大木柱を立てたので、人々に大柱直といわれたという

(33) 年末に諸国から貢進された初穂を、吉日に伊勢神宮や天皇陵などに、献上する儀式。

(34) 欽明陵として、奈良県高市郡明日香村にある檜隈坂合陵が宮内庁によって治定されているが、見瀬丸山古墳とする説もある。

天皇	年	月日	記事抜粋	重要関連事項
桓武	785	10月8日	山科・田原(施基皇子)・佐保山陵に廃太子(早良親王)を報告する.	
		11月10日		交野柏原で天神を祀る.
	786	10月28日	光仁を広岡山陵から田原陵に改葬する.	
	787	11月5日		天神を交野に祀る(郊祀).
	792	6月10日	安殿皇太子の病が,崇道天皇(早良親王)の祟りとして,淡路に遣使する.	
	793	3月25日	山科・後田原(光仁)・先田原(施基皇子)山陵に平安遷都を報告する.	
	800	7月23日	崇道天皇と井上廃后(吉野墓)を山陵とする.	
	805	7月27日	山科・後田原・崇道陵に唐国物を献上する.	
平城	807	1月17日	唐国信物を諸陵に献上する.	
		5月13日	聖武の国忌を廃止する.	
		11月11日	伊予親王の変を柏原陵(桓武)に報告する.	
嵯峨	810	9月10日	平城上皇の変を柏原陵に報告する.	
	816			『新撰姓氏録』の編纂.
	818	4月26日	柏原陵に祈雨のため奉幣する.	
	819	7月17日	大和国大后山陵に祈雨のため奉幣する.	
淳和	823	4月25日	淳和天皇,即位を柏原陵に報告する.	
	824	12月16日	山科・後田原・大枝(高野新笠)・柏原・長岡(藤原乙牟漏)・後大枝(藤原旅子)・楊梅(平城)・石作(高志内親王)等の山陵使には参議以上をあてることが命じられる.	
		12月23日	荷前使の参庭時刻を決める.	
	825	閏7月4日	柏原山陵に遣使する.	
	827	8月15日	東大寺盧舎那仏の修理を佐保山陵に報告する.	
	828	8月18日	天変地異を収めるために柏原山陵に奉幣する.	
	829	12月13日	荷前進上日時は12月5日以前にすることを定める.	
		12月16日	荷前定.	
	830	12月20日	荷前の諸陵への分幣を定める.	
仁明	833	3月5日	仁明天皇の即位を柏原・長岡山陵に報告する.	
	836	5月22日	遣唐使の無事を祈って,山科・田原・柏原・神功皇后陵に奉幣する.	
	839	12月13日	後田原・八嶋(崇道)・楊梅・柏原等山陵に唐物を献上する.	
		12月22日	長岡山陵に唐物を献上する.	
	841	5月3日	神功皇后陵に阿蘇・伊豆の天変地異を報告する.	
		5月3日	山科・柏原陵に遣使する.	
	842	7月24日	承和の変による恒貞廃太子を嵯峨陵に報告する.	
		8月13日	恒貞廃太子と道康立太子を柏原山陵に報告する.	
	850	2月6日	仁明天皇の病状を柏原山陵に報告する.	
文徳	850	4月15日	文徳天皇,即位したことを深草山陵(仁明)に報告する.	
		11月30日	惟仁立太子を深草山陵に報告する.	
	854	12月3日	改元を嵯峨山陵に報告する.	
	856	11月22日	文徳天皇,昊天祭祀の実施を後田原山陵に報告する.	
		11月25日		交野にて昊天祭祀を挙行する.
清和	858	11月5日	清和天皇の即位を山科・柏原・嵯峨・深草(仁明)・真原(文徳)山陵と愛宕墓(源潔姫)に報告する.	
		12月9日	十陵四墓を定めて,荷前使を派遣することを決める.	

表3　陵墓・山陵祭祀に関連する記事一覧(推古—清和朝)

天皇	年	月日	記事抜粋	重要関連事項
推古	620	10月	檜隈陵(欽明)上に砂礫を葺いて土山を造る．その上に氏毎の大柱を建てさせる．	
		是歳条		「天皇記及び国記臣連伴造国造百八十部幷て公民等の本記」を録す．
舒明	628		蘇我氏が馬子の墓を作り，墓所に宿る．	
皇極	642	是歳条	蘇我蝦夷が，祖廟を葛城高宮に立てて八佾の儛を献ず．	
			上宮乳部などを使役して今来の双墓を築造する．	
孝徳	645	9月19日	臣連伴造らが人民を宮殿・園陵造営に使用することを禁止．	
	646	3月	大化の薄葬令．	
天智	667	2月	斉明の遺勅をもって，薄葬を命じる．	
天武	672	7月4日	神武陵に使者を遣わし，大海人皇子の勝利を祈願する．	
	679	3月7日	天武天皇が越智行幸に際し，後岡本陵(斉明)を拝礼する．	
	681	3月17日		川島皇子以下に「帝紀および上古の諸事」の編纂を命じる．
		5月11日	皇祖の御魂を祀らせる．	
持統	691	10月8日	先皇・王の功ある者に，陵戸などを置く．	
文武	698	1月19日	大内山陵(天武)に新羅貢物を献上する．	
元明	712	1月28日		『古事記』撰進．
	715	4月9日	櫛見山陵(垂仁)と伏見山陵(安康)に守戸を置く．	
元正	720	5月21日		『日本書紀』撰進．
聖武	730	9月25日	山陵6カ所に渤海の信物を献上する．故太政大臣藤原氏墓(不比等)を祀る．	
	745	5月11日	諸陵に奉幣する．	
孝謙	750	10月18日	元正太上天皇陵を改葬して，奈保山陵(元明)へ合葬する．	
	752	3月28日	大内陵(天武・持統)・山科陵(天智)・恵我陵(応神・允恭)・直山陵(元明・元正)に新羅王子の来日を報告する．	
		4月9日		東大寺盧舎那仏開元供養会．
	754	3月10日	山科陵(天智)に唐国信物を献上する．	
	755	10月21日	聖武不予により，山科・大内・安古(文武)・真弓(草壁皇子)・奈保山の各陵，不比等墓に奉幣する．	
淳仁	760	12月12日	太皇太后(宮子)・皇太后(光明子)を国忌に加える．	
光仁	771	12月15日	紀橡姫を贈皇太后として国忌に加える．	
	772	8月18日	廃帝(淳仁)を淡路に改葬する．	
	777	12月28日	廃后(井上)を改葬し，墓として守戸を置く．	
	778	3月28日	淡路廃帝墓を山陵とし，その母当麻氏墓を御墓として守戸を置く．	

話である。築造から時の経過した欽明の陵に葺石を施し、その周りに氏が大柱を立てたということは、欽明の娘である大王推古[35]のもとに氏族が集結したことを象徴的に表した祭祀であったと考えられ、大王陵を前に大王への中央集権が可視化された瞬間であった。

また、この年、「天皇記」「国記」「臣連伴造国造百八十部ならびに公民等の本記」が記録された。先に見た大王陵における欽明を始祖とする王統意識の発露と、この時に至って大王・国・氏の歴史が記録されたことは、偶然の一致ではない。欽明以降の世襲王権の成立は、日本列島における王統意識にも大きな変化をもたらした。そのなかで大王のもとに集結した氏族が、大王とともに祖先の「由緒」を表象し、記録するという一連の施策であったと考えられる。遣隋使の派遣によってもたらされた東アジアの情報と礼による秩序化が、意識の変化に少なからず影響を及ぼしていたのであろう。

このような大王陵での祭祀は、中央豪族においても墓の在り方に変化をもたらしたと考えられる。その一例が、蘇我氏[36]の墓である。大王推古が没した推古三六年(六二八)には、蘇我氏が馬子の墓を作り、その一隅に墓所を設けて一族を参集させた。その時、境部摩理勢が墓所の廬を破壊し、蘇我氏の田家に退いて出仕しなかった行動が咎められて、蝦夷(毛人)らによって討伐される事件が起こった。この背

(35) 日本史上、最初の女帝(女性大王・女性天皇)。日本の女帝は八人一〇代を数える。古代の女帝については、活発に議論がなされ、成果がもたらされている。

(36) 六世紀から七世紀にかけて権勢を握った豪族。特に、稲目—馬子—蝦夷—入鹿は、政治的活躍が目立った。境部摩理勢もこの一族の出身で、稲目の子、馬子の弟(従兄弟とも)とされる。乙巳の変等を経た七世紀後半からは、石川氏と改名した。

景には、蝦夷の推す田村皇子(37)と、摩理勢が推す山背大兄王(38)による王位継承をめぐる一族内での対立が激化していたことがある。一族の墓所での祭祀をめぐって、対立が顕在化し、さらには大きな混乱を引き起こしたことは注意しておきたい。

また、『日本書紀』皇極元年(六四二)条には、まだ大王陵が豪族の氏墓と隔絶した存在ではなかったことを示す記事が見える。

> 是の歳に、蘇我大臣蝦夷、己が祖廟を葛城の高宮に立てて、八佾の儛をし、遂に作歌して曰く、
>
> 大和の　忍の広瀬を　渡らむと　足結手作り　腰作らふも
>
> といふ。又尽に挙国の民、幷せて百八十部曲を発して、預め双墓を今来に造り、一は大陵と曰ひ大臣の墓とし、一は小陵と曰ひ入鹿臣の墓とす。死りて後に人を労らしむること勿れと望みしなり。更に悉に上宮の乳部の民を聚めて、乳部、此には美父と云ふ。塋兆所に役使ふ。是に、上宮大娘姫王、発憤りて歎きて曰はく、「蘇我臣、国政を専擅にして、多に無礼き行す。天に二日無く、国に二王無し。何の由にか意の任に悉に封せる民を役はむ」といふ。茲より恨を結びて、遂に倶に亡されぬ。*

この記事で注目されるのは、蘇我氏が人民を使役して作った墓を「大陵・小陵」として大王陵と区別がなかったことと、それを有力な上宮王家の女性が、「天には二

(37) 敏達系王族で、のちの舒明天皇。キサキに皇極・斉明天皇となった宝皇女。中大兄皇子や大海人皇子の父でもある。

(38) 用明系王族で、厩戸皇子の子。厩戸皇子の一族は、上宮(のちには斑鳩宮)周辺に集住していたので、上宮王家とも呼ばれる。六四三年に蘇我入鹿らに襲撃されて滅亡した。

*(大意) 蘇我氏は、国中の人民を徴発して双墓を造営させた。それだけでなく上宮王家の乳部も使役したので、王家の反発を招き、後日滅亡することになった。

つの太陽はないように、国には二人の王はいない」はずなのにと嘆いていることである。この記事は、蘇我氏の専横を示すものとして取り上げられるが、見方を変えれば、七世紀中葉の段階で、まだ大王陵が豪族の氏墓を超越する論理を持ち得ていなかったことを物語っているとも解することができよう。

古代国家成立期における陵墓

次に、注目したいのは天武朝からの山陵への対応の在り方である。

壬申の乱の最中である六七二年七月に、大海人皇子(のちの天武天皇)は神武陵に使者を遣わし、自らの勝利を祈願した。激闘が予想される戦いの初めに祖先陵に戦勝を祈願することは、この時が嚆矢に当たる。『日本書紀』編纂時の脚色かもしれないが、ここで初めて神武天皇が出てきたことは留意したい。神武陵こそが始祖王陵という観念がこの時期に意識されるようになり、すでにあった古墳が否定されたのではないかとも考えられている[山田、一九九五]。

天武即位後の天武一〇年(六八一)春には、天智天皇皇子の川島皇子以下、忍壁皇子・中臣連大島らに『帝紀』および上古の諸事を編纂させている。まさに、この時期に天皇の「由緒」を記録する作業が本格化していくことになる。また、同年五月には、皇祖の御魂を祀らせるという記事がある。このころから、『古事記』『日本書紀』の編纂にかかわる皇祖神の系譜（王統譜）が意識されていることは明らかで、先に見た推古朝など七世紀前半の陵墓とは、明らかに求められる役割が大きく変わっているのである。

持統朝には、『日本書紀』持統五年（六九一）一〇月に、

乙巳、詔して曰はく、「凡そ先皇の陵戸は五戸以上を置け。自余の王等の功有る者は三戸を置け。もし陵戸足らざれば、百姓を以て充てよ。その徭役を免じ、三年に一たび替へよ」といふ。*

*（大意）先皇の陵戸（陵を管理する戸）は五戸以上、それ以外の王族は三戸とし、陵戸が不足した場合は公民を充てるように。

とある。七世紀末の持統朝には、令制の陵戸制に先立ち、先皇や王の功ある者に、陵戸などを置くといった措置が取られている［北、二〇一七］。歴代の大王陵や諸墓のなかから、祭祀の対象となる陵墓が選択・選定されていること、その維持が国家によって行われるようになったことが知られる。

このように七世紀末の天武―持統朝にかけて、山陵の持つ意味が大きく変化した。その過程において、王権によって祭祀対象となる陵墓が選択・選定されており、この時期が律令陵墓制度へと変化していく転換点であったことがわかる。またこれは、先に見たように、統一新羅において対唐戦争の終結と国家体制の強化のために、中国の宗廟制が導入された時期に重なる。日本列島では陵墓制への転換がなされたが、祖先祭祀として中国の宗廟制を継受しなかったことは注目に値する。中国の宗廟制

によらない日本独自の方法で、「王権の由緒と正統性」が確立したことは、歴史的に大きな意味を持つことになるのではないだろうか。

次に、律令制下ともいえる八世紀の陵墓に言及したい。**表3**を眺めてみると、孝謙朝から淳仁朝にかけて、陵墓をめぐるいくつかの変化に気がつく。ひとつは、天皇陵の改葬などを通じて、山陵の整理と管理がさらに進んでいることである。天平勝宝二年（七五〇）には、元正太上天皇陵を改葬して、元明天皇の奈保山陵へ合葬している。また、天平勝宝四年（七五二）には、大内陵（天武・持統）・山科陵（天智）・恵我陵（応神・允恭）・直山陵（＝奈保山陵。元明・元正）に新羅王子の来日を報告している。これらの記事から、孝謙朝において山陵の序列が明らかになったことがわかる。孝謙天皇が天智と天武の双系的な王統譜を強く認識し、女帝である元明・元正（直山＝奈保山）を含む自らの出自を顕彰しているととらえることができる。この段階で父である聖武太上天皇はまだ存命である。また、ここで恵我陵が入ってきていることは不可解であるが、応神天皇は百済や新羅と交流が、允恭天皇は新羅の医学の恩恵に与ったエピソードがあるため、新羅王子の来日を告げるのにふさわしいとして選定されたのかもしれない。

もうひとつは、藤原氏の氏墓が国家的祭祀の対象に入ったことである。天平勝宝七歳（七五五）一〇月に、不予（病による不調）となった聖武太上天皇のために、山科

（天智）・大内（天武・持統）・安古（文武）・真弓（草壁皇子）・奈保山（元明・元正）の天皇陵に加えて、不比等墓に奉幣がなされた。四半世紀遡る聖武天皇の時代に、すでに故太政大臣藤原氏墓（不比等）は祭祀の対象となっていた。これは、聖武から見て不比等が母（宮子）方の外祖父に当たることと、前年に宮子の異母妹光明子が聖武の皇后になったことと関連する措置であったと考えられる。また、孝謙が淳仁天皇に譲位したのちの天平宝字四年（七六〇）には、光明皇太后の死に伴い、太皇太后（宮子）・皇太后（光明子）も国忌[39]に加えられた。この一連の施策には、藤原氏との血統を意識した、聖武＝孝謙父娘の意向もあったと思うが、それを実行に移した人物として、藤原仲麻呂が思い浮かぶ。この時期、仲麻呂が唐風の施策を採用していたことは周知のとおりであるが、その一方で中国の宗廟制を継受せずに、陵墓の秩序化と藤原氏の同化を志向したと思われる。ちょうど同じ時期、仲麻呂は、藤原氏ではなく、さらにそのなかの恵美家を強烈に意識し、自らの直系に当たる人々の事績を伝える大織冠伝（中臣鎌足）、貞恵伝、史伝（不比等）、武智麻呂伝からなる『家伝』を編纂させた[仁藤敦史、二〇二二]。氏の由緒と正統性を最も意識したのは仲麻呂で、『家伝』の編纂を通じて「藤原家―南家―恵美家」という氏の神話が完成した。

このように、仲麻呂の時代ともいうべき孝謙朝から淳仁朝にかけて、孝謙を到達点とする天智・天武双系の王統において山陵祭祀を通した秩序化、あるいは序列化

（39）先帝の没した日に国の行事として追善供養の仏事を行うこと。歴代天皇だけでなく、生母、即位していない祖先などが加えられた。「こき」「くにいみ」ともいう。

がなされたことと、そこに藤原氏の氏墓（不比等・宮子・光明子）が入ってきたことは特筆すべき変化ということができる。一方で、唐風政策を積極的に採用した仲麻呂政権下では、中国の宗廟制や昊天祭祀が将来していたと思われる。それにもかかわらず、宗廟制や郊祀が日本で実施されることがなかったことは、それらが極めて慎重に避けられたことを物語っていよう。

山陵祭祀の日本的展開

淳仁天皇を倒し、実力で天皇位を奪取した孝謙が重祚（ちょうそ）して称徳（しょうとく）女帝となったものの、自らの後継者を定めることができずに没すると、聖武系王統は行き詰まりを迎える。この状況を打開したのは、伊勢斎王（いせさいおう）を務めた聖武皇女の井上（いのえ）内親王(40)が、天智系王族である白壁王（しらかべ）との間に他戸（おさべ）親王と酒人（さかひと）内親王を儲けていたことであった。こうして、宝亀元年（七七〇）に白壁王が光仁天皇として擁立される。しかし、その後井上皇后の廃位と他戸親王の廃太子事件が起き、無念のうちに両名が亡くなると、様々な現象がその非業の死と結びつけられて認識されるようになった。宝亀八年（七七七）には井上廃后の墓所の改修や改葬が行われ［仁藤智子、二〇一八］、同九年（七七八）には淡路廃帝（淳仁）の墓が陵へ格上げされ、その維持と管理のためにそれぞれに守戸が置かれた。

(40) 井上の娘である酒人内親王も伊勢斎王を務めた後に、異母兄弟の桓武天皇の後宮に入り、朝原内親王を産んだ。朝原内親王も伊勢斎王を務め、平城天皇の妃となったが、平城上皇の変後に辞した。井上は死後、皇后と追号されて、名誉が回復された。井上・酒人・朝原はいずれも女帝の可能性を内包した母娘三代であったといえよう［仁藤智子、二〇一八］。

(41) 種継は式家・藤原宇合（うまかい）の孫。桓武天皇の信任を得て、長岡京遷都を推進したが、長岡宮視察中に射殺された。事件に関連して、早良親王だけでなく、大伴氏や佐伯氏などが次々に連座する政治疑獄事件へと発展した。種継は平城天皇の側近とまた、延暦四年（七八五）に桓武天皇は、藤原種継射殺事件(41)に関与したとして、皇太弟早良親王を廃位したが、それを山科（天智）・田原（施基皇子）・後佐保山（聖武）陵に報告している。これ以降、皇位にかかわる政変の際には、山陵へ報告するために必ず山陵使が発遣されるようになる。大同二年（八〇七）の伊予親王の変(42)と弘仁元年（八一〇）の平城上皇の変(43)の際には柏原陵（桓武）に、承和九年（八四二）の承和の変(44)による恒貞廃太子は嵯峨陵に、道康親王（のちの文徳天皇）の立太子は柏原陵に告知された。また、弘仁一四年（八二三）四月に淳和天皇は、自らの即位を柏原陵に報告した。これ以降、天皇即位の時の山陵使による告知が定例となっていった［佐藤、二〇一九］。

毎年、決まった陵墓に使いが派遣されて幣帛が奉られる山陵祭祀である荷前も、平安初期には成立し［服藤、一九九一］、嵯峨朝には常幣に加えて、天皇の出御や参議以上の列席を伴って行われる別貢幣にも分化した［吉江、二〇一八］とされる。天長元年（八二四）の荷前に際しては、淳和天皇は、山科・後田原（光仁）・大枝（高野新笠）・柏原・長岡（藤原乙牟漏）・後大枝（藤原旅子）・楊梅（平城）・石作（高志内親王）等の山陵使には参議以上をあてることを命じている。荷前使の参庭時刻も定められ、同六年（八二九）には荷前進上の日時は一二月五日以前とすることとなった。

その後も、地震で変形した東大寺盧舎那仏の修理や、日本各地の天変地異、遣唐

なる藤原仲成・薬子兄妹の父でもあった。

(42) 桓武皇子の伊予親王が、謀反の疑いをかけられ、その母である藤原吉子とともに川原寺に幽閉されて、のちに自殺した。この事件に関連して吉子の一族（藤原南家）が没落した。

(43) 弟の嵯峨天皇に譲位をした平城上皇が、平城遷都を企てて平安京を出たが、行く手を阻まれて剃髪入道した。事件後、平城上皇は平城宮に居住した。これに関係して、寵妃であった藤原薬子も自害し、仲成も射殺されて、藤原式家の権勢は落ちた。

(44) 嵯峨上皇の死没直後に、東宮周辺の伴健岑

使の無事の航行、改元、先に見た昊天祭祀などさまざまなことが、山陵使を通じて山陵に報告されるようになった。これを「臨時奉幣」といって、その目的を五つに分類することができるとする[田中聡、一九九五]。列記すると、以下のようになる。

①蕃国・隣国からの貢献物・信物を特定の陵墓に奉納するため

②侵略・天変地異、内裏・神社等の建造や焼亡、謀反等の政変、天皇・皇族・外戚の身体不調など、天皇や国土を脅かす問題を陵墓に報告して陳謝するため

③即位・立廃太子・立后、瑞兆・改元などを報告し、現・新「天皇」の皇位継承の承認を求め、その在位の正統性を確認するため

④天皇・皇太子の元服や藤原氏の上位任官など、皇族・藤原氏の「家」の継承にかかわる事象を祖先へ報告するため

⑤発生した怪異・災害に対応し、その原因となった祟りへの鎮撫や陳謝のため

これは、山陵祭祀となったもののすべての要因を分類したものであるが、③が本来的、本質的なもので、それ以外はそこからの派生、あるいは拡大解釈によって執り行われたものと考えることができる。即位など王権の交替時や転換期に、山陵への報告を通して「王権の由緒と正統性」を確認することが原義であり、やがて国家を脅かす事態の鎮静化を祈願するもの(①・②・⑤)へと広がった。そして、平安中期になると、王権構成者やそれを支える藤原氏の「家」にかかわる事象を報告する

や橘逸勢(たちばなのはやなり)らが恒貞擁立を企てたとして、恒貞親王が廃太子された。恒貞は淳和天皇皇子で、生母は嵯峨皇女・正子内親王(当時皇太后)。

(④)ものへと変貌していった。

以上の流れをみると、平安初期の淳和朝は、山陵祭祀にかかわる諸制度が整備された一つの画期であるということになろう。平安初期には、山陵こそが王権の「由緒と正統性」を示すものとして意識され、その祭祀を通じて王統意識が可視化されて、確認されるようになってきたのである。

日本の史上最初の幼帝(45)である清和天皇が即位すると、山科、柏原、嵯峨、深草(仁明)、真原(文徳)山陵と愛宕墓(源　潔姫)に報告された。このことは、山陵祭祀が幼帝の由緒と正統性を確認するために必要な儀式となったことを示す。ここに、陵墓を舞台に行われる山陵祭祀は大きな転換を見ることになる。父帝の死に伴う、皇后不在時における幼帝の出現が、さらなる山陵祭祀のターニングポイントになったことは留意しておきたい［仁藤智子、二〇一九］。

また、清和朝には、国忌と別貢幣の対象となる陵墓も**表4**のように整理されて、十陵四墓が定められるにいたった。

では、これまで見てきた日本の陵墓は、中国の宗廟制とどのような関係にあったのであろうか。

中国の宗廟制は直系継承を前提とするものであるが、桓武朝は王権の強化と王統の安定を目指して、複数の王統が並立しており、宗廟制の原理とは合致しなかった(46)。

(45) 成人前に即位した天皇。天皇に資質が求められていた時期には、原則として成人天皇であった。清和天皇を嚆矢として、九世紀には陽成天皇の例がある。その後、一一世紀には増加し、院政の一因ともなっていった。

(46) 「山陵＝宗廟」観が桓武朝に成立していたとする定説は再検討すべきである［佐野、二〇一九］という指摘もある。

表4　清和朝の十陵四墓制

	対象者	陵墓名	関係	清和即位時の山陵使の派遣	『延喜式』による荷前使の派遣
1	天智天皇	山科山陵		○	○
2	春日宮御宇天皇	田原山陵	天智皇子である施基皇子(光仁天皇の父)		
3	光仁天皇	後田原山陵			○
4	高野氏	大枝山陵	高野新笠(光仁天皇のキサキ，桓武の生母)		
5	桓武天皇	柏原山陵		○	○
6	藤原氏	長岡山陵	藤原乙牟漏(桓武皇后，平城・嵯峨の生母)		○
7	崇道天皇	八嶋山陵	光仁皇子である早良親王，廃太子		○
8	平城天皇	楊梅山陵			
9	仁明天皇	深草山陵		○	○
10	文徳天皇	田邑山陵	真原山陵を改称	○	○
1	藤原鎌足	多武峰墓	藤原氏の始祖		○
2	藤原冬嗣	後宇治墓	藤原良房の父，清和の外曽祖父		○
3	藤原美都子	次宇治墓	冬嗣の室，良房・順子らの生母		
4	源潔姫	愛宕墓	嵯峨皇女，基経の室，清和の外祖母	○	○

＊清和即位時の山陵使の対象となった嵯峨天皇陵が十陵四墓には入っていない．

＊10世紀初頭の『延喜式』では，対象が大きく変わっている．それによれば，山科，柏原，長岡，深草，田邑，後田原，八嶋のほか，鳥戸(光孝天皇生母の藤原沢子)，後田邑(光孝天皇)，小野(醍醐生母の藤原胤子)など十陵と八墓に荷前使が派遣される．

視野を東アジアに広げると、先に見たように、中国大陸において儒教的論理に補強されて成立した宗廟制とも、七世紀後半に統一新羅が受容した宗廟制とも、古代日本に展開する陵墓に対する観念や祭祀は、全く様相を異にしているということができる。中国において「王権の由緒」を担保するための祖先祭祀としての宗廟制は、独自の王権の由緒として天孫降臨神話を持ち、墳丘祭祀から山陵(陵墓)祭祀へと展開した日本列島では、少なくとも継受や受容がなされなかったといって差し支えないであろう。

おわりに――日本における古代王権の特質

六世紀末から九世紀までの、「王を、王たらしめている由緒と正統性」を担保する祭祀と儀礼に焦点を当てて、国家祭祀である①祖先祭祀としての宗廟制、②天と地の祭祀としての昊天祭祀が、中国の周辺に当たる日本列島や朝鮮半島において、どのように継受されたのか、あるいは受容されなかったのかという視点から、王権の特質を考えてきた。

日本古代社会の在り方や独自性を知るために、同時代の中国、特に唐と比較することは正攻法として行われてきた学術手法である。本章では、その相対化を試みるために、研究が進む古代朝鮮についても考察した。そこから浮かび上がったのは、日本と中国の比較だけではうかがい知れない、東アジア(東部ユーラシア)における複層的で、多様な文化の継受と受容の在り方であった。

中国において、儒教的色彩を多分に持ち、整備かつ秩序化された祖先祭祀である宗廟制は、幾多の王朝を経て形成された。七世紀後半になり、三国統一戦争の過程で中国と冊封関係を結んだ統一新羅では、中国の宗廟制を祖先祭祀の礼秩序として継受した。このことは、宗主国である中国側からの要請でもあるとともに、三国統一の過程で王権を強化しなければならなかった統一新羅自身の必要性に基づくものであった。しかし、古代日本においては、宗廟制が継受されることはなかった。

また、王権の正統性を何に求めるのか、言い換えれば、何によって王権の正統性は付与されるのか、という問題を考えるために、空間を超越する天との関係に注目した。昊天祭祀は、昊天上帝と皇帝が君臣関係を築き、そのもとで昊天上帝に認められた皇帝が統治を行うとする承天思想と天命思想を柱とする国家祭祀であった。これは、中国皇帝の正統性を可視化する、不可欠の儀礼となり、宗廟や社稷とともに都城内に位置づけられた。しかし、統一新羅は、唐の冊封下で天を共有することになったために、独自の祭天祭祀を行うことが許されず、郊祀も受容されなかった。一方、日本では、平安初期にいたって三度だけ、郊祀は行われた。その形式は唐のものを踏襲していたものの、「天孫降臨神話」によって「王権の由緒と正統性」が語られる日本では、天命思想や「易姓改革」論を受け入れることがなかったため、似て非なるものであった。その後、郊祀が継続することはなかった。

以上のことは、中国史、朝鮮史、日本史において、すでに諸賢が明らかにしてきたことである。しかし、これを東アジアという広い視点から改めて見つめ直してみたらどうであろうか。「王権の由緒と正統性」を何に語らせ、どのような国家祭祀や王権儀礼をもってそれらを可視化し、支配・統治にあたる臣下、国家の基盤たる人民と共有したのであろうか。そこに見える王権の儀礼への向き合い方や制定された制度の相違、温度差こそが、それぞれの王権の特質を如実に物語るのではないだろうか。

七世紀後半に形成・成立した日本の古代国家では、支配・統治のシステムとして中国の律令制を継受した。その一方で、王権は「大君は神にしませば」とうたわせ、「天孫降臨神話」を語らせて中国とは異なる世界観を創り上げた。日本の古代王権の正統性は、八世紀初めの『古事記』『日本書紀』の撰進を待って完成する。そこでは、日本の天皇は天孫降臨によって天と同義であり、天つ神の子孫が地上にて天皇として君臨・統治すると考える。そのため、古代日本において、中国の宗廟制も昊天祭祀も継受することにはきわめて慎重であった。このような形で、中国文化圏と対峙できる論理を古代日本は得たと評価することができよう。

最後に、古代日本において「王権の由緒と正統性」を補完したほかの王権儀礼についても触れておきたい。

古代国家最大の儀礼は、天皇の代替わりごとに行われる大嘗祭である。大嘗祭の性格については、膨大な議論があり、それを整理する紙幅はすでに失しているが、大まかにまとめると、

・王位就任儀礼（新大王・新天皇に「天皇霊」を付与する儀礼）
・服属儀礼（支配の正統性を確認する儀礼）

の二つに区分される。前者は、大嘗祭の創始を古くさかのぼると考えて、王がその呪術的な霊能力を継受、付与されるための儀式であるとする。後者は、古代国家の形成と歩みを共にして成立した儀礼で、全国支配・統治の根源を明らかにする国家祭祀として捉える。それぞれの視点によって、理解や評価の重心が異なる諸説を含むことになる。このなかで注目すべきは、大嘗祭が天孫降臨神話や国譲り神話などの体系化とパラレルな関係で創出された、きわめて政治的な儀礼である〔岩永、二〇一九〕という点にある。そして、その意味において、大嘗祭はまさに律令国家の頂点にある天皇の「由緒と正統性」を体現する祭祀として、中国の天命思想や承天思

想に頼らない、独自の理論を体現する重要な儀礼として、執り行われたということができるのではないだろうか。

もうひとつ、注目すべきは王の移動(大王のミユキ・天皇の行幸)である。大王のミユキに淵源を持つ、律令制天皇の行幸は、天皇の披露とその権力、権威の表象の場として機能した。古代国家の成立後も行幸が行われたことは、行幸が王の披露とともに王権の正統性を示す儀礼であっただけでなく、律令官僚制を通して行われる国家事業であり、そこに参加・供奉(ぐぶ)することを通じて、中央集権を体現する儀礼であったことを意味する[仁藤智子、二〇〇〇]。中国においては皇帝の行幸を法的に支える鹵簿(ろぼ)令を、日本が継受しなかったことは、日本が未熟であったというより、鹵簿令によって再現される中国的な礼的秩序を敢えて避けた結果でもあったと解することもできるのではないだろうか。

「古代王権」とはなにか。アジア、さらには世界史的視野から改めて問い直さなければならない。

引用・参考文献

石母田正、一九七一年『日本の古代国家』岩波書店(岩波文庫、二〇一七年)
井上正望、二〇二二年『日本古代天皇の変質——中世的天皇の形成過程』塙書房
井上光貞、一九八四年『日本古代の王権と祭祀』東京大学出版会

弥永貞三、一九八八年「古代の釈奠について」『日本古代の政治と史料』髙科書店
岩永省三、二〇一九年『古代都城の空間操作と荘厳』すいれん舎
江川式部、二〇一七年「国家祭祀と喪葬儀礼」『日本古代交流史入門』勉誠出版
大隅清陽、二〇一一年『律令官制と礼秩序の研究』吉川弘文館
大坪秀敏、二〇〇八年『百済王氏と古代日本』雄山閣
奥村周司、一九九七年「高麗の圜丘祀天礼と世界観」武田幸男編『朝鮮社会の史的展開と東アジア』山川出版社
金子修一、一九九八年「漢唐間における皇帝祭祀の推移」『王権のコスモロジー　比較歴史学大系1』弘文堂
金子修一、二〇〇一年『古代中国と皇帝祭祀』汲古書院
金子修一、二〇〇六年『中国古代皇帝祭祀の研究』岩波書店
北　康宏、二〇一七年『日本古代君主制成立史の研究』塙書房
小島　毅、一九八九年「郊祀制度の変遷」『東洋文化研究所紀要』108号
小島　毅、一九九一年「天子と皇帝」松原正毅編『王権の位相』弘文堂
河内春人、二〇〇〇年「日本古代における昊天祭祀の再検討」『古代文化』52-1
河内春人、二〇一五年『日本古代君主号の研究』八木書店
神野志隆光、二〇〇八年『古事記の世界観　歴史文化セレクション』吉川弘文館(初出一九八六年)
神野志隆光、二〇一三年『古事記とはなにか——天皇の世界の物語』講談社学術文庫
佐川英治、二〇一六年『中国古代都城の設計と思想——円丘祭祀の歴史的展開』勉誠出版
佐川英治、二〇二二年「十六国北朝隋唐政権と中華世界」『岩波講座　世界歴史6』
佐藤亮介、二〇一九年「即位山陵使の成立と展開」『国史学』228号
佐野真人、二〇一九年『古代天皇祭祀・儀礼の史的研究』思文閣出版
新宮　学、二〇一一年「明嘉靖年間における北京天壇の成立と都城空間の変容」橋本義則編『東アジア都城の比較研究』京都大学学術出版会
鈴木靖民、二〇〇九年「遣隋使と礼制・仏教——推古朝の王権イデオロギー」『国立歴史民俗博物館研究報告』153

妹尾達彦、一九九八年「帝国の宇宙論」『王権のコスモロジー　比較歴史学大系1』弘文堂
妹尾達彦、二〇一八年『グローバル・ヒストリー』中央大学出版部(改訂版二〇二一年)
武田幸男、二〇二〇年『新羅中古期の史的研究』勉誠出版
田中　聡、一九九五年「「陵墓」にみる「天皇」の形成と変質――古代から中世へ」日本史研究会・京都民科歴史部会編『「陵墓」からみた日本史』青木書店
田中俊明、二〇一一年「新羅の始祖廟・神宮」橋本義則編『東アジア都城の比較研究』京都大学学術出版会
田中史生、二〇二〇年「律令制国家の政治・文化と渡来系移住民」『古代史をひらく　渡来系移住民』岩波書店
戸川貴行、二〇二二年「南朝の天下観と伝統文化」『岩波講座　世界歴史6』
冨谷　至、二〇二一年「中華世界の重層環節」『岩波講座　世界歴史5』
冨谷　至、二〇二二年「中華と日本」『岩波講座　世界歴史6』
中村威也・小川快之・仁藤智子、二〇二一年「オンライン授業で考える中国と日本の王権と音楽」『国士舘史学』25号
西本昌弘、一九九七年『日本古代儀礼成立史の研究』塙書房
仁藤敦史、二〇二一年『藤原仲麻呂』中公新書
仁藤智子、二〇〇〇年『平安初期の王権と官僚制』吉川弘文館
仁藤智子、二〇一八年「女帝の終焉」『日本歴史』837号
仁藤智子、二〇一九年「幼帝の出現と皇位継承」歴史学研究会編『天皇はいかに受け継がれたか――天皇の身体と皇位継承』績文堂出版
長谷部将司、二〇二〇年『日本古代の記憶と典籍』八木書店
平木　實、一九九一年「朝鮮半島における王権について――朝鮮王朝を中心に」松原正毅編『王権の位相』弘文堂
服藤早苗、一九九一年「山陵祭祀より見た家の成立過程」『家成立史の研究』校倉書房
古瀬奈津子、一九九八年「儀式における唐礼の継受」『日本古代王権と儀式』吉川弘文館
森　公章、一九九八年『古代日本の対外認識と通交』吉川弘文館

山内弘一、二〇〇三年『世界史リブレット67　朝鮮からみた華夷思想』山川出版社
山田邦和、一九九五年「コラム・始祖王陵としての「神武陵」」『陵墓からみた日本史』青木書店
山中　章、二〇一一年「考古学からみた日本古代宮都禁苑研究の現状と課題」『東アジア都城の比較研究』京都大学学術出版会
義江明子、二〇一四年『日本史リブレット人6　天武天皇と持統天皇』山川出版社
吉江　崇、二〇一八年「荷前別貢幣の成立」『日本古代宮廷社会の儀礼と天皇』塙書房
吉川真司、二〇〇一年「飛鳥池木簡の再検討」『木簡研究』23号
李　成市、二〇〇〇年『東アジア文化圏の形成　世界史リブレット7』山川出版社
李　成市、二〇〇四年「新羅文武・神武王代の集権政策と骨品制」『日本史研究』500号
李　成市、二〇一七年「補説9　後期新羅における国家祭祀の再編」『世界歴史大系　朝鮮史1』山川出版社
李　成市、二〇二二年「朝鮮史の形成と展開」『岩波講座　世界歴史6』
渡辺信一郎、二〇〇三年『中国古代の王権と天下秩序』校倉書房
渡辺信一郎、二〇一九年『中華の成立　シリーズ中国の歴史1』岩波新書
이장웅(イ・ジャンウン)二〇二二年「백게의 제의와 대사야」『대가야의 제사와 의례』
금장태(クム・ジャンテ)一九九四年「祭天儀禮의　歴史的性格」『유교사상과 종교문화』
국립고궁박물관(国立古宮博物館)二〇一四年『宗廟　종묘』

コラム　復活した昊天祭祀と大韓帝国

一八九七年一〇月一二日、高宗(コジョン)は円丘壇(ウォングダン)にて皇帝即位式を行い、内外に「大韓帝国」と「皇帝」の成立を宣言した。その様子は、現存する『大礼儀軌』と『円丘壇儀軌』からうかがうことができる。

儀軌とは、朝鮮王朝が王室で行われた儀礼を文章や絵画などで詳細に記録した報告書である。歴代の王たちは儀軌の編纂を命じた〔韓、二〇一四〕。しかし、近代に入り、国際紛争などを契機に、複数の儀軌がフランスや日本に流失した。朝鮮統監府は、一九〇八年に、王室図書館ともいえる奎章閣(キュジャンカク)など複数の機関で所蔵していた王室関連の図書一〇万余点を集め、「帝室図書」という名前で統合した。その後、朝鮮総督府取調局によってこれらの重要図書は、「寄贈」という名で日本本土に移された。

二〇一一年に日本の宮内庁に保管されてきた朝鮮王室図書がおよそ一〇〇年ぶりに韓国に戻ったが、その中にこの『大礼儀軌』なども含まれていた〔NHK取材班編著、二〇一一〕。高宗の即位式の儀式次第や、伝統的な衣装のほか、洋装した儀兵による鹵簿などが記録されている『大礼儀軌』の最後のページには、「大正一一年五月朝鮮総督府寄贈」という朱印が捺されている。

『円丘壇儀軌』は全文公開されており〔韓国学中央研究院ウェブサイト〕、円丘壇での祭祀祝式を知ることができる。それによれば、円丘壇を大韓帝国の象徴として、皇天上帝（昊天上帝）と皇地祇、太祖、そして大明之神、夜明之神、北斗七星、五星、列宿、周天星辰之神など、複数の配享神を奉安して、皇帝祭祀が挙行された。しかし、一九〇七年に高宗が譲位する形で純宗(スンジョン)が即位すると、円丘壇祭祀も格下げされ、主享者の名前は「孝玄孫皇帝」から「孝玄孫太皇帝　諱　倦勤伝禅　属皇帝譚」へと変更を余儀

図1　『円丘壇儀軌』

図2　ソウルに残る円丘壇の皇穹宇(筆者撮影)

なくされた[韓、二〇一四]。

高宗が居住した慶運宮(現在の徳寿宮)の向かいに作られた円丘壇は、祭祀を行う三段の円形祭壇と天神の位牌を祀る三階建ての「皇穹宇」で構成されていた。その様相は、国立古宮博物館やソウル歴史博物館で再現されており、現在も知ることができる。一九一三年に、朝鮮京城ホテル(現在のウェスティン朝鮮ホテル)の建設によって円形祭壇は破壊された。現在は、高層ビルの谷間に、門の一部や幾ばくかの石鼓、そして「皇穹宇」が残されているだけである。

ここで興味深いのが、高宗の即位関連儀式が、東アジア世界の伝統と正統性を重んじたものであったことである。本章で述べたように、朝鮮半島では、唐との冊封に入った統一新羅時代に、昊天祭祀を断念していた。しかし、高麗時代には、『高麗史』(巻五九―六三)に、

大祀：円丘・方沢・社稷・太廟・景霊殿・諸陵
中祀：籍田・(先蚕)・文宣王廟
小祀：風師・雨師・雷神・霊星・馬祖・先牧・馬社・馬歩・司寒、諸州県文宣王廟、大夫士庶人祭礼、雑祀

とあるように、大祀に円丘壇祭祀が復活している。これは、中国の祀典に由来する祭祀形式を受容して、円丘壇祭祀が儒教的祭祀に転換したことを意味するとともに、中国の天子だけが行うことができる祭天祭祀を、高麗国王が円丘壇で実施したということになる。このことは、高麗王室が格上げされたことをも意味すると評価された[平木、一九九二]。

しかし、それに続く朝鮮王朝では、たびたび円丘壇祭祀については停廃や議論が続き、最終的には祭天祭祀は祈雨行事へと変化を余儀なくされた。一四六四年に挙行した世祖（セジョ）の例が、朝鮮王朝において円丘壇祭祀が行われた最後となる。このことは、王位継承の正統性を別に確保し、昊天祭祀はもはや必要ではなくなった［桑野、二〇一一］とも、朝鮮王朝が明（みん）王朝との冊封関係を意識し、「天子」として祭天祭祀を行えなくなった［小松、一九九一］とも考えることが可能である。

このような歴史的な経緯と事情を考えてみると、大韓帝国初代皇帝として高宗が円丘壇を復活させ、そこで即位したことは、極めて重要である。すなわち、大韓帝国が近代化を国是として推進しながらも、その皇帝の「正統性」を前近代のアジアにおける天の祭祀に求めざるを得なかった［奥村、一九九五］ということになろう。

◉NHK取材班編著『朝鮮王朝「儀軌」百年の流転』NHK出版、二〇一一年
◉奥村周司「李朝高宗の皇帝即位について――その即位儀礼と世界観」『朝鮮史研究会論文集』第33集、一九九五年
◉桑野栄治「朝鮮初期の圜丘壇と北郊壇」『東アジア都城の比較研究』京都大学学術出版会、二〇一一年
◉小松和彦「平木報告へのコメント」松原正毅編『王権の位相』弘文堂、一九九一年
◉韓永愚、岩方久彦訳『朝鮮王朝儀軌――儒教的国家儀礼の記録』明石書店、二〇一四年

《個別テーマをひらく》

文人が創り上げた天皇像

ジェイスン・P・ウェッブ

はじめに

八世紀半ばに成立した日本最古の漢詩集『懐風藻』の序文によれば、近江大津宮に都が置かれた時代(六六七―六七二年)の宮廷は、列島で初めて漢詩の創作が盛んになった場である。このような文学活動の隆盛の背後には、天智天皇の全面的な支援があり、時には天智自身も漢詩を詠んだという。しかし、天智死去の直後に起こった壬申の乱(六七二年)によって、この時代に作られた漢詩の記録はほとんどが失われることになった。天智天皇の時代に詠まれた漢詩は二首しか現存しないが、いずれも、後継者争いの中で命を落とした大友皇子が詠んだものである。『懐風藻』の編者は明らかではないが、いずれにせよこれは、近江朝廷における活発な文学活動の名残であり、その後数十年にわたって受け継がれることになった近江朝の詩作の精神の記録として編まれたものと言えよう。

前近代の日本漢詩史の研究者は、平安初期の嵯峨天皇(在位八〇九―八二三年)の時代を、日本の漢詩作法が確立された時期として非常に重視している。当時の文壇が生み出した膨大な量の漢詩、また勅撰詩集制度の確立、文学理論(詩文の創作が国家経営の大業につながるとする「文章経国」思想)の登場などを思えば当然のことであろう。嵯峨の時代があまりに輝かしいため、それ以前の時代の漢詩作文の動きは見失われがちだと言ってもよい。しかし、嵯峨・淳和朝にあたる弘仁期(八一〇―八二四年)に行われた作詩の特徴の多くは、七世紀後半にはすでに整っていたことを見落としてはならない。いずれの時代にも共通するのは、詩の宴の儀式的な機能であり、それは参加者と為政者が互いに連帯することを確認するためのものだった。儀式の場において披露される詩はどれも、その時の天皇の治世に対する賛美と、強固な忠誠の宣言を含んでいた。この類の詩的表現は、「天皇賛美詩」として位置づけうるものである。

天皇賛美詩は、天皇を明らかに理想的な君主として讃えるという、きわめて限られた目的のために作られた詩であるが、そのレトリックは多岐にわたる。短いフレーズ、時には単語ひとつでさえも、複雑で、一見矛盾する王権イデオロギーを呼び起こす力がある。興味深いことに七世紀後半の日本においては、こうした天皇を賛美する表現が、詩でも歌でも生み出されていた。天皇賛美のスタイルで詠まれた詩や歌は、天皇像を理想化する表現の幅広いレパートリーを示している。本章では、『懐風藻』の詩を中心に、『万葉集』にも触れながら、天皇賛美詩歌の儀礼的意義と修辞的質感を明らかにすることを目的とする。

1 『懐風藻』序文に創り上げられた理想的な天皇像

現存する最古の天皇賛美詩の多くは『懐風藻』に収められているので、個々の詩を検討する前に、その序文を検討することは有益であろう。先述のように、誰が『懐風藻』を編纂し、その序文を書いたのかは不詳であるが、この序文が八世紀中頃の、天皇と文学的営為との関係に対する一つの見方として重要であることは言を俟たない。波戸岡旭は『懐風藻』序文のレトリックを、中国の先行文献（特に梁代の『文選』序文）と丹念に比較しているが〔波戸岡、一九八九〕、『懐風藻』の編纂者が、漢詩文において非常に高いレベルの知識を身につけた人物であったことは明らかである。『懐風藻』序文は、中国語の詩文における到達点ともいえる、対句と典故（故実）に満ちた四六駢儷体で記されており、日本のみならず中国と朝鮮半島のエリート読者をも対象とした、古代東アジアにおける国際的なテキストとして意図されたと想像できる。しかしそこに含まれるある種のメッセージは、一義的には国内の読者に向けられていたはずである。

序文では、列島の文明の歴史的進化と、その過程で文章(特に漢詩の作詩)が果たした役割について、非常に独特なビジョンを示している。冒頭で語られる歴史概況は、列島における識字の黎明期から、序文作者が文明的達成の頂点と見なしていると思われる天智天皇の治世にまで及んでおり、また天智朝の特徴は、為政者と詩文の創作者との理想的な関係性にあるという。序文冒頭を以下に示す。

懐風藻序

逖聴前修。遐観載籍。襲山降蹕之世。橿原建邦之時。天造草創。人文未作。至於神后征坎品帝乗乾。百済入朝啓龍編於馬厩。高麗上表図烏冊於鳥文。王仁始導蒙於軽嶋。辰爾終敷教於訳田。遂使俗漸洙泗之風。人趨斉魯之学。逮乎聖徳太子設爵分官肇制礼義。然而専崇釈教。未遑篇章。

遠い時代の聖賢らが学修した事柄を聴き、遥か昔に綴られたこの国の書籍を観ると、そこにはニニギの命が高千穂の峰に天降った世のことや、初代の天皇である神武天皇が奈良の橿原の地に国を建てた時のことが見えるが、この時は国土創世の時代であったので、まだ人文は起こっていなかった。続いて神功皇后が朝鮮に出兵し、その皇子の応神天皇が天位に即くに至って、百済の国が入朝して漢籍をもたらし、厩坂で学問を教授した。また高麗が上表して文字を伝授した。さらに百済の王仁吉師が初めて「千字文」や「論語」をもって軽嶋において教授した。王辰爾もその学問をもって訳田で教授した。このようにして日本人に孔子の学問を勧め、人々を儒教の教えに向かわせたのである。聖徳太子に及んで、爵位を設けたり官位を分けたりして、礼義を初めて制度化した。しかし、もっぱら釈迦の教えを尊んだので、この時代はまだ詩文を創作するには至らなかった。(以下、『懐風藻』の原文、現代語訳と下記の読み下し文は[辰巳、二〇一二]による。なお、基本的に旧字は新字に改めた。)

このように、序文作者の文章作法の巧みさには疑いの余地がない。例えば、「襲山降蹕之世」と「橿原建邦之時」という対句は、日本古代の神話的描写を踏まえつつ、並外れた時間的圧縮を行っている[波戸

岡、一九八九」。洗練された散文体の例は他にもたくさんあるが、この序文に見られる歴史記述の様式は、かなり珍しいもので、また、対句と典故を多用する構造的な傾向は、『文選』序文の様式に由来する部分もあるだろう。ともあれ、編者は詩文を、社会発展を推進する卓越した力とみなしている。そのような文脈の中で、まだ文字が誕生していなかった時代（「人文未作」）である太古の描写から始めて、(1) 詩文の勃興と本格的な確立を示す進化の重要な瞬間に注目するのは理にかなっている。

その論理に沿えば、上記の『懐風藻』序文の一節が指摘する次の歴史的段階は、外国からの使者によって儒教がどのように日本に伝わったかということである。応神天皇の時代に百済国から渡来したとされる王仁の活躍した時代には、百済国からの移住者のための居住地が設けられていた。その移住者たちの中には『論語』のような儒教古典に通暁した儒学者も含まれており、彼らは自ら持ち込んだテキスト教材を使って教えていたという。その他にも、百済国や高句麗国出身の学者たちは、文字の技術と儒教思想、両方の教育を担った。

こうしたエピソードは、『古事記』や『日本書紀』（特に敏達紀）の記述と緩やかに相関しており、実際、『懐風藻』の編纂者は史料として『古事記』や『日本書紀』を参照した可能性が高い。だがその依拠の仕方は非常に選択的であり、前述のように、これらの初期の神話的時代の描写は意図的に省略され、圧縮されたものとなった。(2) 聖徳太子の業績でさえ、驚くほど簡潔に要約されており、仏教への献身が太子に文芸を鑑賞する暇を与えなかったかのように表現されている（「然而専崇釈教。未遑篇章」）。この表現は、少なくとも『懐風藻』序文の記述者が、政治指導者が時間を配分する対象として、仏教信仰と著述との間に、ライバル関係とまではいかなくても、緊張関係が存在すると考えていた可能性を示唆している。このトピックについては後述する。

文章全体の構造から判断すると、『懐風藻』序文は天智の治世と近江朝の宮廷文化を中心に据えており、まず近江朝では、詩文と王権の蜜月関係が成立したことが述べられている。

及至淡海先帝之受命也。恢開帝業。弘闡皇猷。道格乾坤。功光宇宙。既而以為。調風化俗。莫尚於文。潤徳光身。孰先於学。爰則建庠序。徴茂才。定五礼。興百度。憲章法則。規模弘遠。夐古以来。未之有也。於是三階平煥。四海殷昌。旒纊無為。巌廊多暇。施招文学之士。時開置醴之遊。当此之際。宸翰垂文。賢臣献頌。雕章麗筆。非唯百篇。但時経乱離。悉従煨燼。言念湮滅。輙悼傷懐。

淡海(おうみ)の先帝である天智天皇が天の命を受けて近江に即位するに至って、天皇は成すべき事業を広め、その道を明らかにしたので、政治の道は天地にまで至り、天皇の業績は世界に照り輝くこととなった。このことから考えると、風俗を整え世俗を正しく導くのは、詩文より貴いものはなく、徳を養い身を耀(かがや)かすものは、学問より先に何があるだろうか。そこで天智天皇は学校を創設し、秀才たちを召し、五つの礼義を定め、いろいろな制度を制定した。憲章法則は規模が弘遠であり、昔よりまだこのようなことは無かった。ここに宮中は平安にして、天下は繁栄し、何もしなくとも国は治まり、宮廷の中では余暇が多くなった。それで、天皇はしばしば文学の士たちを招いて、時々に詩宴の遊びを開いたのである。この遊びに当たって、天皇は文章を臣下に示し、また賢臣たちは天皇への頌詩を献上した。よく練られた文章や美しい詩賦は、百篇程度ではなかった。しかし、この時代に壬申の乱が起きて、詩文はことごとく焼けて灰になってしまった。ここに消滅した詩文を悲しみ、とても心を痛めた。

ここで、詩文の価値は二つの異なる側面から表現されている。第一は、詩文が天智の政治的支配の拡大に果たしたとされる重要な役割である。天智は、彼自身の学修によってか、あるいは天賦(てんぷ)の才によってか、詩文の力と意味を十分に理解しているように描かれている。その時代の流れを作ったスローガン、「調風化俗。莫尚於文。潤徳光身。孰先於学」は、『詩経(しきょう)』の由緒ある毛氏(もうし)による序文の反映である。(3) 天智の承認を得たことで、詩文の作者たちは、政治権力を拡大する技術としての文字（＝作文）の効力を実証する機会を与えられた。序文によれば、法律・規範・規則・規制（「憲章法則」）は、かつてないほど広範かつ徹底的にこの地を覆っていた。[4]これらにもとづく政治は、天智の意志に同調し、詩文という権力が課した秩序によって統制され、実質的に自律したものとなった。そうなると、天智はただ、儒教の聖王のように、「無為（むい）」の状態で国を治めることになる。[5]

これは、詩文の二つ目の重要な価値、つまり、成功した治世を詠うことにつながる。『懐風藻』序文の研究において、デネッケは、無為を理想化された統治の成功の頂点と見なし、その実際的な影響とは、天皇が文人を招いて優雅な詩の宴を開けるよう解放されることだと述べている。この意味で、ある形式の文章（法規範）は非常に効果的であり、それが天皇に余暇を提供することで、別の形式の文章（詩）の創作が促進される。制度構築の文は、詩作の文を生むのである[Denecke, 2004]。一方で、理想的な君主の描写に関しては、逆の議論も成り立つ。つまり、豪華な詩宴が頻繁に催されることは、国がうまく運営されていることの証ともなる。

要するに、『懐風藻』序文の著者は、近江朝が王権の黄金時代であり、それは天智が詩文の意味を正しく理解し、その力を利用しようとする意欲があったからこそ可能になったのだと述べているのである。天智に関する序文の全体的なメッセージは、詩文の助けによって天智は統治者の理想を実現したということである。天智が無為の意識に達した後、詩文は再び天皇を賛美するのに役立った。時には天智自身も、召集した文人たちとともに詩文を作り、詠じた。『懐風藻』の序文には、文人の役割を果たすことができた天皇として描かれる。

だが、他の黄金時代と同様、この時代も終わりを迎えることになる。天智の死をきっかけに起こった壬申の乱は、この理想的な君主の時代を突然、暴力的に終結させた。近江朝の詩文の記録は灰燼に帰した。それでもなお、詩作を取り巻く価値観、詩作を支える価値観は生き続けている、と序文は続ける。

> 自茲以降。詞人間出。龍潜王子翔雲鶴於風筆。鳳翥天皇泛月舟於霧渚。神納言之悲白鬢。藤太政之詠玄造。騰茂実於前朝。飛英声於後代。
>
> これ以降の時代は、詩人たちが多く輩出した。龍潜王子の大津皇子は雲の鶴を風の筆に翔らせ、鳳翥の文武天皇は月の舟を霧の渚に浮かばせた。神納言の大三輪高市麻呂は白くなった鬢毛を悲しみ、藤太政の藤原史は天地の創造を詩に詠んだ。これらの詩文の果実は前朝に高く掲げられたものであり、名声を後代へと飛ばすものである。

ここで重要なことは、壬申の乱という後継者争いの勝者である天武天皇が完全に省かれていることである。天武の妻でありその後継者である持統天皇もまったく取り上げられていない。近江朝滅亡後数年間の、文筆の模範的実践者として取り上げられている四人の人物のうち、天皇は文武ただ一人である。『懐風藻』序文の論理によれば、文学的価値を守る天皇をたどる連続した線は、天武と持統を飛ばしてこそ示される。この驚くべき省略によって、序文作者は壬申の乱を批判していると結論づける学者もいる。[6] 明確に批判しているわけではないが、確かにその歴史観は、『古事記』や『日本書紀』の天武礼賛的な表現とは大きく異なっている。[7] つまり、八世紀半ばの編纂者の視点からは、そして何よりも天皇の文芸活動への関与を讃える基準に基づくと、天智だけが王権の真の頂点に達し、文武はそれに次ぐ地位にあったという結論になる。それに対して、天武と持統は言及する必要がなかった。言い換えれば、『懐風藻』序文の中で彼らのイメージ（天皇像）はゼロなのである。

ここで、編纂者が当時どのようなメッセージを伝えたかったのかという疑問に立ち戻るべきである。

『懐風藻』序文が語ろうとしている物語は、創造神話に続く文明の勃興とつまずき、そして暫定的な復活という、たいへん壮大な物語だが、それはいくつかの段階に分けることができる。(1)列島における文明の夜明けと文字の出現、それに続く聖徳太子の文明的な業績と宗教的献身、(2)天智のもとで繁栄し、早すぎる終焉を迎えるまでの詩文の黄金時代、(3)その後における優れた詩文の存続と、編者が保存しようとした作品との個人的な出会い。ここで注目すべきは、これらすべての出来事において、仏教が果たした役割が極めて小さいことである。実際、この序文では、仏教を崇拝すること、特にそれが君主の優先事項となった場合(「専崇釈教」)には、詩文の上達の障害となることが示唆されている(「未遑篇章」)。こうした論理からすれば、聖徳太子が達成した文明的な業績は、仏教への著しい傾倒によって阻害されたことになり、列島における文明の壮大な展開の中で、聖徳太子の時代は中間的なものでしかないと読者に思わせるものである。つまり序文の作者は、詩文の基本的な優位性を主張するとともに、天智の偉大な業績は聖徳太子のモデルからの進化として評価されなければならないことを示唆する。言い換えれば、『懐風藻』序文においては、詩文は極めて基礎的なもの(文明を野蛮(やばん)と区別するもの)であり、同時に最高度に進んだもの(文明の最高段階を示すもの)であって、事実上、仏教よりも詩文の方がはるかに重要であるという認識が示されているのである。

『懐風藻』序文について、川崎庸之は、天智朝と文武朝とにそれぞれの意味でありし日のよき日を見る立場、したがってそれ以外の時代(撰者自身の同時代をも含めて)にはたやすく肯定的でありえない撰者の立場だ、と述べている[川崎、一九五二]。これとは別に、本郷真紹は、天平(てんぴょう)時代に仏教が猛烈な勢いで広まったことに着目し、仏教が公的な国教として採用され、神祇(じんぎ)儀礼が徐々に二次的なものに追いやられたことについて、明確な論拠を示している[本郷、二〇〇二]。同じように、詩文も天平仏教の熱狂に押され気味であったことが、『懐風藻』序文のやや反仏教的なレトリックを生み出す原動力となったのだろうか。もしそうであるならば、序文の著者や、その周りの宮廷の下級知識人が、仏教儀式の偏重や大仏建立に関する宮廷の後援が増えることによって、宮廷における詩文の地位が脅かされることを嘆いていたというのが、当時の時代的な傾向であった可能性がある。『懐風藻』序文にこめられた文明の壮大な展開における詩文の意義に関する主張と、宗教的実践が詩的活動を妨げているという、より微妙な含意は、彼らが宮廷における中心的地位から遠ざけられつつあった、特定の状況に対応したものとも読める。

とはいえ、『懐風藻』には、僧侶が詠んだ詩や僧侶の短い伝記など、仏教に関連する要素も含まれている[8]。従って、この詩集を反仏教的なものだと決めつけることは決してできない。だが仏教の語彙は、天皇を賛美する詩によって理想化された天皇像の典型的な表現には使われていない。『懐風藻』序文は、八世紀半ばの国家仏教隆盛の機運に向けた、ささやかな反対意見の表明であったと考えられる。

2 『懐風藻』における天皇を賛美する詩のレトリック

天皇賛美詩が作成された場は主に天皇を中心とする儀礼的な公宴である。『懐風藻』は記録として完璧ではないが、宮廷の公宴で詩作を行った場合は、原則として作品の前書に「侍宴」と記し、天皇行幸の折に作成された場合は前書に「従駕」と記す。場合によっては、直接天皇の指命を受けて作成したという意味で「応詔」とも記録される。このような宴は春に行うことが多い。

天皇賛美詩的レトリックは多面的である。大まかに定義するなら、儒教的、あるいは老荘隠逸思想・神仙思想というレッテルを貼ることができるようなイデオロギーの方向性を認めることができる。天皇賛美詩の中には、どちらか一方に傾いているものもあるが、多くの人が不調和を感じることなく、これらのモダリティ(＝様式)を結合させている。いくつか例を挙げてみよう。

大友皇子の作とされる『懐風藻』一番は、天皇を誇示する明確な目的を持って作られ、詠じられた。その場はおそらく近江の宮廷公宴であったと思われる。

淡海朝大友皇子

五言　侍宴　一絶

皇明光日月　皇明日月と光り

帝徳載天地　帝徳天地と載す

三才並泰昌　三才並に泰昌

万国表臣義　万国臣義を表す

天の神である我が大王の光明は、日や月と等しく照り輝き、天の帝である我が大王の徳は、天や地と等しく載せる。それゆえに天・地・人の三才は安泰にして繁栄し、万国の使者は我が王に臣下としての礼を尽くすことだ。

この詩は、日本列島で詠まれた現存する最古の漢詩のひとつである。簡潔ではあるが、その哲学的な発想、王権に関連する用語の使用、漢籍への多数の言及など、複雑な内容となっている。各要素を確実に理解しよう。まず題詞には、大友皇子が招かれた公宴の席で詠まれた五言絶句、という形式と場面が記されている。「一絶」とは、より親しみのある「一首」の代わりとなる詩を数える用語である。最初の二句で、「皇」や「帝」といった語彙が使われることで、天皇は中国の王権概念の根幹をなす、すべてを包括する最高の宇宙論的・政治的権威に相当する地位に即座に昇格する。一句目では、天皇の輝きは太陽や月に似ていると表現されている。二句目では、天皇の徳は天と地を支えるに足るものとして描かれている。(9) つまり、最初の二句は総体として、天皇の姿を、実際の政治権力の地理的およびその他の実際的な制限をはるかに超えた、普遍的な影響力を持つ地位に据えているのである。三句目は、最も壮大な言葉で天皇を賛美し続ける。「三才」とは天・地・人の三界のことで、『周易』からの引用である。この句は、天皇のおかげで、バラバラだが相互につながったこの三つの領域が一緒になり、完全な安穏（「泰昌」）に達したと主張している。最後に四句目は、すべての領土（「万国」）が天皇への忠誠と従属を表明していると報告している。

全体として、この詩は絶対的な宇宙論的権威によって定義された天皇の誇張された理想像を作り上げている。井実充史が指摘したように、ここで大友皇子は、詩宴の舞台や自然の美しさについては言及していない。むしろ、この詩は、書物を通じてよく知られた由緒ある中国の王権概念に、天皇が完全に一致することを宣言する、率直な声明である。田村謙治と井実は、大友のこの詩には、文体的に六朝詩（具体的には、王権と日光を結びつける表現）や初唐詩（多くの領土の代表者が集まって皇帝への忠誠を表明する表現）に由来する要素が含まれていると見ている［井実、一九九五／田村、一九五〇］。その評価が正確であるならば、この短い詩は、日本のエリートたちが古文と（彼らにとっての）最近の漢籍に広く親しんでいたことを物語っている。

『懐風藻』四一番は、大友皇子の詩と思想的に似た流れを示すが、より複雑である。

従四位下　刑部卿　山前王

五言　侍宴　一首

至徳洽乾坤　至徳乾坤に洽く
清化朗嘉辰　清化嘉辰に朗たり
四海既無為　四海既に無為
九域正清淳　九域正に清淳
元首寿千歳　元首千歳を寿し
股肱頌三春　股肱三春を頌す

この上も無い天皇の徳は天地四方に普く行き渡り、清らかに澄んだ天皇の教化はこの良い時節に明朗である。天下国家はすでに何もしなくとも無事に治まり、日本全国は実に清らかにあることだ。我々は国の元首が千歳にあることを言祝ぎ、天皇に奉仕する臣下たちは天皇のこの春を誉め称えている。ゆったりと

優々沐恩者　優々として恩に沐する者
誰不仰芳塵　誰か芳塵を仰がざらん

した気持ちで天皇の恩恵に与る者で、誰がその広い心に感謝しないだろうか。

ここでも、その徳が政治の隅々まで行き渡り、浄化作用（「清化」）をもたらす最高の力へと天皇を高めている。『懐風藻』の序文に描かれた天智の姿に似て、天皇（ここではおそらく文武）は、古代中国の賢帝と同様に、無為をもって統治する能力を獲得している。その次には、天皇の長寿を言祝ぎ、廷臣たちの春を愛でる気持ちが表現されている。廷臣を象徴する「足と手」（「股肱」）は、天皇と一心同体となったかのようなつながりを暗示している。全体として、この集まりは天皇の慈悲に浴する機会として描かれている。このような喜びと幸運に満ちた状況で、誰が感謝以外の感情を抱くことができようか、とこの詩は最後に問いかけている。

儒教的表現のもう一つの特徴は、「智水仁山」という概念である。『論語』雍也篇の有名な一節によると、孔子（子）は自然の風景を楽しむことを徳と同一視している（「子曰、知者楽水、仁者楽山。知者動、仁者静」）。つまり、風景を楽しむことは「君子」の行動の一面とされる。この一節の引用は、特に天皇にまつわる『懐風藻』の侍宴詩と従駕詩でしばしば見られる。東洋美術史の分野では、「山水」を自然や風景を表す言葉として理解する傾向があるが、『懐風藻』が使うレトリックを自然風景の正確な描写として鵜呑みにしないよう、山谷紀子は読者に注意を促している［山谷、二〇〇八］。この種の暗示は概念的なものでしかないというのが山谷の言う通りだとすれば、天皇行幸の最中でも、宮廷内の庭を眺めているときでも、どこでも、どんなときでも同様の表現を展開できることになる。しかし、詩の構成や詩宴が行われる実際の場所と、目に見える自然の風景との間に、ある種の結びつきがあるとも言える。言い換えれば、詩は実際の風景に儒教的イデオロギー的な意味を持たせることができ、それは天皇に「君子」としての崇高な地位を比喩的に与えるのと同じである。さらに、有名な『論語』の一節が引き合いに出される方法には、用語の多様性があり、遊び心さえあったようだ。例えば『懐風藻』一九番を引く。

大宰大弐従四位上巨勢朝臣多益須

五言　春日　応詔

玉管吐陽気　玉管陽気を吐き
春色啓禁園　春色禁園に啓く
望山智趣広　山を望めば智趣広く
臨水仁狎敦　水に臨めば仁狎敦し
松風催雅曲　松風雅曲を催し
鶯哢添談論　鶯哢談論を添ふ
今日良酔徳　今日良に徳に酔ひ
誰言湛露恩　誰か湛露の恩を言はん

玉管から春の陽気が吐き出され、春の色が宮中に啓かれた。山を望むと智の味わいが広がり、水に臨むと仁の味わいに馴れ親しまれる。松風は雅な曲を促して、鶯の鳴き声はみんなの話に加わっている。今日はまことに天皇の徳に酔い、誰が湛露の恩を口に出して言うことなどしようか。

春の始まりを祝う宮廷の宴で、巨勢多益須は詩を詠むようにとの勅命を受ける。他の応詔詩と同様、この詩にも天皇への賛美が含まれているが、多益須は宮廷の宴の楽しみの描写から始めている。その描写は、宮殿の庭園の春の典雅な美しさといった視覚的なものであると同時に、聴覚的なものでもある。笛の音からは春の息吹が感じられ、松林の風は独自の歌を奏で、ウグイスもリサイタルに加わっているように、音楽性が詩に浸透している。松とウグイスは、それ自体が宴の参加者になっている。このように、自然現象もまた、天皇の徳が宿ったものとして描かれる［山谷、二〇〇八］。この記述には、水と山を味わう模範的な人物（君子）という儒教の典型的なイメージが織り込まれている（「望山智趣広　臨水仁狎敦」）。このような賛沢で多面的な描写を経て、多益須は詩の最後の二句で、ついに天皇に対する明確な賛美に到達する。天皇の慈悲深さに酔いしれているのだ。

厳密に言えば、この詩の中で多益須は『論語』の原文の語法から逸脱している。原文では「智／水」と「仁／山」が対になっているが、多益須が詠んだ作品では「智／山」と「仁／水」が対になっている。辰巳正明が述べたように、これは誤りではなく、むしろ、引用の本質的な意味を保ちつつ、斬新な修辞的ひねりを加えた、標準的で認識可能なフレーズを使った一種の遊びなのである〔辰巳、二〇二二〕。

次の『懐風藻』四三番は、すでに儒教的な方向性を持つものとして指摘した要素をいくつか含み、さらに明確に音楽を表現している。

正四位下兵部卿(ひょうぶのきょう)安倍朝臣首名(おびとな)　一首

五言　春日　応詔

世頌隆平徳　世は隆平の徳を頌し
時謡交泰春　時は交泰の春を謡(うた)ふ
舞衣揺樹影　舞衣は樹影に揺れ
歌扇動梁塵　歌扇は梁塵(りょうじん)を動かす
湛露重仁智　湛露仁智に重く
流霞軽松筠　流霞松筠(しょういん)に軽し
凝麾賞無倦　凝麾賞(ぎょうきしょう)して倦(う)むこと無く
花将月共新　花は将(まさ)に月と共に新(あらた)し

世間では繁栄して太平の世を作った天皇の徳を褒め称え、この時に人々は天地が感応して平穏な春を迎えた喜びを歌っている。舞姫の衣は木陰に揺れ、歌姫の扇は歌台の梁〔の塵〕を揺り動かしている。天が与えた甘露は山川仁智の徳として降り重なり、棚引く霞は松や竹の上に軽やかだ。天皇が心を凝らして采配する春の風景は実に飽きることがなく、美しい花はまさに月と共に春の装いを新たにしている。

安倍首名の詩は、天皇や廷臣たちと過ごした春の吉祥の日を記念している。この詩のレトリックは、天皇の最高の徳が平和と繁栄をもたらしたと報告している。

すべての人が天皇を賛美し、春の日の穏やかな喜びを祝う歌を歌うことができる。上記の一九番と同様に、この機会に観察された自然現象は、特に「湛露重仁智／流霞軽松筠」の対句において、儒教的な用語や概念と関連付けられている。徳と智恵の恩恵があちこちに重なり、霞が松や竹にたなびく。ここでは松と筠（竹）は貞節の象徴である［辰巳、二〇二二］。しかし、首名の詩が前掲の多益須の詩と異なるのは、実際に演奏されている音楽の描写が含まれている点である。鳥などがまるでパフォーマンスをしているかのように見えると表現する多益須の詩とはやや異なる。首名は作中で、パフォーマンスは絶妙であり、舞姫が身にまとう衣装が木陰になびくと華やかに見え、歌姫の歌声は「梁塵を動かす」ほどすばらしい、と表現する［辰巳、二〇二二］。

ここでも、また他の多くの詩的な例でも、音楽の存在——特に正しいとされる音楽——は単なる娯楽ではない。孔子自身による道徳的な行いに従って、この音楽は宮廷儀礼のあらゆる側面に調和している。正しい行いと正しい音楽とが相応するという礼楽（れいがく）思想の具現化として、為政者が主催する詩宴が安定した社会秩序にお墨付きを与える。また、少なくともレトリック的には、〝為政者が創造した秩序ある社会〟における自分の立場を味わい、おそらくは自分自身の道徳的立場を振り返るよう、個々の参加者を誘う。要するに、ここに描かれている最上級の音楽は、儒教における理想的な聖王のイメージで天皇像を構築するために、必要な要素のうちの一つとして機能しているのである。

まとめると、儒教的志向をもつ詩的修辞法には四つの主な特徴がある。つまり『懐風藻』において天皇は、（1）政治的、宇宙論的に至高の存在である、（2）無為による統治能力など、古代や伝説上の中国の王と同様の地位を獲得している、（3）山水志向の詩宴を好むため、儒教の君子に相当する、（4）礼楽思想に由来する表現を持つ天皇賛美詩によって、政治的・倫理的な完全性が保証されることを示唆されている。

いっぽう、老荘的志向に傾いた天皇賛美詩は、これまで検討したものとは異なる語彙を用いる。たとえば、次のような詩がある（『懐風藻』三七番）。

従四位下播磨守大石王　一首

五言　侍宴　応詔

淑気浮高閣　　淑気高閣に浮かび
梅花灼景春　　梅花景春に灼く
叡睠留金堤　　叡睠金堤に留め
神沢施群臣　　神沢群臣に施す
琴瑟設仙蓹　　琴瑟仙蓹を設け
文酒啓水浜　　文酒水浜に啓く
叨奉無限寿　　叨りに無限の寿を奉り
倶頌皇恩均　　倶に皇恩の均しきを頌す

春のめでたい雰囲気は高殿に浮かび、梅の花は麗しい春に輝いている。天皇は目を美しい堤に留められ、神のような恩恵を群臣に施される。仙人の住む垣の中に設けられた琴瑟は相和して響き、詩文の宴会を川の辺に開かれる。我らは畏れ多くも天皇の無限の寿命をお祈りし、群臣は一緒になって皇恩の平等であることを褒めあうことである。

この詩は、ある環境の中（おそらく宮廷の庭園）における天皇を叙述している。楼閣まで春の香りが漂い、梅の花が春の輝きを見せている。三句目は、輝く池の堤防に留まる天皇の視線を追う。四句目では、天皇は神のように、集まった廷臣たちに恩恵を授けると述べている。詩的な物語はさらに、詩宴の物理的な場を、音楽を楽しみ、酒を飲むことのできる不老不死の領域（「仙蓹」）へと変貌させる。比喩的な地形は先述の儒教的な例とはかなり異なるが、それでも詩の目的である天皇への賛美は明確である。この詩は、天皇の長寿を切に願う言葉と、すべての廷臣が一緒になって、自分たちが受けた天皇の恩恵を称賛することができるということを再確認することで結ばれている。宴の雰囲気や、不老不死の領域に心地よく隔離されているという感覚は、詩の究極のメッセージを妨げるものではない。

儒教的な志向と老荘的・神仙的な志向は修辞学的に相容れないと思われがちだが、実は『懐風藻』に収録されている天皇賛美詩の多くは、両者が組み合わさっている。例えば次のような詩がある(『懐風藻』三六番)。

皇太子学士従五位下伊預部馬養　一首

五言　従駕　応詔

帝尭叶仁智　帝尭仁智に叶ひ
仙蹕玩山川　仙蹕山川を玩ぶ
畳嶺杳不極　畳嶺 杳として極まらず
驚波断復連　驚波断ち復た連なる
雨晴雲巻羅　雨晴れて雲は羅を巻き
霧尽峯舒蓮　霧尽きて峯は蓮を舒く
舞庭落夏槿　舞庭夏槿落り
歌林驚秋蟬　歌林秋蟬を驚かす
仙槎泛栄光　仙槎栄光泛べ
風笙帯祥烟　風笙 祥烟帯ぶ
豈独瑶池上　豈に独り瑶池の上
方唱白雲天　方に唱ふ白雲の天

古の世の尭帝のように山川仁智の徳に叶い、天皇はこの山水の地に行幸されて楽しまれる。山々は高く聳えて奥は知られないほどで、さざめく川波は時に静まりまた波を連ねる。雨が霽れて雲は薄絹のように棚引き、霧は去って山の峰は蓮が開いたようだ。舞姫の舞う台上には夏の木槿の花が散り落ち、美しい歌の繰り広げられる舞台では秋の蟬を驚かせている。仙人の乗る筏には美しい光が差し込み、風に流れる笙の楽は目出度い靄を帯びている。このようであるからどうして崑崙の瑶池のほとりだけを独特なものといえようか、この地でもまさに穆天子の話のように、白雲天の歌を唱うのだ。

この詩の最初の二句だけで、山水の地に行幸した天皇は二重に賞賛されている。作者である馬養は、天皇は儒教的な聖王の理想を実現すると同時に、異世界の馬車（「仙蹕」）に乗る仙人であるとしている。この場合、聖なる車駕は仙人とされた天皇の通るどんな道も清める役割を果たす［辰巳、二〇二二］。仙人の車駕のイメージは、詩の中に描かれた異世界の交通手段の一つ目である。景色の素晴らしさを列挙した後、仙人のためのいかだ（「仙槎」）が登場する。完璧な環境、まさに現在に現れた仙人の世界の描写は、読者を有名な西王母（せいおうぼ）の物語へと導く。

西王母の物語は様々な形で存在し、どれが最初に列島に入ってきたかを語るのは難しい。中国で最も古いものは『山海経（せんがいきょう）』である。その後、何世紀にもわたって語られたものは数え切れない。だが上記の詩を作成した馬養のように「瑶池」を詩に詠み込めば、すぐに西王母の世界とそれに関する伝説の基本的なストーリーを呼び起こすことができる。重要なのは、西王母の住む場所の地形である。西王母は崑崙山（こんろんざん）の上か北に住んでいると言われている。とくに有名な伝説は、周（しゅう）の穆天子（前九五六―前九一八年）が彼女を探しに西へ旅立ったというものだが、『懐風藻』の詩人たちの時代から見ても古風なものだ。『穆天子伝』（紀元前三五〇年）には、瑶池のほとりで西王母が穆王のために素晴らしい宴を開いたと記されている。そこで二人は詩を交わした。西王母の詩は「白雲謡」として知られるようになった。

こうした物語を背景にすれば、馬養の詩の結論はより理解しやすくなる。一句目の表現が儒教的であるとしても、馬養が根本的に描いているのは神仙郷である。馬養はその描写の後、次のように問いかける。現在、この目の前の立派な神仙郷は、我々が読んできた古代の仙人の世界と比べてどうなのだろうか？これに対して、馬養の答えは、文法的には、また疑問文である。崑崙の瑶池はそんなに独特なのだろうか。我々は白雲謡は歌えないのか、と。つまり、馬養が西王母と穆天子というよく知られた伝説を詩に詠み込んだのは、崇拝のためではなく、むしろ古代の伝承が現在の場面より優れているという考えを否定するためなのだ。天皇のおかげで、今の詩宴の雰囲気の方が、遥かに良いものではないか、と。この類の天皇への賛美としては、これまで検討されてきた他の例よりも間接的ではある。しかし、この場面の美しさはすべて、最終的には天皇の治世のおかげであるという結論へ収斂する。この詩の最初の二句と最後の二句を合わせて、馬養は尭帝の智恵と不老不死の仙人の霊力を同時に体現する理想的な天皇像を作り上げたのである。

似たような思想的な組み合わせは下記の作品にも見られる(『懐風藻』四〇番)。

従三位左大弁石川朝臣石足　一首

五言　春苑　応詔

聖衿愛良節
仁趣動芳春
素庭満英才
紫閣引雅文
水清瑶池深
花開禁苑新
戯鳥随波散
仙舟逐石廻
舞袖留翔鶴
歌声落梁塵

聖衿良節を愛し
仁趣芳春に動く
素庭英才満ち
紫閣雅文を引く
水清く瑶池深く
花開き禁苑新し
戯鳥波に随ひて散じ
仙舟石を逐ひて廻る
舞袖翔鶴を留め
歌声梁塵を落とす

天皇の優れた心は良い時節を愛でられ、大きな徳の心はこの芳しい春に動かれた。清らかな庭には英才たちが満ちて、宮廷の楼閣では雅な詩文を詠み上げている。水は清く崑崙の瑶池は深く澄み渡り、花は開いて禁苑は春の気分が新しい。戯れる鳥たちは波に随ってあちこちと飛び渡り、仙人の乗る舟は清らかな石を追いかけて廻っている。舞姫の飜る袖は空飛ぶ鶴をも留め、歌姫の歌声は歌台の梁の塵をも落とすほどだ。今日の宴会は天皇の広い心によってその徳を忘れてしまうのに十分であるが、これは昔の尭帝の時の民の幸せと等しいことを忘れてはならない。

今日足忘徳　今日徳を忘るに足るも
勿忘唐帝民　忘るる勿(なか)れ唐帝の民

当然のことながら、石川石足(いしかわのいわたり)によるこの詩は天皇を讃える言葉から始まる。ここでは儒教に傾倒した用語を使っている。最初の二句では、「聖衿」は「聖王衿懐」の省略で［林、一九五八］、天皇の賢人のような智恵を讃え、「仁趣」は天皇の博愛を讃えている。そこから、神仙郷の描写へと、むしろ急速に移行していく。飾りけのない、すっきりとした庭「素庭」には、崑崙の瑶池のように澄み切った深い水をたたえた池がある。「仙舟」が池の雄大な岩の周りを回っている。音楽の演奏は、先掲の詩と非常によく似た言葉で表現される。全体として見れば、この行事が神仙郷で行われているという描写は、才能ある参加者「英才」も天皇と共に仙人になったことを示唆していると言っても過言ではない。

天皇賛美に関しては、ここでも詩の最後の二句が重要である。わかりにくい言い回しだが、石足はその日の宴の喜びと、伝説の尭帝が作り、支えた庶民の幸せを比較している。伝説によれば、尭帝の統治は非常に成功したので、一般的な「徳」の概念は適用できなかったという。人々は幸福に達し、徳という概念をすっかり忘れてしまった。そして石足は、忘れてはならないのは尭の人々（「唐帝民」）の幸せなのだ、我々も同じなのだから、と戯れに宴会の参加者同志たちをたしなめた。結びで石足が述べる賛美は、天皇の個人的な属性へではなく、天皇の卓越した統治がもたらす素晴らしい結果へと捧げられたものなのである。

ここまでに挙げてきたいくつかの事例は、天皇賛美詩の真の多様性を十全に示すものではないとしても、主な特徴の多くを示している。天皇賛美は、宮中での行事であろうと、行幸の一環であろうと、一貫して存在するテーマであった。自然の風景、季節の美しさ、才能ある詩人など、公宴や行幸のあらゆる側面が、天皇を賛美するための材料になる可能性がある。漢籍に精通した者は、さまざまなテキストを横断して、ウィットに富み、独創的とさえみなされる引用や暗示を収集し、展開することができた。ひとつの詩が最初から最後までイデオロギー的に統一されていることもあるが、多くの場合、その詩の語法や引用は多様な出典や思想からもたらされたものである。こうして儒教・老荘思想・神仙思想は、天皇を賛美するという最大の目的にかなうものでありさえすれば、自由に混ざり合った形で表現されたのである。

多くの研究者は、『文選』は七世紀から八世紀初頭の日本の漢詩詩人にとって最も主要な書籍であったと主張している。しかし、文武の時代に活躍した詩人たちは、『文選』より後の時代に大陸から伝えられた詩集にも触れることで、さらに刺激を受けたというのが、井実充史の説得力のある主張である［井実、一九九五］。具体的には、唐太宗（六二六―六四九年）の時代の詩を手本とした。『翰林学士集』が広く流通したことで、より新しく、洗練された、多様なスタイルの詩的言説が利用できるようになった。この詩集は、唐太宗とその周辺の諸臣の間で作られた詩を記したものである。天子賛美の詩が目立つ。太宗の宴会や行幸の詩には音楽が頻繁に登場するが、これは明らかに上記の『懐風藻』の詩に影響を与えたものである。

3　柿本人麻呂の天皇賛美歌と漢籍

ここまでは、大陸から輸入された思想・宗教・文学に親しんだ列島で発展した詩だけを考えてきた。しかし、列島における天皇賛美詩は決して日本漢詩に限ったものではない。天皇賛美歌もある。『万葉集』の歌人、柿本人麻呂は、次のような歌で、まばゆいばかりの効果をあげている。持統天皇の吉野行幸に際して詠まれた歌である（『万葉集』巻第一、三八・三九番。表記は［伊藤、一九九五］による）。

吉野の宮に幸す時に、柿本朝臣人麻呂が作る歌

やすみしし[10]　我が大君　神(かむ)ながら　神さびせすと
　吉野川　たぎつ河内に　高殿を　高しりまして　登り立ち
国見(くにみ)をせせば　たたなはる　青垣山　山神(やまつみ)の　奉る御調(みつき)と
　春へには　花かざし持ち[11]
　秋立てば　黄葉かざせり
行き沿ふ　川の神も　大御食(おおみけ)に[12]　仕へ奉ると
　上つ瀬に　鵜川を立ち
　下つ瀬に　小網さし渡す
山川も　依りて仕ふる　神の御代かも
　反歌
山川も　依りて仕ふる　神ながら　たぎつ河内に　船出せすかも

カムナガラは、名詞のカム(神)にナ(ここでは「の」の意)とカラ(「柄」の意)を組み合わせた合成語で、これらを合わせて「神として」と表現することができる。サビは「さぶ」の形で、「〜であること(先行詞にふさわしい振る舞いをする」という意味であり、天皇を神として肯定し続ける。この理想化された君主は、じっとしているような人ではない。次の句は、彼女が行動を起こす様子を描いている。「高しりまして」は、「高」の準副詞的用法と、一般的に「支配する」「統治する」を意味する動詞「しる」(しばしば「しるす」)の複合語である。しかし、ここで「しる」は「建設させた」「建設を主宰した」という使役のような意味である。この複合的な手段を組み合わせることで、立派な宮殿を建築したことを表現する。この高い見晴らしの良い場所から、天皇は伝統のある「国見」という儀式を行う。

自らが治める国土を見渡し、天皇は自然の美しさを眺める。人麻呂の叙述による自然美もまた、(1)神の地位に昇格し、(2)神として持統に従属するものとして描かれる。ヤマツミ(山の神)は、ヤマ(山)+ツ(奈良時代の格助詞、現代語では「の」と訳される)+ミ(神)となる。ミツキ(御調)、またはミツキモノ(御調物)とは、宮廷への貢ぎ物のことで、人間の世界では通常、その土地の獲物、収穫物、または織物で構成されていた。人麻呂が語るように、その土地の神々は自然の美しさと恵みを捧げ、それによって天皇への忠誠を表明する。「上つ瀬」はまたもや前述の属性的な「つ」を使っている。「下つ瀬」はその構文を繰り返す。山は春の花と秋の紅葉を「捧げ」、川は上流と下流から魚をもたらすとの対句法が目立つ。

　人麻呂の吉野行幸を詠んだ歌のレトリックを総合すると、持統天皇は神々の中の神、自然現象の最高の監督者、自然の美と豊穣の第一の受け手という立場にまで高められている。天皇は、自然現象の動きがすべて忠誠と従属の行為に傾く、活気に満ちたダイナミックな場面を主宰しているように描かれている。人麻呂の歌の第一の目的が天皇賛美であることは間違いない。人麻呂の歌は、(1)大陸あるいは百済から伝えられた漢籍、(2)近江の宮廷やその後の人麻呂と同時代に日本で詠まれていた漢詩と、どのような関係があるのか。実際、こうした疑問は長年にわたって、時には激しい議論の的となってきたが、ざっと調べただけでも、人麻呂が漢詩文の文体や天皇賛美詩の慣習を意識していたことがわかる。例えば、(1)行幸の際に詠まれたものであること、(2)山と川が一組となり「智水仁山」という概念を想起させること、(3)対句法が用いられていること。さらに、宮殿の建設や国見のような、詩中の他の要素も、大陸由来あるいは発生のものだと推測されている。そのうちのひとつ、自然界の神々について考えてみよう。

　人麻呂歌の、持統に従属する山川の神々と、『文選』「遊覧」に収録された顔延年の詩との関連については、早く江戸時代の国学者・歌人である契沖が指摘した。[13] 詩の語法はかなり難しいが、先に紹介した『懐風藻』の詩に似た雰囲気を容易に感じ取ることができる。冒頭だけを紹介する。

車駕幸京口三月三日侍遊曲阿後湖作　一首　顔延年

虞風載帝狩　虞風には帝狩を載せ
夏諺頌王遊　夏諺には王遊を頌す
春方動辰駕　春方に辰駕を動かし
望幸傾五州　幸を望みて五州を傾く
山祇蹕嶠路　山祇は嶠路に蹕し
水若警滄流　水若は滄流を警む
神御出瑶軫　神御は瑶軫を出だし
天儀降藻舟　天儀は藻舟を降す

尚書の虞書には、帝の巡狩したことを載せしるし、夏の諺には王の遊幸をほめたたえている。わが文帝も（巡狩をはじめるに当り、まず）東方に駕を動かし巡らすに、五州の民は心を傾けてその遊幸を待ちのぞむ。（山や水の神々も、これに感じ）山の神は山路で先払いの役をつとめ、水神は川の流れを警戒する。（けだし）天子の遊幸は陸には玉車に乗り、水路は画舟で行かれるからである。[14]

人麻呂歌の山の神や川の神と違って、ここでは山神や水神は天子に貢ぎ物を捧げない。この山や水の神々は、民衆が天子の到着を心待ちにしていることに気づいているように描かれている。山神と水神はそれぞれの方法で天子に仕え、守っている。七句目の「神御」は、天子行幸と解釈することもできるが、「神々しい天子」が立派な馬車を出すという意味にもとれる。人麻呂歌とまったく同じではないが、よく似ている。顔延年の詩は次の句で結ばれている。

人霊騫都野、　人霊は都野に騫れ
鱗翰聳淵丘。　鱗翰は淵丘に聳る
徳礼既普洽、　徳礼は既に普洽し
川嶽偏懐柔。　川嶽は偏く懐柔す

都や郊野の人々も淵や丘の魚鳥も、すべてが天子の遊幸をつつしんで迎える。（天子の）めぐみは、あまねくゆきわたっているので、山や川の神々もすべて悦び安んじている。

ここでは、都であろうと地方であろうと、また魚であろうと鳥であろうと、すべての人々、すべての生き物が、天子の恵みを切望している。すべては天子の徳に貫かれている。川の神々や山の神々は優しく従順になる。ここで喚起される天子像は、人麻呂の天皇像と重なる部分が多い。

とはいえ、人麻呂の歌は、賛美に値する特徴として天皇の徳には触れていないことに注意しなければならない。「神」の古代史の視点から、遠山一郎は次のように論じた［遠山、一九九八］。「人麻呂が歌うのは、持統天皇が宮を作り国見をすると、山の神、川の神が奉仕する、という関係だけである。歌われる持統天皇は、「皇徳」をはじめ、漢詩文が帝王を権威付ける要素を欠く。人麻呂は李善(りぜん)注『文選』を読んでいたと推定されるうえに（中略）経書の訓詁(くんこ)に基付く表記を行なっており（中略）、漢詩文における帝王称賛の詠みかたを、知らなかったとは考えがたい。にもかかわらず、人麻呂の歌いかたは漢詩文の詠みかたとは異なる。この神々の関係の叙述は、発想が別のところに根差すことを告げる」（二一九頁）。

確かに、天皇を賛美する『懐風藻』の詩の（儒教的な）主な特徴の一つは、天皇の「徳」を称揚することである。しかし、徳の概念やそれに関わる用語を用いない天皇賛美詩も存在する。例えば、先述の『懐風藻』三七番では、天皇を賛美するために神仙思想が際立って使われている。「皇徳」とそれに関連する用語は取り上げられていない。人麻呂が詠んだこの吉野行幸の天皇賛美歌の概念・構造・天皇賛美モダリティが、漢籍および日本漢詩に現れる神仙思想にどのような関わりがあったかは実に興味深い問題である。

おわりに

「天皇像」は特殊なフィクションであり、特定の目的のためだけに創作され、あらゆる史料を利用しながら練り上げられたものである。文学・歴史・宗教など、どのようなカテゴリーであろうと、またそれが文章であろうと美術であろうと、天皇が登場していれば、そこに天皇像が生み出されると言ってよい。その膨大な先例の中から、本章では主に、『懐風藻』に収められた天皇賛美詩と、同アンソロジーの編纂者が表現した理想的な天皇像という、ごく一部のみを取り上げた。

『懐風藻』の詩人たち、例えば上で紹介した巨勢多益須、伊預部馬養、石川石足、山前王、安倍首名らは、宮廷の高官や大学寮の関係者であった。文武朝に活躍した『懐風藻』の詩人の多くは、律令制度の確立と実施に直接関わっていた。彼らに共通するのは、漢籍に対する広範かつ親密な知識である。漢籍の中で最も重要なのは、古代の哲学的古典、途方もない六朝時代の『文選』、そして天智朝から文武朝への移行期には、成立して間もない初唐の詩集であった。これらの文書を総合すると、精緻な描写や詩的な引用を用いて天皇を誇示する方法についてのイデオロギー的かつ実践的なハンドブックとなった。儒教、老荘隠逸・神仙思想、そしてそれらの創造的な混合は、天皇の超人的なイメージを創造し、永続させる手段として用いられた。彼らの描いた天皇は聖王であり、儒教的な君子であり、仙人であり、真の神である。詩宴や行幸先で披露されたこれらの詩は、天皇だけでなく出席者全員を高揚させる役割を果たした。その意味で、天皇賛美詩と天皇賛美歌には修辞的な違いはあっても、機能的にはほとんど同じである。

付記　井上さやか氏の協力を得た。ここに記して感謝を表したい。

(1)『文選』序文の冒頭は、以下のように文字以前の野蛮の時代を語る。「式観元始、眇覿玄風、冬穴夏巣之時、茹毛飲血之世。世質民淳、斯文未作」。

（2）『古事記』と『日本書紀』が渡来人の学者をどのように描き分けているかについての詳細な比較については、[Lurie, 2011]を参照のこと。ルーリーが論じているように、いずれのケースにおいても、歴史的正確さには重大な疑念が存在する。

（3）『詩経』の毛氏による序文は「故正得失、動天地、感鬼神、莫近于詩。先王以是経夫婦、成孝敬、厚人倫、美教化、移風俗」という。

（4）天智のさまざまな制度的成功は、『書紀』によってほぼ裏付けられている。『懐風藻』序文の著者は、本質的に「文」の力がこれらの成功を可能にしたことを強調している。

（5）『論語』衛霊公（えいれいこう）篇（一五之五）。子曰、無為而治者、其舜也与。夫何為哉。恭己正南面而已矣。

（6）序文のこの部分で言及された四人の人物に潜在的な象徴的意味に関する諸説の調査については、[波戸岡、一九八九]に詳しい。

（7）『古事記』と『書紀』の「帝国史観」の比較については、[Duthie, 2014]を参照されたい。

（8）『懐風藻』における四人の仏教僧の短い伝記については、[山口、二〇〇〇]を参照。

（9）「載天地」は、「天を覆い、地を支える」という、より一般的なフレーズの省略形である[辰巳、二〇一一]。

（10）「ヤスミシシ」とは、「ワガオホキミ」と関係の深い枕詞であり、『万葉集』『古事記』『日本書紀』に頻出する。天皇を讃える言葉であることは明らかだが、万葉仮名という表記法の違いもあって、その讃え方の正確な内容は不明である。

（11）「ハナカザシモチ」は山の神格化を続けているが、一種の人間の形をしている。この複合語の中心は、花や小枝や蔓で頭を飾ることを意味する動詞「挿頭（かざ）す」である。春にふさわしく、山の神は眉間に花を飾る。

（12）大御食とは、天皇が食べる食事のこと。特別な敬語である大御飯は、原則として、天皇の行為を指す場合にのみ使われる。

（13）[大谷、二〇一八]が詳しい。

（14）顔延年詩の読み下し・通釈は[内田ほか、一九六三]による。

引用・参考文献

井実充史、一九九五年「文武朝の侍宴応詔詩」『国文学研究』115
伊藤　博、一九九五年『萬葉集釋注　一』集英社（集英社文庫へリテージシリーズ、二〇〇五年）
内田泉之助・網祐次、一九六三年『新釈漢文大系14　文選（詩篇）上』明治書院
江口孝夫全訳注、二〇〇〇年『懐風藻』講談社学術文庫
大谷　歩、二〇一八年「柿本人麻呂の漢籍受容とその作品形成」『万葉古代学研究年報』16
大野　保、一九五七年『懐風藻の研究――本文批判と註釈研究』三省堂
川崎庸之、一九五一年「懐風藻について」『文学』19―11（『川崎庸之歴史著作選集1　記紀万葉の世界』東京大学出版会、一九八二年所収）
辰巳正明、二〇一二年『懐風藻全注釈　新訂増補版』花鳥社
辰巳正明編、二〇〇〇年『懐風藻――漢字文化圏の中の日本古代漢詩』笠間書院
辰巳正明編、二〇〇八年『懐風藻――日本的自然観はどのように成立したか』笠間書院
田村謙治、一九五〇年「懐風藻の詩と六朝詩との関係」『国語と国文学』27―9
遠山一郎、一九九八年『天皇神話の形成と万葉集』塙書房
土佐朋子編著、二〇二一年『校本　懐風藻』新典社
中西　進、一九九一年「万葉集と中国文学――柿本人麻呂の従駕応詔歌をめぐって」『日中文化研究』1
波戸岡旭、一九八九年『上代漢詩文と中国文学』笠間書院
林　古渓、一九五八年『懐風藻新註』林大編、明治書院
本郷真紹、二〇〇二年「奈良仏教と民衆」佐藤信編『律令国家と天平文化』吉川弘文館
山口敦史、二〇〇〇年「東アジアの漢詩と僧侶」辰巳正明編『懐風藻――漢字文化圏の中の日本古代漢詩』（前掲）
山谷紀子、二〇〇八年「『懐風藻』の「智水仁山」の受容と展開」辰巳正明編『懐風藻――日本的自然観はどのように成立したか』（前掲）
Denecke, Wiebke, 2004, Chinese Antiquity and Court Spectacle in Early Kanshi, *The Journal of Japanese Studies*,

30: 1, 103.

Duthie, Torquil, 2014, *Man'yōshū and the Imperial Imagination in Early Japan*, Brill's Japanese Studies Library, 45.

Lurie, David B., 2011, *Realms of Literacy: Early Japan and the History of Writing*, Harvard University Asia Center.

座談会

古代日本における〈王権〉とは

吉村武彦
岩永省三
辻田淳一郎
藤森健太郎
仁藤智子
川尻秋生

吉村　本書のサブタイトルにもある「王はどうして生まれたか」という問いは、歴史研究者だけではなく、一般の市民にも興味あるテーマです。王は古代に誕生しましたが、現在も世界各地域に存在しています。童話や物語の世界で王や王権について触れてきた方も多いでしょう。何となくロマンを感じる言葉として使われてきたようにも思います。文化人類学などでは主たる研究対象として取り上げられ、どちらかといえば王の呪術性とか宗教性といった性格が強調されてきました。

一方の古代史では、「王」や「王権」という言葉は、私の印象ではあまり厳密には使われておらず、特に「王権」の用語は王の権力体制のような意味で便宜的に使われる例が多いように思います。「王権」という言葉を使えば、何となく説明できたような気持ちにもなるからです。実際、研究者によって使い方は必ずしも同じではありません。まず皆さんは王・王権という言葉にどのような意味を持たせているのか。研究を振り返りながら話していただくことから始めたいと思います。

■古代日本と中国のスケール差

吉村　まずは、王・王権の言葉を使う例が多い歴史学がご専門の藤森さんから口火を切ってもらいましょう。『古代天皇の即位儀礼』(吉川弘文館、二〇〇〇年)という著書を出されていますが、どういう関心があるのでしょうか。

藤森　大学院時代の演習で、平安時代の儀式書である『儀式』を読んでいました。そこでは常に『大唐開元礼』などの中国史料と対照しながら日本の史料を読む、ということを心掛けていたのですが、やはり情景が思い浮かぶところと、なかなかイメージがつかめないところとがあったのですね。ちょうどその頃に『ラストエンペラー』(一九八七年)という映画が封切られて。あれを見てですね。清朝の、しかも末期が舞台の映画ですが、だいぶイメージが湧くようになって。

そのときに私、自分でもびっくりしたのは、ちょっと「感じて」しまったんです。巨大な建物に皇帝がいて、みんなでお辞儀をすることで、理屈を超えて皇帝の偉大さがすり込まれてしまうというか。儀式ってやばいな、下手をすると心身をやられちゃうんだなと感じました。大きな映画館の非常に大きなスクリーンで観たこともあると思うのですが、実際あの空間でお辞儀させられたら……と思ったときに、儀礼というのは本当に観念的な秩序をすり込む上で実効性のあるものなのかもしれない、と。『儀式』には天皇即位儀などの王権儀礼の規定もあるので、王権や王権構造についてちゃんと考え始めたのは、むしろそうした儀礼に関心を持った後かなという気がしています。

吉村武彦

吉村 中国の故宮などは、皇帝が人民を圧倒する構図が非常によく分かる巨大な建物です。日本の藤原宮とか平城宮とはちょっと違うようなイメージですね。

藤森 故宮には二、三回行きました。儀式を見たわけではないのですが、空間のすごさは分かりました。

吉村 仰ぎ見ると、いまでもすごいと思いますよね。ああいうところに中国の皇帝というのは存在したのかと。私も、ああ、これがやっぱり中国か、中国皇帝かとすごく実感しましたよ。

藤森　それを日本に持ってきたときにどうか、ということですね。

吉村　それでは仁藤さんにいきましょう。仁藤さんは平安時代の王権の研究をされていますね。

仁藤　私はどちらかというと文学少女で、王への興味はヨーロッパへの関心を通じて持つようになりました。「王とは何か」、「王の王たるゆえんは何か」とずっと思っていたんですね。「王になるということ、王であるということ、そして王を辞めるというのはどういうことなのか」ということを、いろいろな作品を読みながらずっと考えていました。ですから、藤森さんが中国の圧倒的な専制国家の儀式を見ていたのとは違いまして、どういった人が王になっていくのかということに興味がありました。

王が王になるために行うのが「巡幸」です。いろいろなところを巡るんですね。これはローマをはじめとするヨーロッパだけでなくアジアを含め、どこの国の王もやります。それでは日本はどうだったんだろうということで、卒業論文で行幸というテーマに取り組みました。『万葉集』には行幸の従駕歌といって、柿本人麻呂とか、山部赤人とか、いろいろな人が行幸に陪従した際に歌を詠っているのですが、これはただプライベートに詠っているだけではないということも知るようになって。とすると、行幸というのは非常に政治的な場だったのではないかなと。行幸を必要とする王権の事由は、一体どこに求められるのか。日本ではどうなのかということに非常に興味がありました。

いま藤森さんから中国の話が出たのですが、北京の故宮や天壇公園に行ったとき、清朝のものではあれ、このスケールの大きさは日本にはないだろうと思いました。それまでは日本と中国、つまり日唐の比較研究の有効性を信じていたのですが、これはちょっと同じ土俵で比べるのは厳しいんじゃないかと。迷子になっちゃったんですね。ところが、韓国・ソウルに行きまして、中国の周縁に位置するという点で、こことなら日本と何か通じるものがあるなと思いました。朝鮮王朝時代には『経国大典』という、中国の『大唐六典』を模した行政法を作るのですが、刑法は中国の明律を使っているんですね。中国大陸から朝鮮半島があって、日本列島があってというふうに考えると、東アジアのなかでの日本の立ち位置が分かってくるのではないかと感じました。今回はそういう観点で書かせていただきました。

■考古学からみる王権概念

吉村　仁藤さん、ありがとうございます。それでは次に考古学に移りましょう。岩永さんは国家形成論をテーマの一つにされていますが、王権についてはいかがでしょうか。

岩永　私のところで腰砕けになって申し訳ないのですが、私は弥生時代と七世紀から八世紀の考古学的研究を主にやってきて、王とか王権という概念自体は用いたことはないです。弥生時代については、もっぱら「首長」という言葉を用いてきました。日本というか倭について、実際には奴国王の金印があったり、中国の文献には倭王、有名な「世々王あり」の伊都国の王、あるいは女王という言葉が出てきたりはします。しかし「王」にはいろいろなニュアンスがつきまとってしまうので、こと弥生時代に関しては、ちょっと軽々しくは使えないなと思っています。

七世紀、八世紀について書いたものでは「〇〇天皇」あるいは「〇〇太上天皇」といった個人名を使っていまして。天皇を中心とした権力機構全般を扱ったことがないので、王権という言葉も用いたことがなく……。あまり王・王権に触れてきたことがない、というつまらないお答えしかできないのですが。

吉村　いえいえ。考古学がご専門の岩永さんも辻田さんも、「首長制」という概念はよく使っていますね。ただ、考古学でも、例えば下垣仁志さんが『古墳時代の王権構造』、それから和田晴吾さんが『古墳時代の王権と集団関係』を刊行するなど、歴史学にも関心のある考古学研究者が比較的「王権」の語を使っていたところ、二一世紀に入って使う人がさらに増えてきたような気もしますが。まだ使うべきではない、という意見も当然あり得ると思います。辻田さんはいかがですか。

辻田　私の場合、もともと日本の古代の天皇制度に興味があり、古墳時代などへの関心が高まったのがスタートかなと思います。当時は王権という言葉の意味もよく分からないままに、ではありましたが。

とくに弥生時代から古墳時代にかけての古代国家の形成、いわゆる文化人類学で言うところの首長制社会から古代国家へ、ということを考えたときに、考古学では王権という言葉をどの段階から使っていいのだろうかという問いに突き当たってきました。文献史学では、例えば親魏倭王や倭の五王など、文字史料のなかに出てくる王に対しては王権という捉え方をするのかなとは思いつつ、では考古学でもそう言ってしまってもいいのだろうかと。

古墳時代の研究者でも、積極的に王権という言葉を使う人はいますし、最近増えてきている印象がありますが、私としてはまだ迷っているところがありまして。古墳時代初め、例えば箸墓古墳のような初期の大型前方後円墳ができた頃から王権が成立して、そこから後もずっと存在するものと捉えていいのか、といったことを考え続けているところがあります。

吉村　文化人類学的な概念から考えると、「王権」を英語にどう訳せるかですよね。chiefdomと訳すと首長制的な意味合いが強くなりますね。kingshipと訳すならば、どちらかというと王権的な、王制とか王権というニュアンスが強まります。歴史学でもこのあたりが曖昧なのではないかと思います。

首長制という言葉については、石母田正さんが『日本の古代国家』(岩波文庫)で使ったことでかなり流布したのではないかと思います。ヨーロッパの場合、実際そうだったかどうかはともかくとして、共同体の成員が集まる民会があり、弁論術が発展する流れがありますね。日本の場合では、民会的な言論の場は縄文、弥生、古墳時代では無理じゃないかと思うのです。そうすると、共同体の意思は首長によって体現されることになる。つまり首長とは、政治的な体現者という意味合いになりますから、これを説明するにはやはり首長制と呼ぶのがいいかなと思っているんですけど。

辻田　共同体を代表する、あるいは体現する首長という言い方は考古学でも弥生時代から割と使っていますし、どちらかというと親和性が高い言い方のような気もします。逆に古墳時代のある段階から、そういった共同体を代表する首長のようなあり方をしている有力者の一部については、王と言ったり王権と言ったりする。それを考古学ではどう表現するかを迷うところはあると思います。

岩永省三

■「王」と称されるとはどういうことか

吉村　さて、本書のテーマは「古代王権」です――王という概念を使うのか、首長という概念を使うのか、それぞれ論点はありますが。奴国王など、ひとまず弥生時代には中国から王と認められる人が出てくるわけですね。首長であるとともに、中国から王と認定されて奴国王と言われていることは間違いない。

岩永　中国側が王と呼ぶ場合の「王」と、「首長と王に違いはありますか」と聞かれた場合の「王」というのは、全く同じではないと思うので、そこは注意を要するところだと思っています。これが同じ漢字の「王」を使うものだから、得てして混同されていると思うのです。

中国の帝国側が言う「王」には、帝国のなかの王と帝国の外の王があります。ここでは帝国のなかの王は置いておいて、帝国の外について考えれば、冊封、すなわち周辺諸国とか、諸民族の首長に爵位や官号を与え、皇帝を中心とする身分秩序に臣下として組み入れる。その諸国や諸民族の首長は、領域の支配を認められる代わりに、定期的な朝貢や帝国の暦の使用を義務付けられることがあるわけで。これは必ずそうしなければならないということではない場合もあるのですが。そうした冊封された諸国・諸民族の首長を指して王と言う場合には、このようにかなり意味が限定されるわけです。

実際には印綬の賜与を伴わず、その夷狄の首長を王と言うこともあります。『魏志倭人伝』に出てくる伊都国の王とか、狗奴国の王だとか。そして、中国の皇帝が、ある人物を冊封する相手として王と認めるのは――要は自分らの通交の相手に選択をしたということを意味するわけですが――だからといって相手がその地方のローカルな事情のなかで支配の根拠を持っていることを必ずしも意味するものではないようです。また、弥生時代の同時期でいえば、後漢の帝国が周囲の蕃国の首長を王と見なしたからといって、その王がいる社会の規模や質が同じレベルだとは限らない、というふうに理解しています。

吉村　「王」と称されることで、中国を盟主とする政治文化圏に組み込まれるということですね。極端なのが冊封関係。最近では羈縻政策（中国の周辺諸民族・国家に対する支配・統治政策）という概念のほうが柔軟に周辺諸国への外交などが捉えられていいかなと思っていますが……。そうした対外関係のなかで王として中国に承認されたということが、国内でどのような役割を果たすかということが問題になります。

古代の場合、天皇制という概念があるから、天皇制イコール王制であれば、別に王権とか王制という概念を使う必要はないわけですよね。ただ、やっぱり天皇はいつ成立したのかという議論もあるので、結局天皇という概念を便宜的に使うのも本当は良くないのでしょう。天皇制以前の社会状況を指す場合、昔は政治的社会という言葉をよく使っていたけれども、いまの歴史学では、五世紀以降について王権概念を用いることが多いですよね。ちょっと考古学とは考え方が違うように思います。

藤森　岩永さんのお考えでとても面白かったのは、必ずしもちゃんとした国家機構をその下に持っていなくても、中国に王と呼ばれることがあるというご指摘でした。そういう意味ならば、親魏倭王とか、倭の五王は王と呼ばれたことになりますが、それを概念用語としての王とか王権として考えるかどうかというのは別の問題なのだということに改めて気づかされました。

■漢字で銘文を刻むことの意味

吉村　中国の政治文化圏に入るということは、文字でいうと漢字文化圏に入ることになるわけですね。例えば稲荷山鉄剣（埼玉県行田市稲荷山古墳出土）や「王賜」銘鉄剣（千葉県市原市稲荷台一号墳出土）には「王」とか「大王」という文字が刻まれています。そうすると、漢字文化圏の構造とは無関係に、我が地域には王がいる、とかいう説が出てくる。稲荷山鉄剣も「王賜」銘鉄剣も五世紀――古墳時代の中期になりますね。私としては、もうちょっと漢字を使用する意味、なかでも王という文字を使用する意味が当然あるだろうと思います。やっぱり誰でも使えるものではないわけですよ。我々研究者も、新しい文字史料が出てきたとき、そのあたりをあまり考えずに見てしまう傾向があるように思います。

ただ、鏡にもずいぶん文字が刻まれているわけで、それがどう理解されたかはまた別問題です。首長クラスでは刀剣、あるいは仿製鏡（ぼうせいきょう）（中国鏡等を模倣した鏡）で、「王・大王」と書かれている場合がありますね。隅田（すだ）八幡神社（和歌山県橋本市）の人物画象鏡なんかもそうですね。「王・大王」の文字を使うことに意味があるわけですよね、おそらく。

川尻　吉村さんも私もかかわっていましたが、「王賜」銘鉄剣に刻まれた王という文字が発見されたとき、エックス線調査をすれば、ああいう文字史料がほかにもたくさん見つかるのではないかと思ったんです。ところが出てこないんですよね。やはり文字は特殊なのではないかと。鏡の銘文にしても、吉祥句以外はやっぱり非常に限られたものしか出てこないとなると、出土文字にはそれなりの意味があるでしょう。出土文字史料の数は限定されていて、古墳の数とは対応しないわけですよね。稲荷山鉄剣銘も同じです。文字についても、もう一度考えてみる必要がありますね。

吉村　「王賜」銘鉄剣も稲荷山鉄剣も、在地で作ったという説が出てきましたね。じゃあ在地でそんな文字を書く人がいたのだろうかと。文章を書く能力があって、それを刀に刻める人がいたのかとか、そういうことを考えていかなければならないと思うのです。そう簡単にはできないようにも思われますが。例えば稲荷山鉄剣の文字と、江田船山(えたふなやま)古墳(熊本県和水町)出土大刀の文字を見ていると、何か似ているような感じがして。そうすると、これは井上光貞さんも言っているのですが、近畿中央部にそういう文字テキストがあったとしますと、それを見ながら書くと字が似通ってきますね。それから、古代の朝鮮刀が東京国立博物館にありますが、あれも表記が似ているように思います……。

王と認定された場合に、それが地域では何を意味するのでしょうかね。弥生時代にはどうなんでしょう。鏡にはいっぱい文字が書かれている一方で、文献上ではよく分からないのですが。

辻田　鏡にも漢字の銘文や、あるいは年号が刻まれたものなどがあります。確かにいわゆる近畿の中枢部の上位層とか、それを構成する渡来系の知識人とかは一定数いて、漢字が読めたのでしょうけれども。ですが、例えば古墳時代の倭製鏡で漢字を刻んだものというのは、先ほどの隅田八幡神社の鏡以外ではほとんどないんですね。このほか、五世紀中頃に製作された倭製鏡のなかに「火竟（鏡）」の字を線刻した事例があることが知られていますが（京都市左京区幡枝古墳、宮崎県児湯郡持田二五号墳出土鏡など）。あとはさっきの「王賜」銘鉄剣にしても、稲荷山鉄剣にしても五世紀代のもので。しかもさっきお二人がおっしゃったように、エックス線撮影などでもっとたくさん出てくると思っていたのが、実は数が限られていたということからして、やっぱり「王」という漢字をそこで使うことにはかなり大きな意味があったのではないかと思います。

吉村　そうですよね。近畿中央部でないとあんなものは書けないのではないかと私は思います。

辻田　弥生時代以来、朝鮮半島の楽浪郡との文書外交なども行っていたはずで、やはり漢字はたぶん読めているのでしょうけれども、しかし自分たちが主体的に書いたものはなかなか残っていない。自分たちの代表者を王として主張するようなことがどのくらいあったか分かりませんが、名付けられるのと名乗るのではかなりずれが大きいですよね。

辻田淳一郎

■権威の源泉としての鏡

吉村　威信財として、鏡が重要な位置を占めるのはどうしてかという問題があると思います。弥生時代以降、遺跡から鏡の破片が出てきますよね。それで鏡は破片でも珍重されていたと言われているわけですが。後の律令法の即位・践祚条では、天皇の即位の際には鏡と剣が献上されることになっていて、レガリア（宝器）としてもずっと続いているようにも見られるわけですね。列島における鏡の意味は、どうも中国大陸、朝鮮半島と比べて特別なものがあると言われています。

辻田　なぜ鏡がこれほどまでに倭人に、というか日本で大事にされているのかということは、本当に難しい問題だと思います。歴史的に考えますと、弥生時代からでしょうか。最初は朝鮮半島から入ってきて使われるようになった。ただ、朝鮮半島から入ってきた鏡は数も一握りだったのが、楽浪郡との交渉で中国から鏡が入ってくるようになりますと、本当にそれを大事にする。あるいは鏡が社会の階層性と結び付くようになり、権力と結び付くような威信財として使われるようになっていった。そこに呪的な意味合いですとか、魔除けであったり、それを持つと長生きができるとか、いろいろなことがあとから付加されていったと思うのですが。やはり権力の象徴であり、外部というか、列島の外側の外部にある権威の源泉として大事にされる。ですので、破片であっても強い意味を持ったのかなと考えています。

　私は古墳時代までは近畿にはあまり鏡が入ってきていなかったと思っています。三世紀中頃前後のある時点で、たくさんの中国鏡、あるいは三角縁神獣鏡のような鏡が入ってきたことによって、そこに向けて列島各地の人々が集まっていくような、そんな大きな転換があったというようなことを考えています。

　突き詰めて考えますと、鏡にはいろいろ呪的な意味合いもありますが、なぜ大事かということで言えば、もともとは「外部」に由来するものであるからだと。ただ、それが古墳時代になり、大きな倭製鏡を作っていくようになるなかで、元は外部だったものが列島のものとして在地化する。列島内部のものとして転換されていって、いつの間にかこれは自分たちのものなんだ、となっていく流れがどこかの時点であったのかなと。これがレガリアの問題につながっていくと思っています。

吉村　破片だけでも重要だというのは、鏡自体が非常に貴重なものだったということですね。鏡としての機能には問題があって、姿見するとかはできないんですが。

川尻 黒塚古墳（奈良県天理市）の前後（三世紀の中頃）ぐらいから急激に鏡の数が増えることになるのですかね。

辻田 古墳時代には、弥生的なあり方からもう一歩踏み込んで、鏡に意味を与え直すというか。三角縁神獣鏡であれば、古墳の埋葬施設のなかに並べることにこそ意味があるとか。鏡の数が多ければ多いほど、大きければ大きいほど素晴らしいとか。

吉村 三十数枚の鏡が出土した黒塚古墳の話がありましたが、持っていた鏡を全部埋納したわけですか。

川尻 あるいは実はもっと持っていたけれど、そのうち、これぐらいは埋めてもいいだろうという判断があったか。

辻田 墓に入れるということは、消費してしまって、地上から捨ててしまう、いわば廃棄してしまうということですが、たくさんのもの、大きなものを、なるべく墓に廃棄して消費することによって、かかわる人たちの権威を高めるというふうなことがあったのではないかと思います。それが威信財と呼ばれる所以なのかなと。

古墳時代の初めにつくられた近畿の桜井茶臼山古墳（奈良県桜井市）では、一〇三面以上の鏡が出ました。もともと一〇年前に八一面以上あると言われていたのですが、最近の調査によれば、破片となったものから復元して少なくとも一〇三面以上ということで、本来はもっとあった可能性が高いと考えられています。ああいったいわば天皇陵墓クラスの二〇〇メートル、三〇〇メートル級の大規模前方後円墳には、軒並みそうしたものが副葬されています。威信財と呼ばれるものが、本当にたくさんあって。

川尻 消耗品みたいですよね。

辻田　たくさん廃棄するからこそ権威が高まるみたいな。そういう副葬品から後のレガリアと呼ばれるようなものまでには、かなりまだ距離があるように思います。

■やはり鏡を手に入れたい

吉村　辻田さんによれば、古墳時代になって鏡の持つ意味が変わり、いったん廃れて、また倭の五王の時代に再び脚光を浴びると。『宋書』倭国伝にある通り、倭国王は自らの王位のほか、部下、つまり王権メンバーにも地位・爵号を与えるよう要求していますね。単に倭国王として冊封されれば国内が安泰化するのではなく、部下たちと一緒にワンセットで承認を求めるということです。

　こうしたことと、五世紀の倭の五王の時代にまた鏡が意味を持ってくるというのは何か関係するように思うんですが、いかがでしょうか。

辻田　「倭隋等十三人」とか二三人の軍郡とか、そういった人たちへの将軍号とか郡太守号を含めて、中国の南朝に要求しているとき、倭王は対外的に代表者ですが、同じ姓を持つほかの王族と同列の存在というか、あまり差がない書かれ方をしています。そのなかでも、倭王として、ほかの王族との関係を含めてとにかく中国に認めてもらうという目的は一応達成されているとは思いますが。ただ、それだと倭王その人が突出した権力を持った代表者だ、とはなかなかならないのではないかなと。

　鏡の生産・流通や副葬などは四世紀の終わり頃から五世紀の前半にかけていったん下火になりますが、五世紀中頃には「同型鏡群」（一一八頁参照）と呼ばれる鏡が登場します。倭の五王の時代のある段階で、中国からまた鏡をもらいたい、やっぱり鏡が欲しいという機運が高まったとすれば、それはまさに倭王とほかの倭姓の王族層とあまり差がないなかで、対外的な代表者としての倭王だからこの鏡をもらえたと、あるいはこの鏡は倭王だからこそ関係者に贈与することができるみたいなことがあって、鏡を求めるようになったのかなと思います。その意味で、五世紀の中頃に再び、外部とのつながり、そして外的な権威としての鏡を求めたのではないかという仮説を立てています。

吉村　結局『宋書』倭国伝では冊封関係しか書いていないわけですね。具体的なモノの移動とか、それこそ威信財がどう移動したかといった記述は全く出てこない。しかしおそらく実際は冊封だけではなく、何かモノを与えるわけですよね。だから、そこで鏡がまた脚光を浴びたのではないか、という今回の辻田仮説はすごく面白いなと思いました。

川尻　普通この時期の古墳からは、武器・武具が出てくる。王権が肥大化して古墳が巨大化すると、あるいは鎧を地方豪族に頒布するようなことになるじゃないですか。

藤森　面白いですよね。学校の教科書的な話で言えば、呪具から武具に、という流れが強調されるように思いますが、五世紀中頃に鏡の副葬がまた盛んになると。鏡がまた多く出てくる時代というのが、久しぶりに冊封関係が復活した頃だとすると、その前の、鏡の副葬が下火だった時期は、冊封関係がなかった時期ということになるのでしょうか。

辻田　倭の五王の讃が南朝に遣使をしたのが四一三年か四二一年ですが、そのときには一応冊封下に入っていることにはなっているのかなと。

藤森　冊封に再び入ったのと鏡の副葬が再び盛んになるのとでは、ちょっと時期がずれるということですね。

辻田　鏡が出てくるのは冊封体制に入ってからちょっと後というふうなイメージというか。五世紀前半の倭の五王の遣使が始まった頃は、さっき川尻さんがおっしゃったように、古墳の規模が巨大化して、鉄製の武器とか武具をばんばん作っては、たくさん副葬したと。一つの古墳、一人の被葬者に対してとは思えないぐらいに、三つも四つも、あるいは何十本も剣とか刀を副葬するような時期が何十年か続きまして。それでも冊封体制には入っていたのかなとは思うのですが。たぶん、各地域の有力者も同じように副葬していますし、古墳も大規模化していくなかで、やっぱり地域の有力者も含めて並列・同列になってしまっている。倭王側からすると、そこと差をつけたいので、また鏡を求める、という考え方があり得るかと思います。

藤森健太郎

あとは各地の有力者の側から、武器・武具といった軍事的な性格のモノに偏っていくことに対しての反発というのもあったのではないか、と思います。伝統的な権威とかを求めて「やっぱり鏡が欲しいです」みたいな声があちこちで上がって、それならもらってくればいいじゃないか、ということで倭王の側も求めるようになったのではないかと……。

藤森　なるほど。冊封が始まってからすぐ、ではなくて、ちょっと遅れてから鏡が出てくる。

辻田　鉄製の武器・武具で事足りると思っていたのが、鏡があったらさらに良いみたいなことを言うような渡来系の知識人とか、ブレーンみたいな人が現れたのではないかなと。

藤森　ひとしなみに倭の五王の時代と言っても、始めの頃と、例えば雄略(おそらく倭王武)の頃とでは、権力形態がかなり違ってくるように思われますものね。その変化のなかで求められるようになるのが鏡というのは、ちょっと意外な感じもするのですが、面白いなと思います。

辻田　いかにも倭国的な。倭の五王の時代のなかでも、おそらく倭王済あたりを転換点にして大きく変わっていくのではないでしょうか。

■古墳の移動は権力の移動？

吉村　王位継承の面から考えると、最近の考古学の議論はどうでしょうか。歴史学のほうでは当然のこととして……と言うと良くないかもしれませんが、『古事記』とか『日本書紀』の文献で王位継承を考えていくことになるわけです。古墳時代においては、考古学研究者から「河内(かわち)王朝論」など、いわゆる「王朝交替論」というのが出て、議論もされているわけですね。これが考古学では主に古墳群の考察から議論されることになるため、文献史料とはちょっと違った面があります。考古資料と歴史史料の両方に精通している方もいるわけですが。そういうことも含めて藤森さん、王位継承は五世紀ぐらい、あるいはそれ以前の古墳時代から共通するものがあるのでしょうか。

藤森　個人的な見方かもしれませんが、文献のほうでは王朝交替論的な議論はやや影が薄くなっていて、この際勉強し直さなければ、と思いまして、比較的近年の王位継承、皇位継承、あるいは大首長位継承と呼ぶのか、そういうことを関説するような本や論文を、考古学専門の方にも教えていただいて読んだところ、近年の議論も大変刺激的だなと感じました。王の定義にもよると思いますが、王と呼んでも差し支えないような人物やその系統が複数並立していたというイメージは根強いようですね。

これだけいろいろと面白い説が、「古墳は政治的センターではないんだよ」という吉村さんの提言の後でも出ていると。政治的センターはずっと同じような地域にありながらお墓の場所は変わっていく、というのは、集団のアイデンティティの変化だと言えると思うので、成り立ち得るとは思いますし、考古学から多様な王権論が試みられているということで大変刺激を受けました。ただ、それをどういうふうにいまの文献史学の状況に溶け込ませるかはなかなか難しいな、と思ったところです。

辻田　大型古墳群の場所の移動に関しては、政治勢力が背後にいての移動・交替なのか、あるいは王宮・宮といった権力基盤が連続性をもって別のところに存在するなかでの墓域の移動であるのか。この二つで現在に至るまで意見が分かれていまして。考古学ではどちらかといえば、墓の移動は勢力の移動と考える方が割と多いかなと思うんですね。一方で例えばですが、ワカタケル大王、倭王武時代の王宮が奈良県桜井市の脇本(わきもと)遺跡にあり、墓はおそらく古市(ふるいち)古墳群(大阪府藤井寺市・羽曳野市)と想定されるとか、そういうことからしても王宮と墓域は異なるのでは、と思ったりもするのですが。ただ、仮に宮が権力の中心地なので古墳の移動と権力の移動とは別だ、と言った場合、かといって王権が別のところで安定して連続しているのか、というのは、考えなければならない問題としてあると思います。

■女帝像をめぐって

吉村　藤森さんは本書で、関心が高まっている女帝論、女性天皇の問題に触れていますが。

藤森　女帝論、太上天皇論はものすごく議論が錯綜していて。これはもう一冊二冊書いても書き切れないぐらいでしょう。だから研究史にしても論点にしても、だいぶはしょっているところがあるのですが、端的に私の現時点での考えだけを言うと、やっぱり男性の天皇と女性の天皇では性差はあると思います。能力に性差があるということではなくて、即位する事情に性差があると思っています。それは別に矛盾する話ではなく、どのような事情で即位をしても、じゃあ女帝が特定の事情で即位したから執政を免除しますという時代ではないので、在位中は権限や能力を同等に発揮できると思います。ただ、やはり即位の事情には性差があり、これに関してはいろいろな方が盛んに議論をしておられるのですが、私は女帝は生前譲位を前提にして即位するものであり、そしていずれ位を譲るべき、後見する対象がいるもの、というのが基本なのではないかと思います。

吉村 これは太上天皇の問題ともかかわりますね。譲位の問題ですから。

藤森 女帝と男性皇太子の組み合わせは、女性太上天皇と天皇の組み合わせにスライドしていくものだと基本的には思っています。実際にはそうではない例も出てくるので、理解が難しいところもありますが、もともとはそういうものとして構想された。だからこそ、実の母子でない場合、擬制的な母子関係なども設定される。後々には普遍的に通用すべき制度として機能するし、それと現実の状況が矛盾を起こせばいろいろ問題が起こりますが。そういうものが設定されたのには、持統の存在がやはり大きいのだろうと思います。持統による、草壁―文武の系統に皇位を伝えていきたいという非常に強い意志。そういう特定の状況の下に女帝即位や太上天皇制の設計がなされているのだろうと思います。それがどう転んでいくかというのは、またその次の時代状況により、複雑な考察が必要とは思うのですが。……女帝・太上天皇についてまとめて言ってしまいました。

仁藤 今回初めて藤森さんの女帝論を読ませていただきました。王族内の長老の女性がいて、その下には次世代のプリンスがいる。それを内包する形で女帝が出てくるのだというご意見で、これは端的に言うと中継ぎ論なのだろうなという気がしました。皇太后型の女帝を想定されているというのがよく分かりました。

ただ、女帝は皇太后型ばかりではないというのも事実なので、私はそこを考えていかなければいけないと思っています。皇太后がまつりごとの場にいる皇太后臨朝というのは、日本では平安中期になって出現します。遅いんですね。醍醐（だいご）天皇ぐらいからなんです。醍醐天皇の中宮に藤原穏子（おんし）という女性がいて、彼女は立后しているので、息子の朱雀（すざく）天皇が幼帝として即位すると皇太后臨朝という形になりました。その前の九世紀段階で、陽成（ようぜい）という幼帝が出たときに、藤原基経（もとつね）が「自分は摂政にはならないから、皇太后が臨朝すればいい」という話を陽成の母で妹の高子（たかいこ）に言うんですね。でも高子は断ります。それはなぜかというと、彼女は皇太夫人で、立后していないから。

ほかにも、未婚のまま即位したり、皇太子に立てられたのち登壇したりといろいろなパターンの女帝がいるのですけれども、藤森さんはこのような皇太后臨朝を七世紀まで遡らせてみて、斉明や持統とか、皇太后臨朝型を念頭に置いて皇太后型の女帝としてお考えになったのだろうなと受け取りました。

藤森　神谷正昌さんも日本型皇太后臨朝の説をおっしゃっていますね。中国の場合だと、同姓不婚の原則があります。もし皇太后が臨朝をするとなった場合は、異姓である皇太后が臨朝することになります。しかし、異姓ですから自身が即位するという形は非常に難しい。例外中の例外、武則天（則天武后）も、李唐から武周への易姓革命の形ですよね。日本のある時期の場合には、皇太后も皇族です。ならば、性差に関する中国との観念の違いもあり、即位という手もあるよね、となるのではないか。日本は皇族と皇族が結婚しているから、皇太后になるのではなくて女帝になる手もある、という歴史的条件の下で女帝が生まれてくると。

■ 中国の礼制をふるいに掛ける

吉村　中国大陸や朝鮮半島と比較して日本古来の王権の正統性を考える場合、キーワードとしては、「天孫降臨」や「天命思想」があるわけです。仁藤さんは天孫降臨を非常に重視されていますね。

仁藤　王権というのは目に見えないですよね。なので、それを可視化する必要がありました。それにはモノとして可視化するという仕方と、行為、つまり儀礼や祭祀という形で可視化する、という二つのやり方があるのだと思っています。本書の趣旨で言うと、威信財などがその後レガリアに結びついてくるような、そういうモノとして可視化されるものもあるけれども、儀礼や祭祀として、行為として表されるものもあると。その行為として表せるものは何かというと、「礼」と言われるものです。推古朝ぐらいから意識されて、中国から継受されたものだと考えています。

ではその礼って本当はどのようなものなのか。日本はどういうふうに礼を継受し、受容したのか、あるいはしなかったのかということが、今回の私の論考の主軸になるわけです。日本古代において「王の由緒を語る儀礼」と、「王の正統性を語る儀礼」というものがどのように用意されてきたのかを見たときに、朝鮮半島を一つのフィルターにしてみると、実は中国と日本はダイレクトに結びついてはいなかったということや、似て非なる展開があったということが明らかにできるのではないかなと思いました。

中国の礼制を受け入れるということは、天命思想とか、承天思想とか、そういうものを受け入れるということでもあります。日本でそれを受け入れなかったのはなぜなのだろうかと考えたときに、日本のなかに神話化された、体系化されたもの――天孫降臨と私は書きましたが、そういう何か独自のものがあるのではないかと。朝鮮半島にももちろんあるんですよ。高麗時代になって、残っていた記録や神話を集めてきて、古代朝鮮のそれぞれの国のアイデンティティや思想等を集大成したものが『三国史記』『三国遺事』だと考えられています。日本にも古代朝鮮にも、中国の礼制を受け入れなくても済むような、何らかの真理がもともとあったのだろうと。古代日本の場合、それが『古事記』や『日本書紀』などを通して語られる天孫降臨神話というものとして現れているのではないでしょうか。

仁藤智子

吉村　天孫降臨のときに、例えばレガリアはどういう扱いになるのですかね。

藤森　例えば『日本書紀』や『古語拾遺』の中でも異伝がありますよね。

岩永　天孫降臨の文化史的な意義において一つ考えるべきなのは、藤原京の構造だと思うのです。完成するのは持統の時ですが、プランニングは天武がしているはずです。天武は「長安城型」の、北辺中央に宮がある構造を知らないわけがないのだけれども、藤原京の構造は、正方形の中央に宮がある「周礼考工記（しゅらいこうこうき）型」にしているのです。長安城型というのは、天帝から承認された皇帝が、天帝が住む北極星に近い位置に居を構えるものです。天武はその構造を知った上で、自分は中国の皇帝とは違うということを明確に意識して、あえて別構造にしたのではないかと思うんですよね。

　ではなぜ藤原京を作って間がないのに、平城京でもう一度長安城型にしちゃったのかというのは、これまた別の問題として考えるべきだと思いますけど。天武の考え方では、天孫降臨というか、自分たちの由来がかなり強く意識されていて、ああいう都城の構造を作ったのではないかと思います。

吉村　それは一つの考え方だと思いますね。ちょうど『日本書紀』『古事記』の神話——天孫降臨神話も含めてまとまってくるのがだいたい天武・持統朝です。藤原京はそのときにつくられた都ということになりますね。だから何らかの神話が反映されていても、おかしくないかと思います。

仁藤　同じ時期に朝鮮半島は統一新羅になる、後期新羅と言う人もいますが、つまり新羅が統一するわけです。そのときにいわゆる宗廟制（二三五頁参照）を受け入れている。でも日本は受け入れていないんですね。情報としては知っているのだけれども、日本も新羅も非常に慎重に礼制を取捨選択している。それはなぜかというと、礼制の継受は、一歩間違えてしまうと、中国の、なんというか精神的植民地に入ってしまうというような紙一重の恐怖感があるのだと思うんですね。

それから郊祀（二三七頁参照）も知っているのにやらないんですよね。むしろ反対に、なぜ平安になって、桓武と文徳が郊祀（昊天祭祀）をやったのか。ただ、これは河内春人さんも言っていますが、昊天祭祀は中国の『大唐開元礼』や『大唐郊祀録』の様式を丸写しにしているのに、一番肝要な祭主と配神を全部組み替えているんです。よく、平安時代になると文章経国という風潮があって、日本は中国化・唐風化していくのだと言われるのですが、でも礼制に関しては、宗廟制や郊祀のように、入れるものと入れないものをふるいに掛けているように思うんです。それはなぜかというと、王権とか権威とか、そういうものに直結する非常にデリケートな問題だったからだと考えています。

藤森　即位の関連儀礼でも、日本と中国では、一見似たような儀礼でも、細かく見るといろいろな違いがあります。そもそも日本には大嘗祭という独自の代替わり関連儀礼があることなども、巨視的には根本的な違いと言え、今回仁藤さんの書かれた部分と通底する問題がありますね。

例えば『日本書紀』の中の持統即位の記事では、中臣という祭祀氏族から寿詞を奏上、忌部という祭祀氏族からレガリアを奉上の記述があった次に、「即天皇位」という文言が出てきます。「即天皇位」というのが抽象的な表現だとすると、別に儀礼における行為の順番とは関係がないという話になるのですが、どうも私はいつもそれが気になっていて。何かやっぱりモノを受け取り、奏上を受けてから皇位（天皇位）についている気がするんです。ただ、「即天皇位」が具体的行為を指しているとしても、大極殿や高御座の成立史上、過渡的で微妙な時期なので、難しい話にはなるのですが。

一方、神祇令には「践祚条」と呼ばれる条文があって、八世紀の即位儀の規定だと言われることがあるのですが、この条文には、即位の日には中臣は寿詞奏上、忌部は神璽鏡剣奉上という行為をする（しなさい）、と書いてあるだけで、儀礼全体の規定というよりは、そこで役割を持っている者のするべき内容を示したものなんだと思います。レガリアを新帝に渡すのは中国でも行うことで、また、寿詞奏上は、儀礼中に出てくる順番等からは、中国での冊文に当たる位置になります。中国史ではこれを冊・宝授受などと呼ぶのですが、これを行うまでは、新帝はまだ皇太子の服を着ていて、冊書と宝を受け取ってから、控えの間にいったん下がって、今度は袞冕(こんべん)十二章という皇帝の服に着替えて出てきて、皇帝の座について朝賀や大赦をするのが多くの例のようです。

寿詞を聞き、レガリアを奉られ、高御座なりの天皇に相応しい位置につく――これらの順番は議論が分かれますが――という持統即位の記事や神祇令に見える諸要素と、中国の例に見える儀礼とは、一見似ているのですが、かなり意味合いが違う。中国では、レガリアも、捧げられると言うより授けられる感覚に見えますし、冊書は「おまえが皇帝になれ」という個人宛の任命書で、だからこそこれを受けたら皇帝の服を着て御座につくのでしょうが、日本の寿詞は高天原(たかまがはら)の神話から始まって、天の神々の子孫が統治をしてきた由来を述べたものです。誰かが即位を個人に対して明確に命令しているものではない。第一、奏上ですしね。どんなに表面的に似た儀礼にしても、冊書によって任命される君主、という形式を避けていますす。平安時代になるとこれよりは実質的な唐風化がありますが、厳密な意味で中国的な冊書は結局導入されず、観念の奥まで変わるわけではありません。

川尻　日本の天の思想は、易姓革命を避けよう避けようとしますね。中国は王朝が頻繁に変わるわけじゃないですか。日本はそれを避けるために、非常に苦心したのではないかなと。でもやっぱり天の思想が必要で、神話と皇統とをうまくくっつけて、中国とは違う正統性を何とか工夫して創りあげたのかなと。

藤森　結局、中国の天子というのは、いわば天の擬制的な子ども。日本の場合には天つ神の本当の子孫となるので。だから易姓革命の可能性を論理的に潰そうとしているわけですよね。

川尻　そこはやはり血が重要であり、折口信夫の言う天皇霊（王の身体は魂の容れ物であり、王位継承とは神聖な霊〔天皇霊〕の継承によるものとする）のような神話的なイデオロギーだと思いますね。

■山陵の選定と皇位継承

吉村　あともう一つ、仁藤さんは山陵（二六六頁参照）を重視していると。『続日本紀』などを見ていくと、新羅との関係で貢ぎ物があったとき、神社のほかに天武陵、すなわち大内山陵に献じています。それから皇太子が病気になったというので、諸陵に遣使したりします。あるいは渤海（ぼっかい）の貢ぎ物を山陵に献じた、と出てくるのですが。この陵というのは、古墳時代から整備されているように思われますか。

仁藤　山陵というのは、前方後円墳とはつながらないと私は思っています。というのは、だいたい七世紀ぐらいに「陵」と言われるものの概念が固まってくるのですが、それは王統譜の形成とパラレルな関係なのではないかと。王統譜が作られることによって、たくさんある古墳のなかから陵が選ばれるんですね。特定の陵が選定されて、それ以外は排除される。例えば平城京を作る際は多くの古墳群が壊されていますので、選ばれなかったものはもうどうなってもいいという扱いだった、という捉え方もできると思っています。ですから、陵というものは王統譜、さらには皇位継承問題とも非常に深く結びつきながら選ばれていくと思っています。

川尻秋生

岩永　山陵の重視については、天皇家の祖先の墓全体を重視するのではなくて、そのときどきの王権の特殊な利害にかかわる直近の皇族のお墓を限定的に重視しているということでしょう。だから天武・持統は、蘇我の血が入らない舒明以降の天皇の墳丘の修築とか改葬をやたらと行っていますよね。それから舒明以降は八角形の墳丘を作って、超越性を明示する。元明から孝謙にとっては、天武だけではなく、天武と持統双方の血を引く皇統の尊貴性を極端に強調するために、そういうことをしていく。桓武以降の天皇は、天武系に代わる天智系の新王朝を樹立したという意識のもとに、桓武のお父さんの光仁こそが皇統の祖だ、ということをかなり明確に意識し、光仁以降の皇統を重視していく。非常に意図的にやっているのではないかという気がするのですが。

そして先ほどの宗廟の話で言うと、私も中国の宗廟制は日本で受容されていないとは思います。ただ、天皇家の祖先祭祀は、天武朝に伊勢神宮の祭神のアマテラスが皇祖神として明確に位置付けられて伊勢神宮祭祀が整備されていったことになるので、やはり天皇家の祖先祭祀自体は、記紀神話とか宮廷儀礼の体系化と並行して七世紀の末に整備されていったのではないか。それが中国の宗廟制をそのまま受け入れない代わりに日本でやっていたことなのではないかなと。

吉村　なるほど。

岩永　ただ、それが天皇のいる京や宮の内部ではなくて、遠く離れた伊勢に置かれたままで、近くに持ってこられなかった事情はまた別個に考える必要があるとは思いますけれども。伊勢神宮の祭祀というのは、日本風宗廟制というか、そういうものとして考えてみる必要があるのではないかと思っています。

川尻　やっぱり七世紀後半が鍵ですよね。高句麗の好太王（広開土王）碑文は、どういうふうに墓を守っていくのかということが書いてある。守墓人の家をいくつ置くかを示すことが目的だと言う人もいるぐらいです。ところが、日本では、前代の天皇陵を補修した話などの史料はあまりないですよね。古墳が忘れられてしまっていたというか、あまり留意されなかったような感じもします。

仁藤　伊勢と宗廟の関係ですが、確かに日本の天皇家の祖先祭祀というのは、伊勢を核にして、その後も今日まで変質しながら作り続けられています。しかし、宗廟って実は易姓革命とパラレルな関係にあって、王朝が替わる度に壊されるんです。中国でも朝鮮半島でも壊されるんです。そして、新しい王朝ができるとまた宗廟が作られる。面白いことに、例えば朝鮮時代の宗廟ですと、潰した高麗王朝の最後の王様も共に祀るんですね。だから、中国的な宗廟というのは、易姓革命とか王朝交替というものが普遍的に行われている社会においては、絶対に必要なものだったと思うんです。

けれども日本の場合、先ほど川尻さんがおっしゃいましたが、易姓革命を忌避して王朝の交替が行われないとなると、宗廟はなくてもかまわないのだと思うんですね、装置としては。一方で、天孫降臨神話というものをある意味象徴する、あるいは可視化するものとして、伊勢神宮というものが重視されていく。そこに、天皇のムスメとして斎王が南北朝に至るまで派遣されていくという関係にあるのではないかと考えています。

土地の神や穀物の神を祭る社稷も、日本には作られないんですよ。大陸や半島では宗廟と社稷が宮の東西にあるのですが、それが日本では都城であれどこであれ、まったくないんですね。それを考えると、宗廟制と香椎廟とか伊勢神宮との関係については、慎重であったほうがいいのかなと思っています。

川尻　日本の宗廟とは何かについては、実は一二世紀にならないと議論が起こりません。それも伊勢神宮と熊野大社は同体だとか、そういう話のなかで出てくる程度です。日本には宗廟という言葉自体はあるのだけど、結局ずっと後まで見向きもされないような。おそらく俎上に上らないのでしょうね。

■これからの古代王権研究に向けて

吉村　考古学のお二人は王や王権という言葉については慎重、歴史学のほうでは比較的使っているという話になりましたね。今後どのようにこの『古代王権』の議論を生かしていくのか、最後に一人ひとりのご意見を聞いて、まとめに代えたいと思います。

岩永　考古学の道に入ったとき、本当は古墳時代を研究したかったんです。日本における国家の発生というか、それこそ王というものがどうやって出てくるのかが気になっていたんです。国家論という論の立て方で書いてきたのですが、王権論に切り込むという点では、ずっと遠回りをしてきました。ただ日本における天皇という存在のあり方、つまりどうしてそういう存在が出てきて、今日まで続いているのかということを私なりに考えたかった。

その問題とのからみで、近年は天皇の即位儀礼にかかわる大嘗宮・大嘗祭に関心があって研究をしてきましたので、もう少し続けていきたいと思っています。平城宮では六代の天皇の大嘗宮が見つかっていますが、その前の天武・持統・文武の大嘗祭をどう考えるのか。これは掘ってみないと分からないのですが、まずは藤原宮での文武大嘗宮について考えてみたい。そのためには、文武という人物とその時代が、七―八世紀にかけての歴史のなかでどういう位置付けになるのか、その辺りまで含めて考えてみたいです。

辻田　王権という言葉は、私自身あまり自分の研究とか論文のなかでは使ってこなかった言葉なんです。あらためて王権概念が古代国家の形成過程とどういう関係にあるのか自体を今後検討していきたいと思っています。どういった社会のなかであれば王、あるいは王権と考えていいのかということは、やはり日本でいえば弥生時代から古墳時代の考古学的な検討と深くかかわると思います。また、レガリアがどのように出現していくのかということと、王権とレガリアの関係についても考古学的に追究していきたいですし、これを具体的な課題にしていくことができるというのが、日本古代の非常に重要な特徴かなと思っています。

藤森　私がもっぱら儀礼の研究をしていた理由の一つは、現実の政治過程というのが非常に複雑で、いろいろな説が鬱蒼としてしまうものですから、どちらかというと理想化・典型化されたスタティックな場面を切り取って、その論理的な構造を探るというのに安心感があったんです。でも、今回このテーマで書かせていただいたことで、現実の政治過程というのを、そこでいろいろな説が分かれてしまう局面に何度もぶち当たるのは覚悟の上で自分なりにまとめることができて、ありがたかったと思います。さっき議論になった太上天皇制とか、女帝の出現とかについて考えてみても、制度化をされ、それにまつわる儀礼ができるその前に、やっぱり現実の政治過程のなかで生まれてくるということを……まあ当たり前のことなのですが、そこにあまり自分はこれまで触れてこなかった。いわば天皇論を保留にしての天皇儀礼論だったんですね。故意にそうしていた面があります。そういうところをこれから補っていかないといけないのだと痛感しました。

仁藤　私は女帝とはどういうものかということよりも、首長層の女性のあり方、あるいは王家のなかの女性の位相が、どのように社会によって規定されてきたのかということに興味があります。天皇のムスメとしての内親王皇后つまりキサキになる人や、女帝にまでなる人、天皇の御杖代（みつえしろ）としての伊勢斎宮ですとか、賀茂斎院ですとか、そういうような姫君たち、さらに時代が降ると臣下に降嫁する姫たちも含めて、日本の王族の女性の諸相がどのような特色を持っているのかということに興味があります。

ですから、例えばアジアに目を転じてみれば、中国では武則天が即位したかしていないかの頃ですが、実は女帝というのが出てくる——東南アジアにもいる——のが、東アジアに限ってみると、日本と新羅だけなんですね。新羅の場合は、善徳、それから真徳、真聖の三人だけなんです。ではなぜ百済や高句麗に出なかったのか。さらに、女王を生んだ新羅の持っていた社会構造や身分秩序というものと、日本の古代のものは似ていたのか、それとも似ていなかったのか、ということなどは少し考えてみたいなと思っています。そうすると比較王制史についても考えていかなければいけないと思っています。

座談会の冒頭で、ヨーロッパが好きだったという話をしたのですが、ヨーロッパの王政を見ると、世襲王政と選挙王政と二つあるんです。イギリスやフランスは世襲王政ですね。血統に基づいて王統が続いていくということなのですが、フランスの場合はサリカ法という法を採るので、女系とか女性は排除される。だから男系男子しか王統を継ぐことができない。一方イギリスは、国内の諸事情、いろいろな力が拮抗していることもあって女系を排除しないので、男女系男女世襲王政というものがあると。また一方で、中澤達哉さんが論じていらっしゃいますが、選挙王政といって、王を選出する国もあるんですね。それは神聖ローマ帝国とか、中央ヨーロッパとか、東ヨーロッパに多く見られるのですが、領邦国家というふうなかたちで地方の分権というものを認めている。日本でいうと古墳時代みたいな感じなのでしょうか。自治制を認めたなかで、例えば神聖ローマ帝国ですと、七人の選帝侯が出て国王を選出する。ところが選出する期間があるので、空位が出てくるんですね。これって何となく日本の五世紀とか六世紀に似ているんじゃないかと思います。ですから、選挙で選ばれた人は選ばれただけでは王にはなれないので、戴冠式という儀式が必須になってくる。

このように時空を超えて王権にまつわる要素だけを抽出してみたときに、それぞれの国の、王という存在、王になる方法、そして、王である意味、王の持てる力というのも、いくつかのパターン化ができて、地域や時代を超えて論理的に理解ができたらいいと構想を膨らませています。

吉村　古代の王とか王権というのは、そうした世界史的な広さのなかで考えたいですね。それと、時系列のなかで、中世とか近世と共通する問題を議論していきたいと思います。

それでは、どうもありがとうございました。

（二〇二三年九月二五日、岩波書店会議室にて）

西暦	和暦	記　事
686	朱鳥 1	天武没．皇后の持統女帝が称制する．大津皇子，自害させられる
694	持統 8	藤原宮に遷都する
697	文武 1	持統が譲位し(太上天皇)，文武天皇が即位する
701	大宝 1	大宝に改元．大宝律令が完成する(翌年施行)．遣唐使を再開する
707	慶雲 4	文武没．母の元明女帝が即位する
710	和銅 3	平城宮に遷都する
712	5	太安万侶が古事記を撰上する
715	霊亀 1	元明が譲位し，娘の元正女帝が即位
720	養老 4	舎人親王らが，日本紀・系図を撰上する
724	神亀 1	元正が譲位し，甥の聖武天皇が即位する
729	天平 1	長屋王の変．藤原光明子を皇后にする
738	10	聖武の娘の阿倍内親王を皇太子とする
741	13	国分寺建立の詔
743	15	墾田永年私財法．大仏造立の詔
749	天平勝宝 1	聖武が譲位し，阿倍皇太子が即位(孝謙女帝)
751	3	懐風藻が成立
752	4	東大寺大仏の開眼供養
757	天平宝字 1	養老律令を施行する(718 撰定)
758	2	孝謙が譲位し(太上天皇)，淳仁天皇が即位
762	6	淳仁と孝謙の不和が発覚．国家大事は孝謙，小事は淳仁が分掌する
764	8	藤原仲麻呂の乱．淳仁を廃帝し，孝謙太上天皇が重祚(称徳女帝)
765	天平神護 1	道鏡を太政大臣禅師に任じる(翌年，法王)
769	神護景雲 3	宇佐八幡宮神託事件
770	宝亀 1	称徳没．道鏡を下野国に追放．天智系の光仁天皇が即位する
781	天応 1	光仁が譲位し，子の桓武天皇が即位する．早良親王が立太子
784	延暦 3	長岡宮に遷都する
785	4	早良を廃太子(淡路への移送中に没)．桓武が天神を河内国交野に祀る．安殿親王が立太子
787	6	桓武が天神を河内国交野に祀る
794	13	平安宮に遷都する
806	大同 1	桓武没．安殿親王が即位する(平城天皇)
809	4	平城が譲位し，嵯峨天皇が即位する
823	弘仁 14	嵯峨が譲位し，淳和天皇が即位する
833	天長 10	淳和が譲位し，仁明天皇が即位する
850	嘉祥 3	仁明没．文徳天皇が即位する
858	天安 2	文徳没．初の幼帝(9 歳)として清和天皇が即位する
866	貞観 8	藤原良房を摂政とする

※57〜478 年は中国正史，継体 1 以降は日本書紀・続日本紀等の六国史に拠る．それ以外の典拠は[　]で示した．

古代王権関連略年表

西暦	記　　事
57	倭の奴国王，後漢に朝貢．「漢委奴国王」の金印を授与される
107	倭国王帥升ら，後漢に生口160人等を献じる
146	桓帝(146-167)・霊帝(167-189)の間，倭国大乱という
239	倭の女王卑弥呼，魏に遣使して「親魏倭王」を授与される
248	この頃，卑弥呼没．壱与(台与)が即位する
391	倭が百済と新羅を破り，臣民にするという[高句麗広開土王碑]
421	倭讃，宋に入貢し，安東将軍・倭国王に任命される(倭の五王の時代)
438	宋，珍を安東将軍・倭国王に任命．倭隋ら13人に平西将軍ほかを任命
443	済，宋に朝貢し，安東将軍・倭国王に任命される
462	宋，世子興を安東将軍・倭国王に任命する
471	「辛亥年」「獲加多支鹵大王」の銘をもつ埼玉県稲荷山古墳出土の金錯銘鉄剣
478	武が宋に上表し，「使持節，都督倭・新羅・任那・加羅・秦韓・慕韓六国諸軍事安東大将軍，倭王」に任命される

西暦	和暦	記　　事
507	継体1	継体天皇(応神5世孫)が越から来て，河内樟葉宮で即位する
534	安閑1	武蔵国造の地位をめぐる争いがあり，笠原使主が国造になる
538	宣化3	百済から仏教が伝わる[上宮聖徳法王帝説]
552	欽明13	百済の聖明王が仏教を伝える
572	敏達1	敏達天皇即位．蘇我馬子を大臣に任じる
585	14	敏達没．用明天皇即位．蘇我馬子と物部守屋の対立公然化する
587	用明2	蘇我馬子，物部守屋を滅ぼす．崇峻天皇が即位する
592	崇峻5	蘇我馬子，崇峻を暗殺．推古女帝が豊浦宮で即位する
593	推古1	厩戸皇子(聖徳太子)が立太子(622没)
600	8	遣隋使を派遣する[隋書]
628	36	推古没．田村皇子と山背大兄王への推古の遺詔をめぐって群臣が争う
		蘇我蝦夷が，一族の境部摩理勢を殺す
629	舒明1	田村皇子が即位する(舒明天皇)
630	2	遣唐使を派遣する(第1次)
642	皇極1	皇極女帝即位．蝦夷の子入鹿，自ら国政を執るという
645	大化1	乙巳の変．蘇我本宗家滅亡．皇極が譲位し，孝徳天皇即位(654没)
646	2	大化改新の詔．薄葬令や社会風俗改革に関する詔を発布
653	白雉4	中大兄が孝徳と不和となり，皇后らと飛鳥に戻る
655	斉明1	皇極が重祚する(斉明天皇)
661	7	斉明，百済救援のため，筑紫朝倉宮に移り，没する．中大兄が称制
663	天智2	倭・百済連合軍，白村江の戦いで，新羅・唐軍に大敗
668	7	中大兄皇子が近江大津宮で即位(天智天皇)
672	天武1	壬申の乱．大友皇子軍が大海人皇子軍に大敗し，大友皇子自殺
673	2	大海人が飛鳥浄御原宮で即位(天武天皇)

古事記・日本書紀の天皇表

漢風諡号	名	備　考
01 神武	カムヤマトイハレビコ(神倭伊波礼毘古)	はつくにしらす天皇(紀)
02 綏靖	カムヌナカハミミ(神沼河耳)	
03 安寧	シキツヒコタマテミ(師木津日子玉手見)	
04 懿徳	オホヤマトヒコスキトモ(大倭日子鉏友)	
05 孝昭	ミマツヒコカヱシネ(御真津日子訶恵志泥)	[02〜09 欠史8代]
06 孝安	ヤマトタラシヒコクニオシヒト(大倭帯日子国押人)	
07 孝霊	オホヤマトネコヒコフトニ(大倭根子日子賦斗邇)	
08 孝元	オホヤマトネコヒコクニクル(大倭根子日子国玖琉)	
09 開化	ワカヤマトネコヒコオホビビ(若倭根子日子大毘々)	
10 崇神	ミマキイリビコイニヱ(御真木入日子印恵)	はつくにしらす天皇(記・紀)
11 垂仁	イクメイリビコイサチ(伊久米伊理毘古伊佐知)	
12 景行	オホタラシヒコオシロワケ(大帯日子游斯呂和気)	
13 成務	ワカタラシヒコ(若帯日子)	「境を定め邦を開き」(記)
14 仲哀	タラシナカツヒコ(帯中日子)	
15 応神	ホムダワケ(品陀和気)	
16 仁徳	オホサザキ(大雀)	「聖帝」(記)
17 履中	イザホワケ(伊耶本和気)	
18 反正	ミヅハワケ(水歯別)	
19 允恭	ヲアサヅマワクゴノスクネ(男浅津間若子宿祢)	「姓を正し氏を撰び」(記)
20 安康	アナホ(穴穂)	
21 雄略	オホハツセノワカタケル(大長谷若建)	金錯銘鉄剣・銀錯銘大刀
22 清寧	シラカノオホヤマトネコ(白髪大倭根子)	
23 顕宗	ヲケノイハスワケ(袁祁之石巣別)	
24 仁賢	オケ(意祁)	
25 武烈	ヲハツセノワカサザキ(小長谷若雀)	
26 継体	ヲホド(袁本杼)	応神5世孫
27 安閑	ヒロクニオシタケカナヒ(広国押建金日)	勾大兄(大兄の初見)
28 宣化	タケヲヒロクニオシタテ(建小広国押楯)	
29 欽明	アメクニオシハラキヒロニハ(天国押波流岐広庭)	
30 敏達	ヌナクラノフトタマシキ(沼名倉太玉敷)	
31 用明	タチバナノトヨヒ(橘豊日)	
32 崇峻	ハツセベノワカサザキ(長谷部若雀)	
33 推古	トヨミケカシキヤヒメ(豊御食炊屋比売)	女性天皇の初出
34 舒明	オキナガタラシヒヒロヌカ(息長足日広額)	
35 皇極	アメトヨタカライカシヒタラシヒメ(天豊財重日足姫)	譲位(皇祖母尊)
36 孝徳	アメヨロヅトヨヒ(天万豊日)	
37 斉明	アメトヨタカライカシヒタラシヒメ(天豊財重日足姫)	皇極重祚
38 天智	アメミコトヒラカスワケ(天命開別)	
39 天武	アマノヌナハラオキノマヒト(天渟中原瀛真人)	
40 持統	タカマノハラヒロノヒメ(高天原広野姫)	大倭根子天之広野日女とも

※推古までの名は古事記の漢字表記.「記」は古事記,「紀」は日本書紀を表す.

弥生・古墳時代の時期区分と各種器物の変遷図

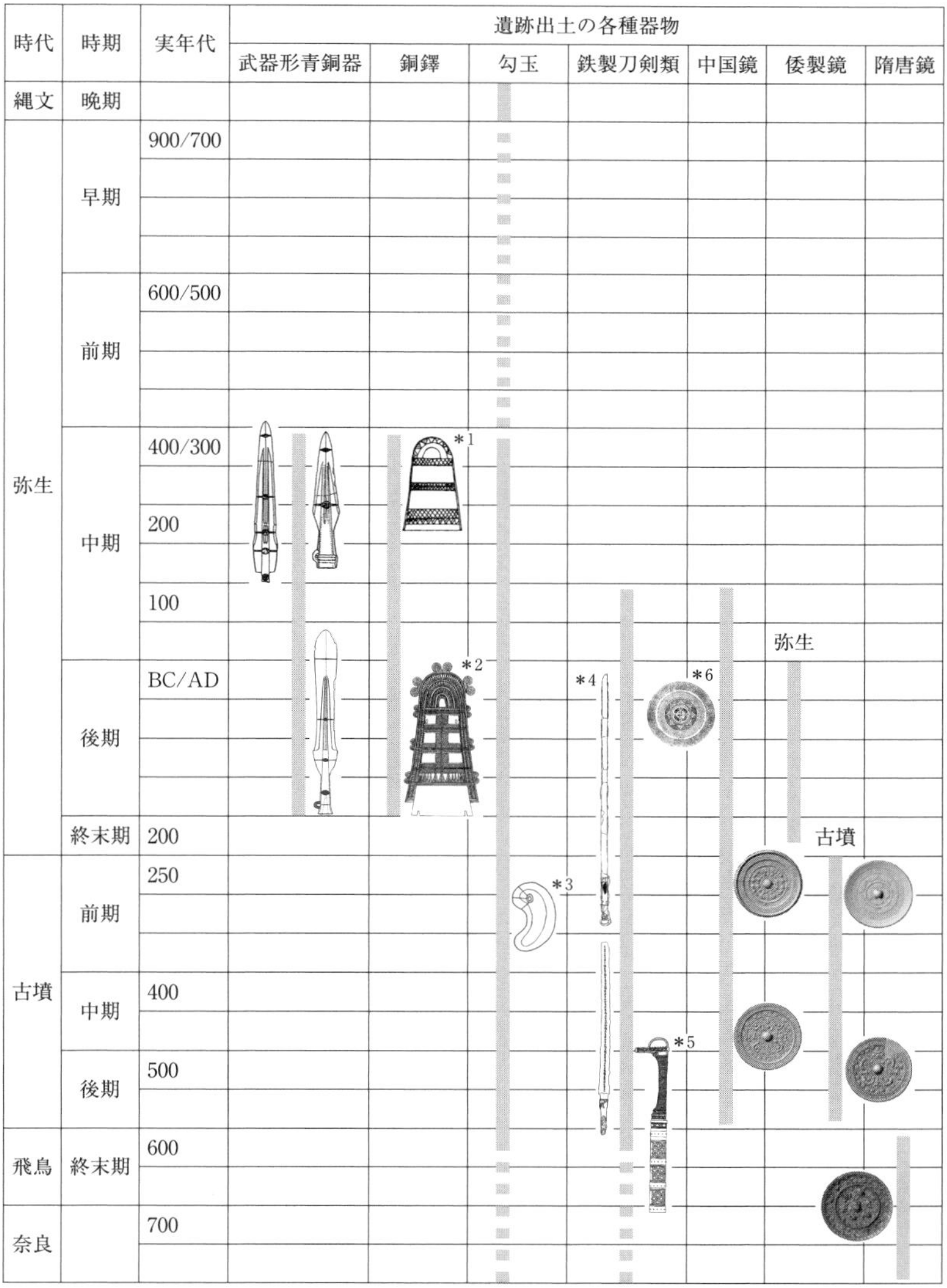

時代	時期	実年代	遺跡出土の各種器物						
			武器形青銅器	銅鐸	勾玉	鉄製刀剣類	中国鏡	倭製鏡	隋唐鏡
縄文	晩期								
弥生	早期	900/700							
	前期	600/500							
	中期	400/300		＊1					
		200							
		100						弥生	
	後期	BC/AD		＊2		＊4	＊6		
	終末期	200						古墳	
古墳	前期	250			＊3				
	中期	400				＊5			
	後期	500							
飛鳥	終末期	600							
奈良		700							

※弥生時代の実年代は，特に早期から中期前半にかけていくつかの意見があるため，ここでは複数の考え方を併記する．

＊1・2 佐原真「銅鐸」『世界考古学事典』平凡社，1979 年，＊3 古代歴史文化協議会編『玉』ハーベスト出版，2018 年，＊4・5 古代歴史文化協議会編『刀剣』ハーベスト出版，2022 年，＊6 前原市教育委員会『平原遺跡』2000 年．この他の出典については本書岩永・辻田論文参照．

【執筆者】

吉村武彦（よしむら・たけひこ）
本書責任編集．【編集委員】紹介参照．

岩永省三（いわなが・しょうぞう）
1956 年生．九州大学名誉教授．奈良文化財研究所客員研究員．考古学．『金属器登場』(『歴史発掘 7』講談社)，『古代国家形成過程論』(すいれん舎)など．

辻田淳一郎（つじた・じゅんいちろう）
1973 年生．九州大学教授．考古学．『同型鏡と倭の五王の時代』(同成社)，『鏡の古代史』(角川選書)など．

藤森健太郎（ふじもり・けんたろう）
1964 年生．群馬大学教授．日本古代史．『古代天皇の即位儀礼』(吉川弘文館)，『古代王権の史実と虚構』(共著，竹林舎)など．

仁藤智子（にとう・さとこ）
1963 年生．国士舘大学教授．日本古代史．『平安初期の王権と官僚制』(吉川弘文館)，『平安時代天皇列伝』(共著，戎光祥出版)など．

ジェイスン・P・ウェッブ（Jason P. Webb）
1968 年生．南カリフォルニア大学教授．日本古代文学．「『万葉集』と『懐風藻』の間」(『万葉古代学研究所年報』10)，「東アジアの目録学伝統と近年における日本の前近代文庫研究」(『禁裏・公家文庫研究』8，思文閣)など．

【編集委員】

吉村武彦

1945年生．明治大学名誉教授．日本古代史．著書に『日本古代の社会と国家』『日本古代国家形成史の研究』(以上，岩波書店)，『ヤマト王権』『大化改新を考える』(以上，岩波新書)など．

吉川真司

1960年生．京都大学名誉教授．日本古代史．著書に『律令官僚制の研究』(塙書房)，『律令体制史研究』(岩波書店)，『天皇の歴史2 聖武天皇と仏都平城京』(講談社)，『飛鳥の都』(岩波新書)など．

川尻秋生

1961年生．早稲田大学教授．日本古代史．著書に『古代東国史の基礎的研究』(塙書房)，『日本古代の格と資財帳』(吉川弘文館)，『平安京遷都』(岩波新書)，『古代の東国2 坂東の成立』(吉川弘文館)など．

シリーズ 古代史をひらくⅡ
古代王権――王はどうして生まれたか

2024年5月30日　第1刷発行

編　者　吉村武彦（よしむらたけひこ）　吉川真司（よしかわしんじ）　川尻秋生（かわじりあきお）

発行者　坂本政謙

発行所　株式会社 岩波書店
〒101-8002 東京都千代田区一ツ橋2-5-5
電話案内 03-5210-4000
https://www.iwanami.co.jp/

印刷・三陽社　カバー・半七印刷　製本・松岳社

ISBN 978-4-00-028638-1　　Printed in Japan

シリーズ　古代史をひらく II（全6冊）

四六判・並製カバー・平均352頁

編集委員
吉村武彦（明治大学名誉教授）
吉川真司（京都大学名誉教授）
川尻秋生（早稲田大学教授）

古代人の一生　編集：吉村武彦　定価　3080円
──老若男女の暮らしと生業
吉村武彦／菱田淳子／若狭徹／吉川敏子／鉄野昌弘

天変地異と病　編集：川尻秋生　定価　3080円
──災害とどう向き合ったのか
今津勝紀／柳澤和明／右島和夫／本庄総子／中塚武／丸山浩治／松﨑大嗣

古代荘園　編集：吉川真司　定価　3080円
──奈良時代以前からの歴史を探る
吉川真司／佐藤泰弘／武井紀子／山本悦世／上杉和央／奥村和美

古代王権　編集：吉村武彦　定価　3080円
──王はどうして生まれたか
岩永省三／辻田淳一郎／藤森健太郎／仁藤智子／ジェイスン・P・ウェッブ

列島の東西・南北　編集：川尻秋生
──つながりあう地域
川尻秋生／下向井龍彦／鈴木景二／柴田博子／蓑島栄紀／三上喜孝

摂関政治　編集：吉川真司
──古代の終焉か，中世の開幕か
大津透／告井幸男／山本淳子／小原嘉記／豊島悠果／岸泰子／鈴木蒼

岩波書店刊
定価は消費税10% 込みです
2024年5月現在